创新型高等职业教育精品教材

互联网+教育改革新理念教材

高职学生安全教育通论

主编 张大凯 聂彩林 胥长寿

教·学资源

航空工业出版社

北京

内 容 提 要

安全教育是学校教育的重要组成部分，本书根据高职高专院校大学生的实际情况，系统地介绍了大学生在日常学习与生活中应掌握的安全知识及安全技能。全书共分十一章，具体内容包括高职学生安全教育概述、国家安全、自然灾害安全、消防安全、网信安全、学习生活安全（一）、学习生活安全（二）、人身财产安全（一）、人身财产安全（二）、身心健康安全、急救安全。书尾还附有高职学生需要了解的相关管理、安全方面的法律法规。

本教材主要以高职学生为教育对象，符合高职学生特点和认知规律，既有理论性，又有实践性，既注重知识性，又注重实用性，通俗易懂，易教易学。本书既可作为高职高专院校安全教育、有关业务培训的辅助教材，也可作为广大读者、教育工作者学习的参考用书。

图书在版编目（CIP）数据

高职学生安全教育通论 / 张大凯，聂彩林，胥长寿主编. -- 北京 : 航空工业出版社，2018.2
（2023.9 重印）
ISBN 978-7-5165-1554-9

Ⅰ．①高… Ⅱ．①张… ②聂… ③胥… Ⅲ．①大学生－安全教育－高等职业教育－教材 Ⅳ．①G645.5

中国版本图书馆 CIP 数据核字(2018)第 033831 号

高职学生安全教育通论
Gaozhi Xuesheng Anquan Jiaoyu Tonglun

航空工业出版社出版发行
（北京市朝阳区京顺路 5 号曙光大厦 C 座四层　100028）
发行部电话：010-85672663　　010-85672683

北京同文印刷有限责任公司印刷	全国各地新华书店经售
2018 年 2 月第 1 版	2023 年 9 月第 7 次印刷
开本：787×1092　　1/16	字数：358 千字
印张：15.5	定价：49.90 元

本书编委会

主　审　张大凯

主　编　张大凯　聂彩林　胥长寿

副主编　唐　静　徐志军　廖策权　李仁全

参　编　张　亮　漆明龙　江　涛　伍治平

　　　　　杨立林　代玉龙　张孝茂

前言

安全重于泰山。安全是人类生存和发展的基础，是社会存在和进步的前提，是人类永恒和常新的话题。

随着我国国际化的不断深化，随着经济社会的日新月异，随着高职教育的改革发展，高职院校的安全稳定问题日益凸显，已经成为不可回避的现实问题。社会生活的深刻变革和信息技术、新媒体的迅猛发展，一方面给高职学生的学习、生活和工作带来诸多便利，同时也带来了各种安全隐患和矛盾冲突。高职院校的安全稳定，是高职学生学习、生活、成长和发展的前提，它关系到学生的生命财产安全，关系到学生的健康成长和人才的培养质量，关系到千千万万个家庭的幸福。

目前，高职教育已占据高等教育的半壁河山，成为高等教育不可或缺的重要组成部分。培养道德品质优秀、专业技能精湛、心理素质过硬、适应社会需要的高素质技术技能型人才是高职教育的历史责任。与其同时，还要对高职学生进行切实有效的安全教育，因为这是坚持立德树人根本任务的需要，是贯彻以人为本、全面发展教育方针的需要，是保证高职学生全面发展和健康成长的需要，是保持高职院校良性运行与社会和谐稳定的需要，也是建设法治国家、法治社会和依法治校、依法治教的需要。

本书结合高职院校人才培养目标及要求，遵循高职学生身心发展的规律及特点，结合安全教育教学和安全管理实践，按照实用、够用、简单、通俗、易懂的原则编写而成。旨在更好地提高高职学生的安全意识，提高其防范各类案件、事故和抵御非法侵害的能力，使大学生从现实案例中汲取教训，悟出道理，得到警示，掌握技能，促进其全面发展和健康成长，以积极、健康、有效的方式处理学习和生活中遇到的各种问题，促使其更加关注安全，更加关爱生命，珍惜大学时代的美好时光，努力学习，立志成才。

本书内容不仅涉及学生学习和生活的方方面面，而且紧跟社会热度，为学生提供了全方位的安全教育知识。

概论来说，本书具有以下特色。

- **立德树人，润物无声。** 党的二十大报告指出："育人的根本在于立德。"本书有机融入党的二十大精神，积极践行"育人为本，德育为先"的理念，恰当地融入了德育元素，将价值塑造、知识传授和能力培养有机统一，真正起到了增强学生法制观念、提高学生安全意识、规范学生日常行为、培养学生良好品德的作用。
- **内容全面，编排合理。** 本书内容涉及学生学习和生活的方方面面，为其提供全方位的安全教育知识。全书结构合理，讲解精炼，通俗易懂，可使学生轻松、高效地学习。

- ✓ **案例丰富，重视实践。** 正文中采用了大量的真实案例，以激发学生的阅读兴趣，使其切身感受树立安全意识、掌握安全知识和技能的重要性和必要性。同时，内容的讲述紧密结合学生的学习生活，使其能在实践中应用所学的安全知识。
- ✓ **体例丰富，模块多元。** 每章以"学习目标"开始，明确本章的知识要点，使学习有的放矢，在每章结尾设置了"问题思考""推荐阅读""案例纪实"等模块，旨在让学生学会思考、拓展知识、巩固所学。正文中穿插多种模块，如"典型案例""知识链接""提示"等，既融汇知识性与专业性，又体现可读性与趣味性，有助于学生理解教学内容，拓展视野，同时还方便教师授课。
- ✓ **图文并茂，生动活泼。** 为了使讲解更加生动、形象，本书在正文中穿插了大量的图表，用图文结合的方式讲述安全教育的相关知识，以激发学生的学习兴趣，加深其对内容理解。

本书将"互联网+"思维融入教材。读者可以借助手机或其他移动设备扫描书中二维码观看微课视频，也可登录文旌综合教育平台"文旌课堂"（www.wenjingketang.com）查看和下载本书配套资源，如课后习题答案、优质课件、教案等。读者在学习过程中有任何疑问，都可以登录该平台寻求帮助。

此外，本书还提供了在线题库，支持"教学作业，一键发布"，教师只需通过微信或"文旌课堂"App扫描扉页二维码，即可迅速选题、一键发布、智能批改，并查看学生的作业分析报告，从而提高教学效率、提升教学体验。学生可在线完成作业，巩固所学知识，提高学习效率。

本书由张大凯担任主审，张大凯、聂彩林、胥长寿担任主编，唐静、徐志军、廖策权、李仁全担任副主编，编委成员包括张亮、漆明龙、江涛、伍治平、杨立林、代玉龙、张孝茂。其中，张大凯编写第一章第一节，聂彩林编写第一章第二节，胥长寿编写第二章，唐静编写第一章第三节，徐志军编写第十一章，廖策权编写第三章，李仁全编写第九章，张亮编写第七章，漆明龙编写第八章，江涛编写第五章，伍治平编写第十章，杨立林编写第四章，代玉龙整理附录，张孝茂编写第六章，最后由张大凯负责全书统稿核审。

本书在编写过程中，得到了四川职业技术学院保卫处、教务处、学工部等部门的大力支持，同时，参考、引用了有关专家、学者的著作和文献，在此一并致谢！

特别说明：

（1）本书在编写过程中，参考了大量的资料并引用了部分文章和图片等。这些引用的资料大部分已获授权，但由于部分资料来自网络，我们未能确认出处，也暂时无法联系到原作者。对此，我们深表歉意，并欢迎原作者随时与我们联系，我们将按规定支付酬劳。

（2）本书所选案例均来源于真实事件，但为了避免引起不必要的误会，部分人物使用了化名或代号。

（3）本书没有注明资料来源的案例均为编者根据真实事件改编。

由于编者经验和水平有限，书中存在疏漏不妥之处，敬请各位老师及广大读者批评指正，以便修订时进一步完善。

目录 CONTENTS

01 第一章 高职学生安全教育概述 ... 1

第一节 高职学生安全教育的内涵、特征与目标 ... 2
一、高职学生安全教育的内涵 ... 2
二、高职学生安全教育的主要特征 ... 2
三、高职学生安全教育的目标 ... 4

第二节 高职学生安全教育的内容、方法与原则 ... 4
一、高职学生安全教育的内容 ... 5
二、高职学生安全教育的方法 ... 6
三、高职学生安全教育的原则 ... 7

第三节 高职学生安全教育的意义 ... 9
一、安全教育有利于学生的健康成长 ... 9
二、安全教育有利于高校的稳定和健康发展 ... 10
三、安全教育有利于维护国家安全和意识形态安全 ... 11
四、安全教育有利于全面实现高校人才培养目标，有利于全面建成小康社会
　　和实现中华民族伟大复兴 ... 12

02 第二章 国家安全 ... 15

第一节 树立国家安全意识 保守国家秘密 ... 16
一、国家安全的内涵 ... 16
二、国家总体安全观及其战略意义 ... 16
三、我国面临的安全挑战 ... 17
四、危害国家安全的惯常行为 ... 18
五、公民和组织维护国家安全的权利和义务 ... 19
六、维护国家安全是当代大学生的神圣职责 ... 20
七、心系国家安全，保守国家秘密 ... 22

第二节 树立正确宗教观念 坚决反对邪教 ... 24
一、邪教及其本质 ... 24
二、邪教与宗教的本质区别 ... 25

三、邪教的危害 26

四、拒绝邪教，健康生活 27

第三节 树立反恐防暴理念　正确应对突发事件 28

一、什么是恐怖活动 28

二、当前我国暴力恐怖活动的基本特点 29

三、恐怖活动对学生安全的威胁 29

四、常见的恐怖袭击手段 30

五、应对恐怖袭击的策略 30

03 第三章　自然灾害安全 35

第一节　台风灾害 36

一、台风基本知识 36

二、台风来临前的防备 37

三、台风的应急避险 37

第二节　雷电 38

一、雷电基本知识 38

二、雷电来临前的防备 40

三、雷电的应急避险与急救 40

第三节　洪涝灾害 42

一、洪涝基本知识 42

二、洪涝来临前的防备 43

三、洪涝灾害的应急避险与逃生 44

第四节　地震灾害 46

一、地震基本知识 46

二、震前防备 49

三、地震的应急避险与救护 51

第五节　泥石流灾害 54

一、泥石流基本知识 54

二、泥石流的防备 56

三、泥石流的应急避险与逃生 57

04 第四章　消防安全 61

第一节　火灾概述 62

一、火灾的类型和等级 62

二、火灾的发展过程 63

三、火灾发生后的工作流程 64

第二节　火灾的预防与自救逃生 ································ 65
　　一、大学校园中发生火灾的主要原因 ································ 65
　　二、火灾的预防 ································ 67
　　三、火场逃生方法 ································ 68
第三节　火灾扑灭与救助 ································ 70
　　一、火灾的报警 ································ 70
　　二、灭火的基本方法 ································ 71
　　三、常用的消防器材 ································ 72
　　四、火灾的救助 ································ 75

05　第五章　网信安全 ································ 79
第一节　抵御网络不良信息 ································ 80
　　一、网络不良信息的内涵 ································ 80
　　二、常见的网络不良信息 ································ 80
　　三、网络不良信息的危害 ································ 83
　　四、抵制网络不良信息的对策 ································ 83
第二节　预防网络综合征 ································ 85
　　一、网络综合征的内涵 ································ 85
　　二、网络综合征的表现 ································ 85
　　三、网络综合征的危害 ································ 86
　　四、网络综合征的防治 ································ 87
第三节　严防计算机病毒和网络诈骗 ································ 90
　　一、预防和应对计算机病毒 ································ 90
　　二、预防和应对网络诈骗 ································ 94
　　三、自身应杜绝犯罪 ································ 101

06　第六章　学习生活安全（一） ································ 105
第一节　实验实习安全 ································ 106
　　一、实验实习安全问题产生的原因 ································ 106
　　二、实验实习安全的保障措施 ································ 107
　　三、顶岗实习安全问题 ································ 109
第二节　体育运动安全 ································ 111
　　一、保证运动安全的要求 ································ 111
　　二、常见运动性损伤的预防处理 ································ 112
　　三、常见运动性疾病的预防处理 ································ 115
　　四、常见体育项目的运动安全防护 ································ 118

第三节　饮食卫生安全…………………………………………………… 119
　　一、饮食卫生安全的保障措施………………………………………… 119
　　二、预防食物中毒……………………………………………………… 120

07 第七章　学习生活安全（二）……………………………………… 125

第一节　交通安全………………………………………………………… 126
　　一、行路安全危机的预防与应对……………………………………… 126
　　二、乘坐交通工具安全危机的预防与应对…………………………… 128
　　三、发生交通事故的应对……………………………………………… 131

第二节　勤工俭学、求职择业安全……………………………………… 132
　　一、勤工俭学安全危机的类型和预防………………………………… 132
　　二、求职择业安全危机的类型和预防………………………………… 135

第三节　拒绝"黄赌毒"………………………………………………… 138
　　一、认识"黄赌毒"…………………………………………………… 138
　　二、学生陷入"黄赌毒"的原因……………………………………… 139
　　三、"黄赌毒"的危害………………………………………………… 140
　　四、追求文明、健康、高尚的人生，坚决抵制"黄赌毒"………… 141

08 第八章　人身财产安全（一）……………………………………… 143

第一节　防盗窃…………………………………………………………… 144
　　一、大学校园盗窃案件的特点………………………………………… 144
　　二、校内外常见的盗窃现象…………………………………………… 145
　　三、盗窃危机的预防…………………………………………………… 147
　　四、盗窃危机的应对…………………………………………………… 149

第二节　防敲诈勒索……………………………………………………… 151
　　一、敲诈勒索的基本含义……………………………………………… 151
　　二、敲诈勒索的预防…………………………………………………… 151
　　三、敲诈勒索的应对…………………………………………………… 152

第三节　防劫夺…………………………………………………………… 153
　　一、"两抢"案件的特点……………………………………………… 153
　　二、抢劫危机的预防和应对…………………………………………… 155
　　三、抢夺危机的预防和应对…………………………………………… 157

09 第九章　人身财产安全（二）……………………………………… 161

第一节　防暴力侵害……………………………………………………… 162
　　一、暴力侵害的基本含义……………………………………………… 162

二、暴力侵害危机的预防 …………………………………………… 163
　　三、暴力侵害危机的应对 …………………………………………… 163
第二节　防性侵害 ……………………………………………………………… 164
　　一、性侵害的基本含义 ……………………………………………… 164
　　二、性侵害的主要形式 ……………………………………………… 165
　　三、性侵害危机的预防 ……………………………………………… 166
　　四、性侵害危机的应对 ……………………………………………… 167
第三节　防传销 ………………………………………………………………… 169
　　一、传销的基本含义 ………………………………………………… 169
　　二、传销的特征 ……………………………………………………… 169
　　三、传销组织的常用手段 …………………………………………… 170
　　四、传销危机的预防 ………………………………………………… 171
　　五、传销危机的应对 ………………………………………………… 172
第四节　防校园贷 ……………………………………………………………… 173
　　一、校园贷的基本含义 ……………………………………………… 173
　　二、校园贷危机的预防 ……………………………………………… 174
　　三、校园贷危机的应对 ……………………………………………… 175

10　第十章　身心健康安全 …………………………………………………… 177

第一节　关注身体健康，预防流行疾病 …………………………………… 178
　　一、高职院校常见流行疾病 ………………………………………… 178
　　二、倡导健康生活方式，有效预防流行疾病 ……………………… 180
第二节　关注心理健康，预防精神疾病 …………………………………… 181
　　一、正确认识心理健康标准及心理状态 …………………………… 181
　　二、异常心理的表象及形成原因 …………………………………… 184
　　三、科学认识和运用心理健康策略，预防极端行为 ……………… 186

11　第十一章　急救安全 ……………………………………………………… 191

第一节　现场急救概述 ………………………………………………………… 192
　　一、现场急救的内涵 ………………………………………………… 192
　　二、现场急救的作用 ………………………………………………… 192
　　三、现场急救的基本原则 …………………………………………… 192
第二节　急救常用方法 ………………………………………………………… 193
　　一、医疗急救电话——"120" ……………………………………… 193
　　二、胸外心脏按压 …………………………………………………… 193
　　三、人工呼吸 ………………………………………………………… 194

四、止血 ………………………………………………………………… 195

　　五、包扎 ………………………………………………………………… 197

　第三节　常见急症的救护 ………………………………………………… 201

　　一、心搏骤停的急救与处理 …………………………………………… 201

　　二、高血压急症的急救与处理 ………………………………………… 202

　　三、气体中毒的急救与处理 …………………………………………… 203

　　四、晕厥的急救与处理 ………………………………………………… 205

　　五、癫痫发作的急救与处理 …………………………………………… 205

　　六、中暑的急救与处理 ………………………………………………… 207

　　七、休克的急救与处理 ………………………………………………… 208

　　八、骨折的急救与处理 ………………………………………………… 208

　　九、烧伤、烫伤的急救与处理 ………………………………………… 210

　　十、咬伤与蜇伤的急救与处理 ………………………………………… 211

附录 ………………………………………………………………………… 214

　附录1　普通高等学校学生管理规定 …………………………………… 214

　附录2　高等学校学生行为准则 ………………………………………… 224

　附录3　《学生伤害事故处理办法》 …………………………………… 225

　附录4　高等学校校园秩序管理若干规定 ……………………………… 230

　附录5　相关法律法规 …………………………………………………… 232

参考文献 …………………………………………………………………… 233

第一章 高职学生安全教育概述

学习目标

- 了解和掌握安全教育的内涵、特征与目标。
- 了解和掌握安全教育的内容、方法与原则。
- 认识和了解安全教育的重要意义。

安全是人类在生存发展过程中最基本的需求之一，它不仅关乎个体生命财产的安危和家庭的美满幸福，还关乎社会的和谐稳定以及国家的长治久安。

高职学生作为一个庞大的群体，其安全教育还存在许多薄弱环节，加强高职学生安全教育具有重大的理论和现实意义。

第一节　高职学生安全教育的内涵、特征与目标

党的十八大以来，我们党和政府更加重视维护学生的安全合法权益，把对学生进行安全教育、依法治校确定为学校各级领导的法定义务，这极大地推动了高职学生安全教育工作。当前，高职学生安全教育已经成为高职院校人才培养过程中必不可少的一项重要内容。

一、高职学生安全教育的内涵

什么是安全？所谓安全就是指人的身心、财产、隐私、尊严等没有危险，不受危害、损失，它既包括国家、社会层面的安全，也包括人类及个体的安全。安全是人类生存和发展最基本的需要，是生命和健康的基本保障。

什么是安全教育？所谓安全教育，既指教育者对教育对象施加的以安全问题为主要内容的系统性教育活动和教育影响，也包括教育对象进行的自我安全教育。

什么是高职学生安全教育？所谓高职学生安全教育，就是指高职院校依照国家有关法律、法规的规定，为维护学生的人身、财产安全和身心健康，提升学生的安全防范意识，增加学生的安全知识，培养学生的自我防范、自我保护技能，而组织教师对学生进行的国家安全法规、学校安全规章及纪律、安全防范知识和技能等方面的教育活动。

安全教育工作者主要是指高职院校从事安全教育课程教学的教师和其他开展安全教育的实际工作人员，包括保卫部门、学工部门、辅导员、班主任等。在教育过程中，教育工作者通过宣传教育、案例分析、行为示范、社会实践等活动，来引导和促进受教育者的观念意识和行为规范按照一定的方向发展。

二、高职学生安全教育的主要特征

高职学生安全教育既具有教育的一般特征，也具有其特殊性。概括来讲，主要表现为以下五个方面。

第一章 高职学生安全教育概述

（一）高职性

高职学生安全教育的教育对象是高职院校在校在籍学生，他们不同于本科生、研究生。他们学制较短，在校学习时间相对不长，安全意识相对薄弱，安全知识相对较少，安全技能相对不强。这就要求高职学生安全教育要满足其高职性，在安全教育中要以实用、够用为度，要避免一切形式的大而全、深繁杂，教育重点应放在学生必须够用的安全知识和技能的培养上。

（二）全面性

一方面，安全教育是学生综合素质教育的重要组成部分，是面向全体高职学生的安全素质教育；另一方面，安全教育涉及的内容丰富，种类繁多。因此，教师在开展安全教育时要面向全体高职学生，教育学生全面掌握安全知识和安全技能，保障和促进学生综合素质的整体提升。

（三）实用性和实践性

进行安全教育的最终目的是通过提升学生的安全意识，防范安全事故、安全灾害的发生。只有通过学习、生活、工作中的实践活动，才能更好地实现这一目的。因此，在进行安全教育时，教师和安全教育实际工作者不能把安全教育停留在空洞的说教上，不能停留在仅仅让学生了解安全知识上，而应采取现场说法、案例分析、模拟演习、实习实践等形式，让学生在实践中学习、锻炼和提升。

（四）递进性

安全教育不可能一蹴而就，必须逐步递进、持续强化。绝大多数学生在学习、生活、工作中很难遇到刻骨铭心的安全事故和安全灾害，这就容易使他们对安全教育不以为然，认为安全事故、安全灾害离自己很远，故而导致他们自身的安全意识整体不强，加之学习安全知识、掌握安全技能后不经常使用，导致这些安全知识和安全技能极易被淡化、遗忘。因此，高职院校在开展安全教育时，必须根据安全形势的需要，以灵活多样的方式方法开展经常性安全教育，使安全教育常态化、制度化、科学化，从而不间断地巩固学生的安全意识、安全知识和安全技能，实现安全意识、安全知识和安全技能递进强化的效果。

（五）创新性

随着科学技术的迅速发展和人类生产、生活方式的变化，诱发安全事故、安全灾害的因素也在不断地发生改变。学生的安全意识、安全知识和安全技能，也需要随着时间的推移和环境、条件的不断变化，不断地更新和创新。因此，安全教育教师和实际工作者要积极主动地结合新知识、新技术、新案例、新技能，与时俱进地教育学生，使其更好地掌握安全知识，增强安全意识，提升安全技能，解决学习、生活中的安全隐患，正确应对新型的安全事故和安全灾害。

三、高职学生安全教育的目标

高职学生安全教育具有重要的目标指向，通过安全教育，要使学生在安全意识、安全知识和安全技能三个层面取得进步。

（一）安全意识层面的目标

通过安全教育，学生应当彻底走出把安全问题不当回事的思想认识误区，牢固树立"安全重于泰山""安全无小事"的安全观念，牢固树立"安全第一"的安全意识，牢固树立积极正确的社会安全责任感，把安全问题与个人发展、社会发展和国家需要相结合，为构筑平安中国、平安社会、平安校园、平安人生做出积极的努力。

（二）安全知识层面的目标

通过安全教育，学生应当掌握基本的安全知识；学习和掌握与安全问题息息相关的法律法规和校规校纪；学习和掌握安全问题所包含的基本内容与诱发因素；学习和掌握必要的安全信息、相关的安全问题分类知识以及安全保障的基本知识。

（三）安全技能层面的目标

通过安全教育，学生应当了解和掌握安全防范技能、安全信息搜索技能与安全管理技能；了解和掌握以安全为前提的自我保护技能、沟通技能、解决问题的技能；了解和掌握必要的急救技能；养成在日常生活和突发安全事故、安全灾害中正确应对的行为习惯，最大限度地预防安全事故和安全灾害，减少它们对学生造成的危害，从而保障学生健康快乐地成长。

第二节 高职学生安全教育的内容、方法与原则

高职学生安全教育是高职院校思想政治教育和素质教育的重要组成部分，其所涉及的内容非常广泛。同时，高职学生安全教育也要遵循其自身的方法和基本原则，只有这样，才能提高安全教育的实效性、针对性，才能取得事半功倍的效果。

一、高职学生安全教育的内容

高职学生安全教育的内容主要包括与学生学习、生活密切相关的安全方面的内容,并不泛指社会生产、社会生活中涉及的所有安全内容。本教材编撰的安全教育内容主要包括意识形态安全、国家安全、自然灾害安全、消防安全、网信安全、学习生活安全、人身财产安全、身心健康安全、急救安全九个方面。这九个方面的具体内容在后面的各章节中将会逐一阐述。综合分析这九个方面的内容,可以分为如下三个层次,它们共同构成了高职学生安全教育的内容体系。

(一)安全政策法规和校规校纪的责任教育

我国法律明确规定,公民年满18周岁即具有完全民事行为能力,高职学生绝大多数都已经年满18周岁,具有完全民事行为能力,应当依法对自己的行为负责。在预防安全事故、安全灾害,防止危险侵害方面应当积极主动作为,采取适当行为和措施进行防范,最大限度地减少危险侵害发生的概率,最大限度地减轻受到侵害或损伤的程度。学生在预防安全事故、安全灾害,防止危险侵害方面该作为而不作为的,应对其所造成的人身伤亡、财产损失等后果承担相应的责任。

对学生进行政策法规与校规校纪的责任教育,就是要让他们明确自己应当承担的与安全相关的责任,促使他们关注安全政策法规和校规校纪,把握安全政策法规和校规校纪的内涵属性,明确政策法规、校规校纪与安全之间的关系;同时,增强他们的法律意识和遵纪守法的道德观念,以及对待安全问题的积极性、主动性和自觉性,从而规范其行为习惯。

(二)安全知识教育

安全知识是与学生学习、生活密切相关的理论知识,包括如下四种类别。

第一类是意识形态、国家安全和网信领域的知识,主要包括意识形态、国家安全和网信领域的形势、风险和内容。学习此类知识的目的在于防止学生偏离甚至抛弃马克思主义意识形态,而接受西方资本主义等非马克思主义意识形态,犯政治上的错误,走到危害意识形态安全、国家安全和网信安全的道路上去。

第二类是法律法规中的知识,主要包括交通安全、消防安全等方面的内容。学习此类知识的目的在于使广大学生知法守法,用法律法规来维护自身的合法权益,避免因违法而遭到法律的制裁或因违带来人身伤亡及财产损失。

第三类是日常安全知识,主要包括自然灾害安全、学习生活安全、人身财产安全、社交安全、公共安全等内容。学习此类知识的目的是使学生熟悉安全常识,增强安全意识,尽力避免人身伤害和财产损失。

第四类是身心健康安全的基本知识,包括生理健康和心理健康知识。学习此类知识的目的在于掌握必要的身心健康知识,促进生理健康,增强自己调节心理、情绪的能力,树立正确的人生观，保持健康的身体和心态，培养珍爱生命、热爱生活、笑对人生的乐观主义态度，杜绝自杀、变态等消极结果的发生。

（三）安全技能教育与实践

安全技能与安全知识在内容方面有交叉重叠的地方，但两者绝不等同。安全知识是基础，是应知的内容；安全技能是更高的要求，是应会的内容。将应知的知识转化为应会的技能，是安全教育追求的效果和目标之一。

安全技能包含以下两个方面的含义。

一是与专业岗位上要求的操作技能相关的安全技能，在实习、实验和生产实训中避免因违章操作而造成安全事故。学生实习、实训的时间相对较长，实习、实训任务相对较重，这方面的安全技能要求尤其突出。

二是在自然灾害、公共卫生和社会突发安全事件等方面的一般应对能力。它主要包括在交通安全、自然灾害安全、人身安全、公共安全中的避险与逃生能力，在消防安全中的灭火与自救能力，面对应激情景的心理承受和应激反应能力。这些避险、自救、逃生、应变能力需要通过学习才能获得，更需要通过实践锻炼才能不断提高。

安全技能教育与实践的目的在于提升学生自我保护能力，增强其保护自己和他人不受到伤害的意识。

二、高职学生安全教育的方法

高职学生安全教育要加强针对性，突出实效性，教育方法与途径的选择至关重要。概括来讲，高职学生安全教育主要有三个方面的方法与途径。

（一）课堂教育

课堂教育既包括安全教育教师组织的课堂教育，也包括安全教育实际工作者（如辅导员、班主任等）组织的班课、团课等课堂教育。课堂教育具有计划性、系统性、科学性、思想性等特点，因此它是安全教育常用的方法与途径，也是实现安全教育目的、目标的主要的方法与途径。课堂讲授形式应该灵活多样，适合学生特点和身心发展，可以采用计算机多媒体教学、实物演示、典型案例分析以及研讨式、演讲式、座谈式、参观式、竞赛式、辩论式等教学方式。

（二）实践教育

高职学生安全实践教育主要包含三个方面的内容。一是模拟危险场景演练。例如，对于火灾、地震等灾害，通过模拟演练，可以让学生身临其境，实践感悟，从而增强其自救逃生的意识和能力。二是事故现场参观感悟，如带领学生参观汶川大地震遗址、参观泥石流灾害现场、参观安全事故场景等。三是让学生积极参与学校安全管理。

强化安全教育实践，开展模拟演练，参观事故、灾害现场，参加安全管理，可以给学生留下刻骨铭心的深刻认识和感悟，远比空洞的课堂说教取得的教育效果要好。同时，还要经常组织学生参与安全技能实践，使学生熟练掌握和运用一些必要的安全技能，才能使其在遇到安全事故和安全灾害时灵活正确地应对，最大限度地减少安全危害和损失。

（三）自我教育

自我教育是激发学生自身安全教育意识和能力的教育途径和方法。学生在校学习、生活的几年之中，安全事故、安全灾害并非时时刻刻都会发生，也并非每位学生都会亲身经历。他们很容易认为安全事故、安全灾害离自己很遥远，从而产生麻痹大意、消极松懈的思想意识，进而导致在行为上疏于采取任何有效的安全防范措施。因此，安全教育单纯依靠课堂教育、实践教育这两种途径是远远不够的，还需要学生通过自我管理、自我学习、自我教育，把安全教育贯穿于在校学习、生活的全时段、全方位、全过程，做到安全问题年年讲、月月讲、天天讲、时时讲，从而内化为学生自觉的安全意识和能力。这种教育途径和方法需要在教师的引导下，既突出某项专门防范重点，又宣传一般安全知识，寓教于乐，将安全知识、安全信息潜移默化地植入学生心中。

在安全教育的三种途径和方法之中，课堂教育和实践教育都是外化教育，自我教育却是内化教育，只有把外化教育积极转化为内化教育，把安全教育外在的规范要求、说教转化为学生内在的、自觉的安全意识和安全需要，安全教育的效果才会更加突出和明显。

三、高职学生安全教育的原则

高职学生安全教育要从学生认知特点出发，遵循学生身心发展的基本规律，坚持和把握如下基本原则。

（一）课堂教育、实践教育和自我教育相结合

课堂教育是安全教育的主渠道，实践教育是安全教育的重要组成部分，自我教育是安全教育的内化要求，三者必须相互结合才能相得益彰。安全教育课程要采用理论与实践、讲授与训练相结合的方式开展，要加强对安全教育的制度规划和制度设计，将安全教育课程列入教学计划，落实师资、教材、课时、经费及相关教学设施设备，落实实践教学相关环节，确保安全教育课堂教学、实践教学和自我教育的质量。在安全教育过程中要坚持理论联系实际，通过模拟演习、参观现场、安全管理等实践活动，让学生身临其境，提高运用安全知识解决实际问题的水平，将安全知识积极转化为实践能力。

（二）内容充实与方法创新相结合

现代网络信息技术的快速发展，拓展了安全教育的空间和渠道，安全教育工作者如果不思进取，继续停留在原来的老面孔、老套路、老方法上，缺乏时代特征，必然使安全教育缺乏吸引力，也缺乏针对性和时效性。

因此，安全教育工作者要在继承和发扬优良传统的基础上，不断推陈出新，注意引用最新发生在高校的典型安全事件、安全案例，不断更新和丰富安全教育内容，增强安全教育的时效性和前瞻性；同时，还要不断改进和创新安全教育的方式方法，使之由封闭型向开放型转变，由单纯灌输型、说教型向理论与实践并重转变，由传统的教育手段向现代教育手段转变，只有这样，才能取得更好的安全教育效果。

（三）教育引导与强化管理相结合

管教结合是安全教育的重要原则。重管理、轻教育不对，重教育、轻管理更是不对。在高职院校安全教育实践中，安全教育与安全管理相辅相成，缺一不可，它们都是实现安全教育目标的重要途径和手段。加强高职学生安全教育，要坚持以正面教育为主，引导学生重视安全问题，培养他们的安全意识，提高他们处理安全事故、安全灾害的基本技能，以及应对安全风险的防范能力。在教育引导的同时，还要加强学校安全管理，将安全工作纳入学校办学治校的重要议事日程，严格依照国家有关安全工作的法律法规，建立健全各项安全管理规章制度，规范学生的日常行为；采取各种积极有效的措施，预防、发现和控制学生可能发生的违法犯罪行为；认真落实学校各项人防、技防安全措施，保障学生的生命财产安全和学习生活安全。

（四）加强领导与加强安全队伍建设相结合

安全工作事关重大，安全责任重于泰山。高职院校要高度重视安全工作，切实加强安全工作领导，把安全工作纳入学院的重要工作，与其他重要工作同布置、同落实、同检查；要把安全教育纳入高职院校人才培养工作，纳入学校德育工作体系；要安排和落实好安全教育课时与教学计划，为安全教育进课堂、进教材、进学生头脑提供最基本的组织保障和制度保障；应加大安全教育的经费投入，为开展安全教育提供良好的教学基本设施、设备，提供良好的教育教学条件；要建立安全教育教研机构，负责教育教学组织；要建立建好安全教育资料室，收集整理各种教学资源和学习资源；要加强安全工作考核检查，建立健全考核评价体系，完善安全教育奖惩激励机制。

在加强安全教育领导工作的同时，高职院校要高度重视安全教育队伍建设。要把安全教育队伍建设纳入学院人才队伍建设的总体规划，做到安全教育队伍建设立足当前，着眼长远；应当根据高职院校办学实际，建立专职（保卫干部、专职安全教育教师）和兼职（辅导员、班主任和其他工作人员）相结合的安全教育师资队伍，加强安全教育教师培养和培训工作，鼓励教师积极开展教学和教学研究，鼓励团队教学；聘请校内、校外各方面专家和安全工作实际工作者充实教学队伍，创造性地开展各种形式的教学活动，促进教师教学效果和学术水平的不断提高；积极组织教研活动、集体备课和教育培训，不断提高安全教育师资队伍的整体素质。

第三节 高职学生安全教育的意义

百年大计，教育为本。安全教育关系到学生的生命及其他安全，关系到高职院校的稳定和发展，安全责任重于泰山。加强和改进高职学生安全教育有利于学生的健康成长，有利于高职院校的健康发展，有利于维护国家安全和意识形态安全，有利于全面建成小康社会和实现中华民族伟大复兴。因此，开展高职学生安全教育具有十分重要的意义。

一、安全教育有利于学生的健康成长

学生正处于人格发展与完善的关键时期。这个朝气蓬勃的社会群体具有自己独特的身心和人格特征：一是生理发育基本成熟但心理发育相对滞后，心理健康问题比较突出；二是人格个性趋于稳定，但可塑性很强；三是智力接近高峰，但还未完全开发；四是学习能力、学习兴趣相对较弱，但实践能力、动手能力较强；五是社会需求强烈，但经验不足，缺少生活经验和社会经验，安全防范意识较差。加之学生中有很多都是独生子女，他们多是在长辈、父母、亲人过多的呵护中和中小学老师细心的关心下长大的，人生阅历简单，对于社会的复杂性知之甚少。他们在进入大学，离开父母亲人，开始独立面对纷繁复杂的社会时，对可能发生的各种安全问题往往缺少必要的重视和警觉，缺少必要的防范意识和防范技能，从而给违法犯罪分子提供了可乘之机。

教育理论认为，教育是培养人的社会活动，这个过程就是将社会知识、生活方式、行为规范、意识形态不断地内化于教育对象，使个体不断社会化。在学生成长成才的过程中，安全问题成为其重要的负面困扰，影响了其健康成长。因此，对学生进行安全教育是为其健康成长和全面发展打下良好基础，是全面提高学生综合素质的保障。

"一时之快"饮恨一生

2008年3月10日晚自习过后，某高校学生孙某等10多名同学在其宿舍内饮酒、唱歌。期间，想到了刚认识不久的女生董某，就打电话让其来宿舍，董某虽然再三推脱，但还是没有经受住孙某的软磨硬泡。为了躲避宿舍楼管员的盘查，孙某等人通过卫生间的窗口将董某拉进男生宿舍楼。董某进入男生宿舍后也跟随这群男生喝酒、唱歌，大约23:30分，孙某将其他同学支出并强行插上门，当晚两次和董某强行发生性关系。第二天，董某在家人的协助下报警，警方介入调查。孙某也交代了违法犯罪事实，被依法刑事拘留。后经法院审理，孙某因强奸罪名成立，被法院判处有期徒刑三年。孙某在校期间不爱学习，经常旷课，沉迷网络，此案更是将他一生的前程毁于一旦。事件发生后，董某不堪压力，办理了退学手续。

 案例点评

> 孙某在校期间不爱学习，沉迷网络，经常旷课逃学，不把学校和老师的教育当回事。由于受网络上一些低级趣味内容的引诱和腐蚀，法律意识和校规校纪观念淡漠，违反学生管理、宿舍管理相关规定，违反国家法律法规，对自己的行为后果认识判断不足，酒精的刺激等使其完全丧失理智、迷失自我。作为女生，董某深夜在男生宿舍饮酒、唱歌，缺乏女生应有的矜持与自重，更缺乏安全意识，为事件的发生"推波助澜"。事发时，董某没有选择大声呼救也助长了孙某的不轨行为，造成了可怕的后果。

二、安全教育有利于高校的稳定和健康发展

随着高等教育改革的不断深入，高校后勤社会化的不断深化，以及高校国际化、开放性办学的不断推进，高校对外交往越来越频繁，校园越来越开放，社会问题与高校内部问题相互交织，治安问题和政治问题相互影响，人民内部矛盾和敌我矛盾相互渗透，影响高校安全发展的因素呈现多样化、复杂化、常态化的趋势。高校的安全形势和安全环境日趋严峻复杂，主要表现在以下几个方面。

（1）校园环境社会化、复杂化，影响学校安全稳定。许多高校就是一个开放性、多功能的"小社会"，这种开放、复杂的校园环境，客观上给高校的安全造成诸多负面影响。社会上的一些不法分子，时常窜入高校实施盗窃、抢夺、诈骗、行凶等犯罪活动，严重影响和危害广大师生的人身财产安全，直接影响学校的安全稳定。

（2）校园周边治安环境复杂，危害校园安全。当前，高校周边安全形势十分严峻，

侵害学校师生人身财产安全的治安、刑事案件不断发生，这不仅给学生本人及家庭造成伤害，还直接影响到高校正常的教学、生活、工作秩序，严重的甚至影响到社会的稳定。

（3）部分高校校区多而分散，少数高校异地办学，交通安全隐患突出。由于教育改革和历史等多种原因，部分高校是由一些学校合并而成，存在多个校区办学、异地办学的情况，师生有时需要在不同校区之间学习、工作、生活，形成了校区之间人员流动性大，管理成本、难度增大，交通安全事故呈现突发、多发、易发等特点，影响高校的安全和稳定。

（4）大量外来务工、经商人员成为高校治安管理工作的新难点。随着高校后勤社会化和开放办学的发展，大量外来人员进入高校务工、经商。一些高校由于管理不到位，部分外来人员违法犯罪现象时有发生，根据调查，高校由外来务工、经商人员引发的案件占高校治安、刑事案件的40%以上。

以上这些因素成为近年来影响高校健康发展、影响高校安全稳定的主因。高校在安全发展中为了减少和避免这些不安全因素的冲击和负面影响，所采取的重要举措就是不断加强高职学生安全教育。学生是高职院校的主体，如果他们的安全意识较强，安全知识较丰富，安全防范技能较高，就能较为有效地应对突如其来的安全问题，成为维护学校安全的重要力量，进而为学校的安全发展提供充足的人力资源，从而使有利于学生健康成长的环境得到进一步优化和完善，使危害学生身心健康的安全隐患大为减少，为学校的健康发展创造一种安定团结的安全环境。可见，加强和改进学生的安全教育是高校健康发展、长治久安的重要基础。

三、安全教育有利于维护国家安全和意识形态安全

当前，我国在国家安全和意识形态安全方面面临国际国内复杂多变的环境，维护国家安全和意识形态安全的任务非常艰巨，安全形势不容乐观。境外敌对势力、间谍情报机构、受西方控制的非政府组织和舆论工具等，一直在不遗余力地围堵遏制中国，"西化""分化"中国，图谋搞乱中国的思想、颠覆中国的价值观，一直在和我国进行着一场没有硝烟的战争。一方面，它们利用多种渠道和手段，以公开或秘密的方式，传播西方的政治经济模式、价值观念以及腐朽的生活方式，不惜一切代价与我们争夺青年一代，学生是它们着力腐蚀、拉拢、争夺的主要对象，它们妄图在中国内部培育"和平演变"的"内应力量"。另一方面，它们采用金钱收买、物质引诱、色情勾引、出国担保等手段，打着学术交流、参观访问、业务洽谈等幌子，刺探、套取、收买我们国家秘密。

学生中相当一部分人对国家安全、意识形态安全存在如下三个方面的模糊认识。

首先，他们对国家安全、意识形态安全的认识还停留在军事、战争、国防、情报、间谍这样一些传统的、局部的认识上。但从事实上讲，国家安全、意识形态安全不仅包括政治安全、经济安全、国土安全、主权安全、国防安全、国民安全等传统内容，还包括文化安全、科技安全、金融安全、信息安全、意识形态安全等新内容。

其次，讲到国家安全、意识形态安全，他们会自然地想到美国的中央情报局、联邦调查局等，这种把国家安全、意识形态安全简单地等同于间谍情报活动的片面认识，使他们认为国家安全是国家安全机关的事，不能自觉地把维护国家安全、意识形态安全与自身的责任联系起来。

再次，由于我国政治非常稳定、经济快速发展、社会安定和谐、人民安居乐业、国际地位国际声望空前提高，在经历了几十年和平发展的大环境下，他们不自觉地对国内外敌对势力放松了警惕。如果在思想上麻痹大意，就很容易造成一些国家秘密的泄露。更有甚者，少数人经不起金钱、美色等的诱惑，不惜丧失国格、人格，出卖情报，对国家安全和国家利益造成重大损失，教训极为惨痛深刻。

总之，我国作为一个人口和经济大国，在和平崛起的过程中，面临着艰巨复杂、严峻凶险的安全形势，高职学生作为一个庞大的在校学生群体，他们的国家安全意识又相对薄弱。因此，加强高职学生国家安全、意识形态安全教育，增强其国家安全、意识形态安全意识，为其树立全新的国家安全观和意识形态思想认同，既是十分必要的，也是非常紧迫的。

四、安全教育有利于全面实现高校人才培养目标，有利于全面建成小康社会和实现中华民族伟大复兴

目前，我国在校大学生超过4 500万人，其中，高职高专在校大学生占据半壁河山，他们都是未来建设中国特色社会主义事业的中流砥柱，在他们身上寄托着全面建成小康社会、实现中华民族伟大复兴的历史重任。大学生的安全道德品质、安全文化素质和心理健康素质如何，不仅直接关系到现阶段中华民族的素质，而且直接关系到未来中华民族的素质。要把大学生培养成为中国特色社会主义事业的合格建设者和可靠接班人，不仅要大力提高他们的科学文化素质和思想道德素质，更要大力提高他们的安全文化素养。培养造就千千万万具有高尚品质和良好安全道德修养，掌握现代化建设所需要的全面安全意识、知识和技能的优秀人才，使大学生能够和时代同步伐、与社会同发展、与祖国共命运、与人民齐奋斗，这对于确保全面建成小康社会和实现中华民族伟大复兴都具有重大而深远的战略意义。

第一章 高职学生安全教育概述

问题思考

1. 安全教育有哪些基本特征和目标？
2. 安全教育的内容、方法和原则是什么？
3. 在充分认识安全教育的重大意义的基础上，如何提高自己的安全意识？

推荐阅读

1. 张樵苏. 严守安全底线，奏响生命至上——党的十八大以来我国安全生产事业改革发展综述［EB/OL］. http://www.xinhuanet.com/politics/2017-10/16/c_1121812001.htm.
2. 方圆震. 李克强对全国安全生产电视电话会议作出重要批示［EB/OL］. http://www.gov.cn/xinwen/2018-01/25/content_5260617.htm.

案例纪实

洗衣房引发的恶性事件

2014年3月13日中午，某高校大学生黄某在公用洗衣房洗衣服，因自己的水桶被吴某挪到了一边，便与其发生了冲突，从破口大骂到相互厮打，最后两人被在洗衣房的其他同学劝开。

吴某洗完衣服后回到宿舍，便将与黄某争吵厮打的事情告诉了同乡好友叶某。其后，叶某找到黄某说"你打我老乡，不赔医药费，那我打了你也是白打。"于是，叶某动手打了黄某两个耳光。黄某和叶某越说越僵，最后，双方大打出手。在打斗过程中，黄某用随身携带的水果刀将叶某、吴某捅伤。事后，黄某逃离现场。叶某被刺伤右肺，导致重伤，虽然保住了性命，却留下了终身的疤痕和伤痛，吴某也被刺成轻伤。事后，打架双方也都受到了校纪处分，叶某、吴某被给予记过处分，黄某被开除学籍，由公安机关进行拘捕，追究其刑事责任，并赔偿叶某、吴某的医疗费等逾万元。

案例点评

此案例的起因非常简单，双方就是为了争一个水龙头，只要双方互谅互让，矛盾很容易解决。可惜双方都缺乏基本的道德修养和忍让精神，在发生矛盾时，不是互相

13

谦让，而是满口脏话，开口就骂，动手就打，将大学生本应具备的文明修养抛之脑后，互相争强斗狠，互相以暴制暴，最后两败俱伤。"帮忙客"叶某不是积极化解矛盾，而是兴师问罪、火上浇油，导致矛盾进一步发展。黄某用水果刀将叶某、吴某捅伤，比一般打架斗殴事件的性质更为严重，从一定程度上反映出大学生在发生矛盾时缺乏理智，从而造成严重后果。他们这样处理人与人之间的矛盾，既是对他人生命的亵渎，也是对自己极端不负责任。

通过本案例，我们可以明确认为，作为大学生，应该树立正确的生命观、人生观、安全观，不断增强安全意识，切实加强道德修养，逐步养成良好的文明礼让习惯，做遵纪守法、德才兼备的好学生。

第二章 国家安全

 学习目标

- 了解国家安全以及国家总体安全观的内涵;理解我国面临的安全挑战和危害国家安全的惯常行为;掌握大学生维护国家安全的权利和义务,以及大学生保守国家秘密的基本要求。
- 了解邪教及其本质和特征;理解邪教的危害;掌握拒绝邪教、健康生活的基本策略。
- 了解恐怖活动的概念及基本特点;理解常见的恐怖袭击手段,以及恐怖活动对学生安全的威胁;掌握应对恐怖袭击的策略。

国家利益高于一切。作为公民，每个人都应该树立基本的国家安全观念，都应视国家利益为最高、最根本的利益，自觉将维护国家安全、保守国家秘密作为公民应尽义务。作为当代大学生，更应牢固树立国家安全意识，珍惜国家荣誉，维护国家主权和领土完整，自觉保守国家秘密。同时，还要充分认识邪教组织和恐怖活动对国家安全的严重危害，自觉崇尚科学，坚决抵制邪教，严防恐怖活动。

第一节 树立国家安全意识 保守国家秘密

一、国家安全的内涵

国家安全是国家的基本利益，是一个国家处于没有危险的客观状态，也就是国家没有外部的威胁和侵害，也没有内部的混乱和疾患的客观状态。当代国家安全包括十六个方面的基本内容，即政治安全、国土安全、军事安全、经济安全、文化安全、社会安全、科技安全、网络安全、生态安全、资源安全、核安全、海外利益安全、生物安全、太空安全、极地安全、深海安全。国家安全关系到国家的生死存亡，是全国各族人民的根本利益所在，是国家和民族的命运所在。

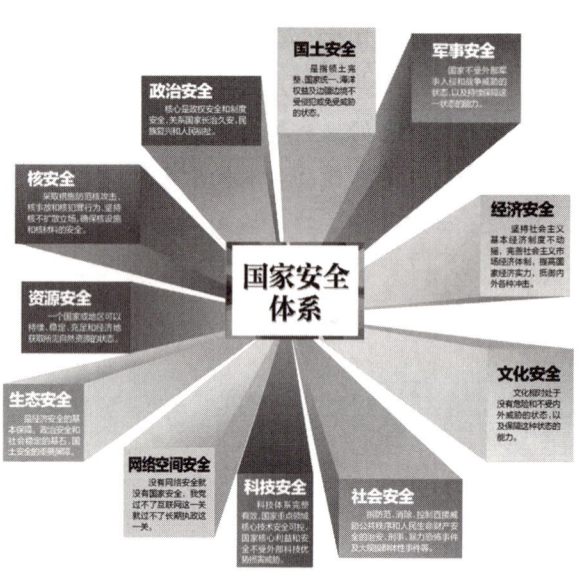

2014年1月24日，中共中央成立中央国家安全委员会。中央国家安全委员会统筹协调涉及国家安全的重大事项和重要工作，这有利于提高国家在面临各种安全威胁和挑战时的决策和应对能力。

二、国家总体安全观及其战略意义

2014年4月15日，中央国家安全委员会第一次会议明确提出，要构建集政治安全、国土安全、军事安全、经济安全、文化安全、社会安全、科技安全、信息安全、生态安全、资源安全、核安全等于一体的国家安全体系,并系统地阐述了总体国家安全观重要思想。总体国家安全观旨在实现人民安康、社会安定、国家安稳、世界安宁,是多层次、全方位的国家安全指导思想。

总体国家安全观承载着为实现中华民族伟大复兴提供坚强保障的历史使命,具有鲜明的时代特色。总体国家安全观是时代的产物,同时又为时代注入了新的内涵。总体国家安全观适应进行具有许多新的历史特点的伟大斗争的新要求,顺应时代发展变化的新趋势,回应人民对国家安全的新期待,回答国家安全面临的新课题。

总体国家安全观是我们党关于国家安全理论的重大创新,它丰富和发展了中国特色社会主义理论体系,开辟了中国特色国家安全理论新境界,揭示了中国特色国家安全的本质特征。总体国家安全观科学地回答了中国这样一个发展中的社会主义大国如何维护和塑造国家安全的基本问题,标志着我们党对国家安全基本规律的认识达到了新高度。

总体国家安全观倡导构建人类命运共同体,具有广泛的包容性,产生了深远的国际影响。中国的国家安全和世界的和平发展息息相关。总体国家安全观强调以促进国际安全为依托,实现自身安全与共同安全相统一,共同构建人类命运共同体。这一安全理念摒弃了零和博弈、绝对安全、结盟理论等旧观念,在国际上树立起一种普遍包容的国家安全理念,体现了中国风格,展示了中国胸怀,彰显了中国智慧。

三、我国面临的安全挑战

(一) 国家主权与领土安全

国家主权与领土安全是国家安全的核心内容。随着经济全球化的迅猛发展、我国国际空间和国际利益的不断拓展以及国内一些分裂势力的滋长与相互勾结,我国在国家主权与领土安全领域面临的挑战越来越大:经济全球化从不同角度、不同层面对我国的国家主权产生一定程度的冲击;台湾问题依然是我国国家安全所面临的不稳定因素;边界领土争端,尤其是海洋权益争端对我国主权和安全的影响在增大。

(二) 军事及周边地区安全

军事安全是一个国家受其他国家或国家集团的军事力量制约的现实状态,是国家安全诸因素中的首要因素。目前的国际形势要求我们不能忽视军事安全所面临的挑战。当今世界总体形势虽然趋于缓和,但不稳定因素很多。仅仅从纯军事角度看,我国也面临着新一轮军事革命和高技术局部战争的挑战。

(三) 政治安全

政治安全是国家安全的前提。经济全球化的深入发展、西方全球战略的演变以及国际社会对我国和平崛起所持的不同态度,都对我国的政治制度和政治发展产生着一定程度的冲击和影响。

(四) 经济安全

在经济全球化和日益复杂的国际环境大背景下,我国在经济安全领域面临的国际挑战表现在:我国与外部世界的经济关系越来越复杂,各种矛盾与冲突在所难免;外部世界对我国经济的影响与压力越来越明显;我国经济在融入世界的进程中面临的风险越来越突出。

(五) 文化安全

文化安全既包括国家的文化立法权、文化管理权,也包括文化制度和意识形态选择权以及文化传播和文化交流独立自主权等,这些都是国家文化安全的核心内容。中国在文化安全领域面临的挑战主要集中在两个方面:西方政治文化的渗透,反华舆论的鼓噪。除此之外,信息化的高速发展还使我国的安全保密工作面临不少新的课题,比较直接的影响是政府上网、政务信息化增加了泄密的可能性。在我国入世后,许多人的保密观念在淡化,认为入世就意味着全面开放,这种错误的观念也很容易使人们在频繁的对外交往活动中放松警惕,有意无意地泄露国家秘密。

四、危害国家安全的惯常行为

危害国家安全的行为,一般是指境外机构、组织、个人实施或者指使、资助他人实施的,或者境内机构、组织、个人与境外机构、组织、个人相勾结实施的下列危害中华人民共和国国家安全的行为。

(1) 阴谋颠覆政府、分裂国家、推翻社会主义制度的行为。例如,"台独"分子一直没有放弃"两个中国"的阴谋;达赖集团在境外成立了"流亡政府";境外"东突"势力也在国内外大搞破坏、谋杀和爆炸等活动。

(2) 参加间谍组织或者接受间谍组织及其代理人任务的行为。无论行为人是否接受了间谍组织的任务,是否进行了窃取、刺探、收买、非法提供情报或其他破坏活动,只要参加了间谍组织,即可构成间谍犯罪。未参加间谍组织,却接受了间谍组织或其代理人的任务,不管其任务实现与否,都不影响间谍犯罪的成立。

(3) 窃取、刺探、收买、非法提供国家秘密的行为。一般指在未参加间谍组织,也没接受其代理人任务的情况下,主动为间谍机构窃取、刺探、收买、提供情报。不管情报是否到了间谍手中,都不影响间谍犯罪的成立,都属于危害国家安全的行为。

(4) 策动、勾引、收买国家工作人员叛变的行为。

(5) 进行危害国家安全的其他破坏活动的行为。例如,组织、策划或者实施危害国家安全的恐怖活动的;捏造、歪曲事实,发表、散布文字或者言论,或者制作、传播音像制品,危害国家安全的;利用设立社会团体或者企业事业组织,进行危害国家安全活动的;利用宗教进行危害国家安全活动的;制造民族纠纷,煽动民族分裂,危害国家安全的;境外个人违反有关规定,不听劝阻,擅自会见境内有危害国家安全行为或者有危害国家安全行为重大嫌疑的人员的。

《中华人民共和国刑法》第一百零六条规定:"与境外机构、组织、个人相勾结,实施本章(刑法分则第一章:危害国家安全罪)第一百零三条、第一百零四条、第一百零五条规定之罪的,依照各条的规定从重处罚。"

五、公民和组织维护国家安全的权利和义务

国家安全直接关系国家的尊严和社会的稳定,关系经济的发展和人民生活的幸福。维护国家安全符合全国各族人民的根本利益,是每个公民和组织应尽的义务。《中华人民共和国国家安全法》第七十七条规定,公民和组织应当履行下列维护国家安全的义务:

(1)遵守宪法、法律法规关于国家安全的有关规定。
(2)及时报告危害国家安全活动的线索。
(3)如实提供所知悉的涉及危害国家安全活动的证据。
(4)为国家安全工作提供便利条件或者其他协助。
(5)向国家安全机关、公安机关和有关军事机关提供必要的支持和协助。
(6)保守所知悉的国家秘密。
(7)法律、行政法规规定的其他义务。

任何个人和组织不得有危害国家安全的行为,不得向危害国家安全的个人或者组织提供任何资助或者协助。

《中华人民共和国国家安全法》第十三条规定,国家机关工作人员在国家安全工作和涉及国家安全活动中,滥用职权、玩忽职守、徇私舞弊的,依法追究法律责任。任何个人和组织违反本法和有关法律,不履行维护国家安全义务或者从事危害国家安全活动的,依法追究法律责任。《中华人民共和国反间谍法实施细则》第十九条规定,实施危害国家安全的行为,由有关部门依法予以处分,国家安全机关也可以予以警告;构成犯罪的,依法追究刑事责任。

《中华人民共和国国家安全法》第八十条规定,公民和组织支持、协助国家安全工作的行为受法律保护。因支持、协助国家安全工作,本人或者其近亲属的人身安全面临危险的,可以向公安机关、国家安全机关请求予以保护。公安机关、国家安全机关应当会同有关部门依法采取保护措施。第八十一条规定,公民和组织因支持、协助国家安全工作导致财产损失的,按照国家有关规定给予补偿;造成人身伤害或者死亡的,按照国家有关规定给予抚恤优待。

六、维护国家安全是当代大学生的神圣职责

(一) 开展国家安全教育的重要意义

深入开展大学生国家安全教育有助于引导学生在纷繁复杂的国内外形势下保持清醒头脑和作出正确选择，促进学生不断走向成熟。

第一，开展国家安全教育能够使学生正确理解我国国家安全政策。高等院校在意识形态领域走在全社会的前列，开展国家安全方面意识和行为的培训，可以使学生有意识地致力于国家利益和安全的维护以及履行应有的责任和义务，能够增强学生的认识，并由学生唱主角推动全社会关注国家安全问题、知晓我国国家安全政策、了解我国国家安全所处的形势，不断增强"维护国家安全人人有责"的观念，牢固树立"国家安全高于一切，民族利益重于泰山"的思想，从各方面支持国家安全工作，在全社会构筑一道坚不可摧的人民安全防线。

第二，开展国家安全教育能够培养学生为祖国和人民无私奉献的精神，能够培养学生团结统一、爱好和平、勤劳勇敢、自强不息的爱国主义情怀，使之和平时能为国家的建设而无私奉献，战时能为国家的生存而英勇战斗。

第三，开展国家安全教育能够积极调适学生的情绪及心理，促进社会稳定。扎实有效的国家安全教育能够引导青年人激发竞争能力、适应能力和创新能力，不断提升学生的内涵和素养，并促进组织和团体凝聚力的形成。积极的心理辅导可以及时帮助学生进行心理调适，促使学生正确分析与思考，引导他们在不同事物之间进行联系与推论，增强他们对极端主义、宗教狂热和恐怖主义等错误思潮的"免疫力"，帮助他们更加从容地应对不安全因素。

(二) 强化国家安全意识的着力点

大学生是国家的栋梁，肩负着维护国家安全的重任，应当成为国家安全和利益的自觉维护者。

1. 牢固树立国家安全高于一切的观念

"安而不忘危，存而不忘亡，治而不忘乱。"国家安全涉及国家和社会生活的方方面面，是国家、民族生存与发展的首要保障。科学技术是没有国界的，但知识分子不能没有自己的祖国。所以，把国家安全放在高于一切的地位，是国家利益的需要，是个人安全的需要，也是世界各国的一致要求。

2. 深入学习国家安全的法律、法规

据统计，涉及国家安全和保密工作的法律、法规、规章制度有一百多项，对于其中的主要内容和精神，学生应该学习和掌握，要弄清什么行为合法，什么行为违法，什么事情可以做，什么事情不能做。学生应重点学习《中华人民共和国宪法》《中华人民共和国

国家安全法》《中华人民共和国保守国家秘密法》《中华人民共和国刑法》《中华人民共和国刑事诉讼法》《科学技术保密规定》等法律法规，对所遇到的法律问题，要肯学、勤问、慎行。

3. 提高警惕，善于识别各种伪装

从理论上讲，有关国家安全的法律、规定已经比较完善，依法依规行事即可。但是，实际情况比我们想象的要复杂得多。例如，有的间谍情报人员采用五花八门的手段，套取国家秘密、科技政治情报和内部情况。学生如果丧失警惕，就可能上当受骗，甚至违法犯罪。因此，学生在对外交往中，不能只讲友情、不讲敌情；既要热情友好，又要内外有别、不卑不亢；既要珍惜个人友谊，又要牢记国家利益，不能认为国家安全与己无关，对危害国家安全的行为视而不见、失去应有的警惕，或出于个人私利泄露国家秘密，而危害国家利益。

4. 克服妄自菲薄、崇洋媚外等不正确思想

任何国家都有别国没有的政治、经济、文化、军事、科技、资源，以及独具特色的传统工艺等。也就是说，再富有的国家也不可能应有尽有，再贫穷的国家也不可能一无所有。作为中国人，要挺直腰板，作为中国大学生，决不要妄自菲薄、悲观失望，要看到我们也有许多"世界第一"和"中国特色"。学生如果对这些没有正确的认识，就可能在许多问题上产生错误的看法，乃至做出很多不正确的事情来。

5. 严禁与非法组织联系或参与其活动

非法组织是指未经法律法规的许可和一定程序的审批，而擅自成立的组织。一律不允许以任何形式支持非法组织或与他们保持暧昧关系，甚至直接参与其活动。禁止传阅、收藏各种非法刊物，违者将受到党纪、团纪、校纪处分，情节严重者还会被追究刑事责任。

6. 积极配合国家安全机关的工作

学生应深刻认识到，维护国家的安全和利益不仅是国家安全机关的神圣职责，也是每个公民和组织应当履行的法定义务。它主要包括：公民和组织应当为国家安全工作提供便利条件或其他协助；公民发现危害国家安全的行为，应当直接或通过其所在组织及时向国家安全机关或公安机关报告；在国家安全机关调查了解有关危害国家安全的情况、收集有关证据时，公民和有关组织应当如实提供，不得拒绝。

若发现危害国家安全的行为，应及时报告，一是直接向国家安全机关或公安机关报告；二是通过其所在组织（学校保卫部门、院系领导等）及时向国家安全机关或公安机关报告。

七、心系国家安全,保守国家秘密

(一)国家秘密的含义

《中华人民共和国保守国家秘密法》做出了明确的表述:"国家秘密是关系国家安全和利益,依照法定程序确定,在一定时间内只限一定范围的人员知悉的事项"。保守国家秘密是中国公民的基本义务之一。

国家秘密的密级分为绝密、机密、秘密三级。

(1)绝密级国家秘密是最重要的国家秘密,泄露会使国家安全和利益遭受特别严重的损害。

(2)机密级国家秘密是重要的国家秘密,泄露会使国家安全和利益遭受严重损害。

(3)秘密级国家秘密是一般的国家秘密,泄露会使国家安全和利益遭受损害。

国家秘密事项的密级一经确定,就要在秘密载体上作出明显的标志。保守国家秘密的工作,实行积极防范、突出重点、依法管理的方针,既确保国家秘密安全,又便利信息资源合理利用。

(二)国家秘密的特征和事项

1. 国家秘密的特征

由国家秘密的含义可知:"关系国家安全和利益"是国家秘密的最本质特征;"依照法定程序确定"是国家秘密的程序特征;"在一定时间内只限一定范围的人员知悉"是国家秘密的时空特征。

2. 国家秘密的事项

根据《中华人民共和国保守国家秘密法》的规定,国家秘密包括下列秘密事项。

(1)国家事务的重大决策中的秘密事项。

(2)国防建设和武装力量活动中的秘密事项。

(3)外交和外事活动中的秘密事项以及对外承担保密义务的秘密事项。

(4)国民经济和社会发展中的秘密事项。

(5)科学技术中的秘密事项。

(6)维护国家安全活动和追查刑事犯罪中的秘密事项。

(7)经国家保密行政管理部门确定的其他秘密事项。

政党的秘密事项中符合前款规定的,属于国家秘密。

(三)国家秘密的载体

国家秘密载体,是指以文字、数据、符号、图形、图像、声音等方式记载国家秘密信息的纸介质、光介质、电磁介质等载体。电磁介质载体包括计算机硬盘、软盘和录音带、录像带等。

国家秘密载体的制作、收发、传递、使用、复制、保存、维修和销毁等应符合国家保密规定。

（四）保守国家秘密的基本要求

1. 认真学习《中华人民共和国保守国家秘密法》及相关法律法规

学生应严格按照保密法律法规及规章制度的规定，使用、交换和管理保密文件、资料，长期坚持并形成保密习惯。

2. 不泄露国家秘密

学生不应把自己掌握的国家秘密随意向外人透露，不擅自扩大知密范围，不在公共场合谈论国家秘密，不在私人通信中涉及国家秘密，保证自己掌握的国家秘密不发生泄露。

3. 不丢失国家秘密

学生应对自己掌握、保管的秘密文件、资料、信息，严格按照保密规定进行管理，自觉做到不携带保密文件、资料出入公共场所，不将保密文件、资料带回宿舍、带回家等。

4. 采取积极措施，严防国家秘密被窃取

掌握国家秘密的学生要经常检查保密措施是否符合保密规定，对于不该接触保密事项却对保密事项格外感兴趣的人，要提高警惕。

泄私愤，贪财物，出卖国家秘密

黄某，生于1974年，计算机专业毕业，曾在某涉密科研单位工作。为了泄私愤和满足物质上的欲望，黄某竟然主动向境外间谍机关提供15万余份资料，其中绝密级国家秘密90项，机密级国家秘密292项，秘密级国家秘密1 674项，对我国党、政、军、金融等多个部门的密码通信安全造成难以估量的损失。黄某因"间谍罪"被依法判处死刑，剥夺政治权利终身，并收缴间谍经费。黄某间谍案告破后，他原来就职的单位有29人受到不同程度的处分。黄某的妻子唐某、姐夫谭某也因"过失泄露国家秘密罪"被分别判处五年、三年有期徒刑。

> 黄某在10年时间里向外间谍机关提供了我国密码领域大量机密情报，对我国多个重要机构造成难以估量的巨大损失，对我国党政军核心要害部门的密码通信安全构成了重大威胁，对我国国家安全构成了严重威胁。如果该泄密事件发生在战争时期，我国将会为此付出生命和鲜血的代价。

第二节 树立正确宗教观念 坚决反对邪教

一、邪教及其本质

(一) 概念

邪教是指冒用宗教、气功或者其他名义建立，神化首要分子，利用制造、散布歪理邪说等手段蛊惑、蒙骗他人，发展、控制成员，危害社会的非法组织。邪教大多是以传播宗教教义、拯救人类为幌子，散布谣言，且通常有一个自称开悟的具有超自然力量的教主，以秘密结社的组织形式控制群众，一般以不择手段地敛取钱财为主要目的，部分邪教也以反人类、反社会为目的。

(二) 邪教的本质

1. 反人类

邪教反人类的本质突出表现为：编造歪理邪说，以"人类劫难""人生灾难"推垮人们的意志。例如，有的邪教散布"人类罪恶论"，妄言地球爆炸、人类毁灭；而有的邪教则鼓吹"人生宿命论"，主张人们逃避现实、远离社会。而一旦其歪理邪说不能自圆其说或不能兑现许诺，邪教分子往往采取残害信徒生命的方式，制造人间悲剧。

2. 反科学

邪教反科学的本质突出表现为：宣扬神秘主义、封建迷信、伪科学，束缚人们的思想。

3. 反社会

邪教反社会的本质突出表现为：对抗与破坏现实社会，大搞教主崇拜。千方百计把邪教组织打造成一个封闭的社会，不准信徒与社会正常交往，以建成一个以教主为中心的"天国社会"，让教主为所欲为。

4. 反政府

邪教反政府的本质突出表现为：散布"政府无用论"和"法律无用论"，否定政府与法律的权威，图谋取而代之。

(三) 邪教的主要特征

邪教是一种非法的严重危害人类社会的极端信仰，概括来说，它有以下六大基本特征。

1. 教主崇拜

极力神化自己，号称拥有超自然的神力和权力，诱骗邪教信徒只能唯教主之命是从，为教主而生，为教主而死。例如，美国邪教"人民圣殿教"教主琼斯称自己是"救世主"；"大卫教"教主考雷什称自己是"活先知"；日本邪教"奥姆真理教"教主麻原彰晃不仅自称是神，而且还利用现代摄影技术，拼凑出身着袈裟、合十盘坐、头罩光环的"神"像，愚弄信徒对他盲目崇拜。

2. 精神控制

邪教通过诋毁宗教、贬损科学来让信徒放弃常人的思维，即所谓的接受"再教育"，使信徒在思想上、心理上和行为上自我封闭、与世隔绝，以达到邪教对信徒进行精神控制的目的。邪教往往剥夺信徒的行动自由和隐私权，用冥想、催眠、欺骗甚至恐吓等办法对他们进行控制，信徒的身心健康被严重损害，最终丧失了正常的人格、判断力和独立生活的能力。例如，美国"人民圣殿教"信徒在琼斯镇过着与外界隔绝、极其贫穷、没有任何私人财产、没有任何个人生活和思想空间、并且受教主琼斯的武装卫队严密监控的集体生活。任何信徒试图要求个人自由，都要受到严厉惩罚，最终导致了"琼斯镇惨案"。

3. 编造邪说

20 世纪以来，社会竞争日益激烈，造成了部分人群精神的紧张、失落与迷茫。加之世纪之交，有关"世界末日"、"人类大劫难"、"地球大爆炸"的传闻很多，更扰乱了人心。邪教教主便借此推波助澜，制造恐怖气氛，胁迫信徒盲目跟从，进而从思想上、精神上牢牢控制信徒。

4. 聚敛钱财

邪教教主要求"信徒要完全奉献"，不择手段地对信徒进行巧取豪夺，同时，高利润地销售其书籍、音像制品等，从而一夜暴富。例如，韩国邪教"天尊会"教主牟幸龙及其妻子朴贵达，自称"天尊""天母"，到处招摇撞骗、聚敛钱财，仅在最近十多年间，就从信徒手里诈取了 384 亿韩元。

5. 秘密结社

邪教一般都以教主为核心建立严密的组织体系，采用十分隐蔽的联系方式，通过秘密聚会、"传教"、"练功"等方式甚至采用暴力手段，来发展邪教信徒。邪教组织有共同的社团，少则几十人，多则成百上千人聚居在一起。信徒都必须断绝与家人或亲朋好友的往来，加入到新的"爱家庭"中。教主是信徒的"父母"，信徒则要对教主奉献自己的一切，包括思想、财产、肉体及生命。这些邪教社团大都采取与世隔绝的生活方式，信徒没有人身自由，不可随意进出。

6. 危害社会

邪教用极端的手段与现实社会对抗，不仅威胁个体生命和群体利益，还危害公共利益和社会稳定。

二、邪教与宗教的本质区别

尽管邪教是打着宗教的幌子起家，但是邪教与宗教有着本质的区别。

（一）宗教学的区别

宗教都有自己的最高信仰、经典、哲学理论基础、教理教义思想、神学体系；都有自己的世界观、社会观、人生观、价值观，都是随着社会的发展进步而不断适应时代。宗教引导信徒弃恶从善，净化社会，净化人伦。而世界上的一切邪教，只能从宗教的经典中剽窃只言片语，七编八凑，肆意歪曲，不伦不类，其实并无实质内容。

（二）信仰观念的区别

宗教的最高信仰与追求并不是将人力神话与扩大，而是人类对于超越客观认知的整体把握。中国五大宗教中，佛教之佛，道教之道，天主教、基督教之上帝，伊斯兰教之真主基本是同义的不同称谓，这种超时空的把握就是信仰。宗教认为这种最高信仰的内涵是相对的而不是绝对的。邪教则将相对的说成绝对的，将人神化并无限夸大，教主自诩为无所不能的绝对的、至高无上的主宰，要求所有信徒对教主百依百顺，其实只是对教主本人的绝对迷信。

（三）道德行为的区别

宗教承认现实世界的存在，并以积极的态度、超凡脱俗的精神，致力于服务社会，使人的精神境界得到升华。宗教教人行善积德、济世助人、谦恭宽容、和平仁爱，与现代社会所崇尚的美德是相同的。而邪教否定现实社会，私欲膨胀，泯灭人性、丧尽天良、违背人伦、六亲不认、违背伦理、践踏道德，使许多受迷惑者抛妻弃子、弑亲杀父、家破人亡。

（四）社会效应的区别

宗教是与现行社会相适应的，遵守所在国家政府的法令，不进行反社会、反政府活动和其他违法活动，并致力于维护世界和平、国家统一和促进社会的发展进步。邪教则排斥人类一切的优秀文化和进步思想，反科学、反社会、反人类，蔑视法律，对抗政府。

三、邪教的危害

（一）扭曲灵魂，迷失方向

邪教组织以宗教为幌子，利用一些人对社会的不满和迷茫心态，大肆宣扬世界的黑暗和灾难，声称只有加入他们的组织，才能躲过劫难，才能使灵魂升天，即达到所谓的"圆功德""成正果"，以此蒙骗信徒，使其迷失方向，丧失起码的判断力。

（二）摧残健康，残害生命

邪教组织编造荒诞的邪说，导致无数成员在生病后贻误治疗时间，最终或死或伤或精神失常。教主还摧残信徒的生命，制造集体自杀、绑架、暗杀、爆炸等事件，其残忍、疯狂之举令人发指。

（三）破坏亲情，分裂家庭

邪教组织利用歪理邪说进行心理诱导，导致信徒思想、情感和行为逐渐变得与现实生活格格不入，性格变得孤僻、褊狭、叛逆，充满敌意，不讲人性，对工作、生活、家庭没有责任心。有精神疾患家族史的人常常出现种种妄想、幻觉、自残、自杀或其他暴力行为，造成家庭与社会的悲剧。

（四）扰乱社会，危害社会

邪教的歪理邪说，导致人们思想混乱、行为失常、人格分裂，破坏家庭亲情和人际关系，严重践踏了成员的人权。邪教的敛财骗色、非法经营、偷税漏税、非法集会，以及各种诡秘活动等，严重扰乱了公共秩序，对社会造成极大的危害。

四、拒绝邪教，健康生活

综观当今世界，所有邪教无不威胁着人民的生命财产安全与社会的稳定。邪教的特点就是"邪"，教主们不惜牺牲信徒的生命，制造集体自杀或绑架、暗杀、爆炸等暴力恐怖事件，其残忍、疯狂的本性举世难容。因此，对于当代大学生而言，热爱生命，拒绝邪教就显得极为重要。

（一）崇尚科学，破除愚昧

科学与愚昧斗争的历史悠久，因为从本质上来说，愚昧先于科学出现。人类最初只有蒙昧，没有科学。随着人类认识世界的能力逐渐强大，科学也逐渐发展起来，而且科学的力量将会越来越强大。但是蒙昧和无知从来不会消失到零存在。一部人类文明进步史，就是一部科学不断战胜愚昧的历史。

崇尚科学就是要按照客观世界的本来面目来揭示客观规律，树立科学态度，用科学的思想观察问题，用科学的方法处理问题，用科学的知识解决问题。树立科学态度，就是要加强科学理论的武装，提高科学素养；掌握科学知识，就是要提高科学文化水平，以科学改变无知，以文明破除愚昧。唯有如此，才能用科学的知识解释各种奇异的自然现象，以科学的态度研究探索前所未知的领域，凭科学的精神同招摇撞骗的邪教作坚决的斗争。

（二）珍爱生命，远离邪教

当代大学生应该认清邪教的真实面目，珍惜仅有一次的生命，千万不要受邪教蛊惑而拿自己的生命为邪教服务。

学生应积极参加合法的社团组织和有益身心健康的活动，如果收到带有宣传邪教思想的手机短信、电子邮件等，要立即删除；如果接到宣传邪教思想的骚扰电话，要直接挂断；发现邪教组织在非法串联、秘密集会、聚众闹事，印刷、偷运、散发、邮寄大量反动宣传品，书写、喷涂、悬挂和张贴邪教内容的反动标语等，要立即报告当地政府有关部门或拨打"110"报警电话。

（三）树立科学的人生观，抵制邪教

常言道：吃五谷，得百病。生老病死乃自然规律，无人违拗。生病不可怕，对于很多疾病，患者只要及时去医院进行科学医治，就能恢复健康。随着医学水平的逐步提高，目前多数疾病都能医治，有些疾病虽不能彻底治愈，但经过治疗可以缓解疼痛、延长生命。有些人"病急乱投医"，相信"入教"就能消灾治病，这是一种极其糊涂而危险的行为，不仅治不好病，还可能因此而延误最佳治疗时间，使病情恶化，后果不堪设想。

人生多挫折，有人下岗失业，有人事业受挫，有人情场失意，有人身残多病，有人家庭遭难……面对不幸与挫折，决不能心灰意冷、垂头丧气，更不能到邪教那里寻找精神寄托。不幸是暂时的，只有理智地分析现实原因，增强追求美好生活的勇气和信心，才能从根本上改变命运，找回幸福。

（四）运用法律武器，同邪教作斗争

法律是抵制邪教的有力武器，再"神"的邪教教主，在法律面前都会"神"威扫地。因此，人们不要怕作恶多端的邪教，要敢于主动检举揭发邪教的违法活动。如果见到邪教分子搞非法聚会，要迅速举报，让公安机关予以打击；如果发现邪教分子的反宣传，要立即向公安机关报告；对于亲人或熟人发给的邪教书籍和其他反动宣传品，要尽快上缴；对于误入邪教的家人或亲属，要劝导其回头是岸。总之，对待邪教不要心软，穿上法律的铠甲，筑起百毒不侵的精神防火墙，与其作坚决地斗争，使邪教思想永远远离我们。

第三节　树立反恐防暴理念　正确应对突发事件

一、什么是恐怖活动

恐怖活动是指以制造社会恐慌、胁迫国家机关或者国际组织为目的，采取暴力、破坏、恐吓或者其他手段，造成或者意图造成人员伤亡、重大财产损失、公共设施损坏、社会秩序混乱等严重社会危害的行为。煽动、资助或者以其他方式协助实施上述活动的，也属于恐怖活动。与恐怖活动相关的事件通常称为"恐怖事件"、"恐怖袭击"等。

恐怖主义活动是全人类的公害，其暴力行为严重威胁人民的生命安全、生存发展、社会生产和生活秩序。

二、当前我国暴力恐怖活动的基本特点

（一）恐怖组织严密，行动周密

随着恐怖组织的泛滥和恐怖活动的频发，我国境内恐怖势力的组织严密性越来越高。这表现在两个方面：

一是有明确的政治目的、行动纲领，组织内部分工明确，既有领导层，也有外围组织。

二是行动计划严密。恐怖组织每次实施恐怖活动，都要对袭击目标的地点、路线、防范手段等进行周密侦察，在此基础之上制定出尽可能详细的行动预案，最大限度地保证恐怖活动取得成功。

（二）恐怖组织的作案方式复杂化、手段多样化，组织成员训练有素

当前我国恐怖势力的组织形态、实施方式、针对目标和对象，都充分体现出恐怖组织作案方式复杂化、手段多样化，组织成员训练有素的特点，具体表现为三个方面：

一是恐怖组织的作案方式以团体作案为主，改变了以往"独狼式"暴恐活动的单独袭击方式，每次都组织一批人来实施恐怖袭击活动。

二是作案的手段多种多样，手法越来越野蛮、残暴，包括爆炸、暗杀、投毒、纵火、绑架、抢劫等。

三是同境外恐怖组织合作，建立恐怖活动基地，积极发展后备人才，蛊惑青年参与其中，并有组织地训练和培训恐怖分子。

（三）恐怖组织活动形式明暗结合，袭击游击灵活，爆发突然

恐怖组织实施的暴力活动越来越隐蔽，袭击范围也逐步扩大，袭击方式也越来越灵活。这具体表现为三个方面：

一是恐怖组织活动秘密化、伪装化。为了达到突然性，恐怖活动常常暗中进行，秘密筹划；有时以商业活动为幌子，进行非法的宣传，散布分裂主义和恐怖主义犯罪，这样既积累了资金，又壮大了组织。

二是活动范围扩大化。

三是在袭击对象上，恐怖组织已经将袭击对象从外交、军事、政府机构和人员扩展到企业、一般平民、公共设施。他们不仅明目张胆地向手无寸铁的无辜百姓和重要设施发动袭击，而且还对那些反对他们主张的爱国宗教人士、机关干部、人民警察实施暗杀行动。

三、恐怖活动对学生安全的威胁

爆炸和劫持人质是恐怖分子在校园实施恐怖活动时最常用的手段。前者（包括自杀性爆炸和遥控装置爆炸）会产生巨大的声响、大面积的破坏和大量的人员伤亡等，十分符合

恐怖活动以少数人的力量制造尽可能大的轰动效应和尽可能大的威胁压力的要求；而后者可通过现代化新闻网络瞬间传遍全球，从而给家长和整个社会造成一种挥之不去的恐怖阴影，恐怖分子就是希望借助媒体，来实现其骇人听闻的政治目的和报复社会的心理目的。

四、常见的恐怖袭击手段

恐怖袭击手段一般分为常规手段和非常规手段两类。

（一）常规手段

（1）袭击：爆炸恐怖袭击（炸弹爆炸、汽车炸弹爆炸、自杀性人体炸弹爆炸等）、枪击恐怖袭击（手枪射击、制式步枪或冲锋枪射击等）。

（2）劫持：劫持人质，劫持车辆、船只、飞机等。

（3）破坏：纵火，破坏电力、交通、通信、供气、供水等设施。

（二）非常规手段

（1）核爆炸与核辐射恐怖袭击：通过核爆炸或放射性物质的散布，造成环境污染或使人员受到核辐射。

（2）生物恐怖袭击：利用有害生物或有害生物产品侵害人、农作物、家畜等。

（3）化学恐怖袭击：利用有毒、有害化学物质侵害人、城市重要基础设施、食品与饮用水等。

（4）网络恐怖袭击：利用网络散布恐怖信息、组织恐怖活动、攻击计算机程序和信息系统等。

五、应对恐怖袭击的策略

（一）有效识别恐怖嫌犯

一般而言，恐怖嫌犯大都具有以下特征。

（1）神情恐慌、言行异常。

（2）着装、携带物品与其身份、季节不符。

（3）冒称熟人、假献殷勤。

（4）在检查中催促检查，或态度蛮横、不愿接受检查。

（5）频繁进出大型活动场所。

（6）反复在警戒区附近出现。

（7）疑似公安部门通报的嫌疑人员。

（二）应对爆炸袭击的策略

1. 爆炸事件发生在室内场所的应对措施

（1）保持镇静，尽快撤离，避免进入实验室等有易燃易爆品的危险地点。

（2）不盲目跟从人群逃离。

（3）寻找有利地形、地物隐蔽。

（4）实施自救和互救。

（5）不要因顾及贵重物品而浪费逃生时间。

（6）迅速报警。

（7）按照指挥及时撤离现场，如果现实条件不允许，则原地卧倒、等待救援。

（8）协助警方调查。

2. 爆炸事件发生在室外或开放场所的应对措施

（1）迅速有序地远离爆炸现场。

（2）按照疏散指示和标志撤离到安全区域。

（3）不要因顾及贵重物品而浪费逃生时间。

（4）实施自救和互救。

（5）拨打报警电话，客观详细地描述事件的发生、发展情况。

（6）协助警方调查。

（三）应对纵火恐怖袭击的策略

（1）熟悉环境，暗记出口。在进入陌生环境（如酒店、商场、娱乐场所等）时，为确保自身安全，要留心疏散通道、安全出口及楼梯方位等，以便需要时能尽快逃离现场。

（2）扑灭小火，惠及他人。如果发现火势并不大、尚未对人造成很大威胁，则可用消防器材（如灭火器、消防栓等）奋力将小火控制、扑灭，不要惊慌失措地乱叫乱窜，置小火于不顾而酿成大灾。

（3）保持镇静，明辨方向，迅速撤离。面对浓烟和烈火，要保持镇静，迅速判断危险地点和安全地点，决定逃生的办法，尽快撤离险地。

（4）不入险地，不贪财物。不要因害羞或顾及贵重物品，而把时间浪费在穿衣或寻找、搬离贵重物品上。已逃离险境的人员，切莫重返险地。

（5）简易防护，捂鼻匍匐。可用毛巾、口罩捂鼻，匍匐撤离。烟雾较轻，往往飘浮于上部，贴近地面撤离是避免吸入烟气的最佳方法。穿过烟火封锁区时，可向头部、身上浇冷水或用湿毛巾、湿棉被、湿毯子等将头和身体裹好，再冲出去。

（6）遇到纵火恐怖袭击时做到"七不要"：不要惊慌失措；不要盲目呼喊；不要贪恋财物；不要乱开门窗；不要乘坐电梯；不要随意奔跑；不要轻易跳楼。

（四）应对枪击的策略

（1）快速掩蔽。在公交车上遇到枪击时，迅速低头隐蔽，或蹲下、趴下，不要站立。

（2）选择密度均匀、质地坚固、不易被子弹击穿的掩蔽物。如墙体、立柱、大树干，汽车前部发动机及车轮等；但木门、玻璃门、垃圾桶、花篮、柜台、场馆内座椅、汽车门和尾部等均不能够挡住子弹，它们虽不能作为掩蔽体，但能够用于藏身，为下一步逃生争取时间。

（3）选择能够挡住自己身体的掩蔽物。有些物体质地坚固，但体积过小，不足以完全挡住自己身体，就起不到掩蔽目的，如路灯杆、小树干、消防栓等。

（4）选择易于隐藏身体的掩蔽物，如立柱等。

（5）到达安全区后，及时检查自己是否受伤，并及时实施自救和互救。

（五）紧急撤离危险现场的策略

（1）保持镇静，判明危险位置，及时撤离危险现场。

（2）要选通道，不要使用电梯。

（3）迅速撤离，不要贪恋财物，撤离后切勿重返危险现场。

（4）防护自身，注意避险。可用物品遮掩身体易受害部分并远离窗户玻璃，不要逆着人流前进，以免被推倒在地。

（5）拥挤时，如有可能，要抓住牢靠的东西（如楼梯）暂时躲避，待人群过去后迅速离开现场。

遇到恐怖袭击时应采取的安全措施

如果是在公共场所（如公交车上或地铁上）遇到恐怖分子，在不确定对方有无同党或有无武器的情况下，切勿轻举妄动。最好是迅速低头藏身前排座位后或蹲下，伺机打电话报警，报警信息包括所处位置、恐怖分子是否开枪射击、是否有人员伤亡等。

如遭遇枪击事件，要沿着枪击发生地点的反方向撤离；到达安全区域后，要检查自己是否受伤，如果受伤应及时自救或等待救援。

 问题思考

1. 联系国际国内形势，分析总体国家安全观的战略意义。
2. 根据邪教的本质特征，分析邪教对国家、社会及大众的危害。
3. 分析恐怖活动的表现形式及危害。

推荐阅读

1. 《总体国家安全观教育读本》编写组编著. 总体国家安全观教育读本 [M]. 光明日报出版社.

2. 福州市防范处理邪教问题办公室编. 反邪教法制教育学习问答 [M]. 福建人民出版社.

3. 国家反恐怖工作领导小组办公室编. 公民防范恐怖袭击手册 [M]. 中国人民公安大学出版社.

昆明火车站暴恐袭击

2014年3月1日21时12分许，近10人组成的暴力恐怖团伙持砍刀闯入昆明火车站实施暴力恐怖活动，肆意砍杀无辜群众，致31人死亡，141人受伤，其中40人系重伤。经公安部组织云南、新疆、铁路等公安机关和其他政法力量40余小时的连续奋战，该案于3月3日下午成功告破。经查明，该案是以阿不都热依木·库尔班为首的暴力恐怖团伙所为。该团伙共有8人（6男2女），现场被公安机关击毙4名、击伤抓获1名（女），其余3名已落网。2014年9月12日9时，昆明中级人民法院在第一法庭依法公开审理"3·1暴恐案"涉案人员，一审宣判，分别以组织、领导恐怖组织罪、故意杀人罪，数罪并罚对相关涉案人员判处死刑、无期徒刑等。2014年10月31日上午9点，云南省高级人民法院二审开庭，二审判决维持一审判决，4名被告中，3人被判死刑，1人被判无期徒刑。

这是一起令人发指的严重暴力恐怖袭击事件。暴恐分子惨无人道地杀戮手无寸铁的无辜群众，充分暴露了他们反人类、反社会的本性。我们要深刻认识反恐形势的严峻性、复杂性，强化底线思维，以坚决态度、有力措施，严厉打击各种暴力恐怖犯罪活动，依法从严惩处犯罪分子，坚决将其嚣张的气焰打下去，全力维护社会稳定，保障人民群众生命财产安全。

第三章 自然灾害安全

学习目标

- 了解和掌握台风、雷电、洪涝、地震、泥石流等自然灾害的基本知识和内在规律。
- 增强对自然灾害的避险意识，能采取恰当的措施进行自然灾害的防备。
- 掌握自然灾害的避险方法，有效提高对自然灾害的救护能力。

自然灾害是自然界中发生的异常现象，可对人类社会造成严重的危害。自然灾害主要包括台风、雷电、洪涝、干旱、冰雹、暴雪、高温、沙尘暴等气象灾害，火山、地震、山体崩塌、滑坡、泥石流等地质灾害，风暴潮、海啸等海洋灾害，以及森林火灾和重大生物灾害等。由于具有特殊的地质构造条件和自然地理环境，我国成为世界上遭受自然灾害最严重的国家之一。

第一节　台风灾害

一、台风基本知识

台风（或飓风）是产生于热带洋面上的一种强烈热带气旋。其称谓随着发生地点和时间的不同而不同。发生在印度洋和北太平洋西部、国际日期变更线以西，包括南中国海范围内的热带气旋称为"台风"；发生在大西洋或北太平洋东部的热带气旋则称"飓风"。

（一）台风的主要特点

台风发生的规律及其特点主要有以下几个方面。

（1）季节性。台风（包括热带风暴）一般发生在夏秋之间，最早发生在五月初，最迟发生在十一月。

（2）台风具有旋转性，其登陆时的风向一般是先北后南。

（3）由于台风的风向时有变化，台风中心登陆地点较难准确预报。

（4）台风具有严重的损毁性。对不坚固的建筑物、架空的各种线路、树木、海上船只、海边农作物等的破坏性很大。另外，强台风发生时，也易造成人员伤亡。

（5）强台风在发生时常伴有大暴雨和大海潮。

（二）台风的危害

台风的破坏力主要由强风、暴雨和风暴潮三个因素引起。

1. 强风

台风是一个巨大的能量库，其中心附近地面最大风速（简称中心风速）为32.7米/秒及以上，超强台风的中心风速则为51.0米/秒及以上。据测，当风力达到12级（32.7米/秒）时，在垂直于风向的平面上每平方米风压可达230千克。

2. 暴雨

台风往往带来强降雨。一次台风登陆，降雨中心可出现日降水量为 100~250 毫米的大暴雨，甚至出现日降水量在 250 毫米以上的特大暴雨。台风降雨造成的洪涝灾害，是最具危险性的灾害。

3. 风暴潮

所谓风暴潮，就是当台风移向陆地时，由于台风的强风和低气压的作用，海水会向海岸方向强力堆积，潮位猛涨，水浪排山倒海般向海岸压去。强台风的风暴潮能使沿海水位上升 5~6 米。风暴潮会导致潮水漫溢，海堤溃决，冲毁房屋和各类建筑设施，淹没城镇和农田，造成大量人员伤亡和财产损失。风暴潮还会造成海岸侵蚀、海水倒灌，使沿海土地盐碱化。

二、台风来临前的防备

台风的应对措施主要包括以下几项。

（1）密切关注媒体有关台风的报道，清楚自己所在区域是否处于台风地带，并及时采取预防措施。

（2）居住在危房、厂房、工棚和低洼地区的人员，在台风来临前，要及时转移到安全地带，并尽量和朋友、家人在一起。

（3）检查门窗、室外空调、太阳能热水器的安全，并及时进行加固；及时搬移屋顶、窗口、阳台处的花盆等物，以免砸伤路人；切断霓虹灯招牌等室外装饰物的电源。

（4）在学校时，尤其要注意关闭公共区域内的门窗等。

（5）切勿随意外出，把门窗捆紧拴牢，特别应对铝合金门窗采取防护措施，确保安全。

（6）检查屋瓦、楼顶防水层。门窗要关锁妥当，尤其是迎风面的门窗，若风势猛烈，可用木板或沉重的家具顶住向内开的窗户。玻璃窗贴上胶布，以免玻璃被击碎时的碎片伤人。

（7）检查电路、煤气灶等设备，以防范火灾，并及时清理排水管道，以保持排水畅通。

（8）要准备充足且不易腐坏的食品和水、手电筒、药品、蜡烛、防裂胶带等，以备急需。

（9）不要在江、河、湖、海的路堤或桥上行走，更不要下海游泳。

（10）了解安全撤离的路径以及政府提供的避风场所。

三、台风的应急避险

（一）台风袭击时

台风袭击时，如果身在户外，要注意以下应对措施。

（1）不要打赤脚，最好穿上雨靴，防雨的同时也起到绝缘作用，预防触电。

（2）走路时应仔细观察，以免踩到电线；通过小巷时应特别留心，台风天气易发生围墙、电线杆倒塌事故。

（3）尽量少走高层楼房之间的狭长通道，避免"狭管效应"使风力加大，造成人身伤害。

（4）尽可能远离建筑工地。有的工地围墙经过雨水渗透，可能会松动；有一些围栏可能会倒塌；一些散落在高楼上没有及时收集的建筑材料，如钢管、榔头等，可能会被风吹下；路过有塔吊的地方更要注意安全，因为大风可能折断塔吊臂；经过脚手架时，最好绕行；不要在广告牌和大树下长时间逗留。

（5）如果遇到路障或者被洪水淹没的道路，切记绕道而行，因为静止的水域很可能因地下电缆或者垂下来的电线而具有导电性；避免走不坚固的桥；不要开车进入洪水暴发区域，应将车辆停在地面坚固的地方。

（6）若发生事故，应拨打"120"求助，不要擅自搬动伤员或自己贸然急救，因为搬动不当会对伤员造成更严重的伤害。

（二）台风过后

（1）台风过后，不要马上出来。因为台风的风眼在上空掠过后，地面会平静一段时间，但风暴还没有结束。通常，这种平静持续不到一个小时，风就会从相反的方向再度横扫过来。如果是在户外躲避，那么此时就要转移到原来避风地的对侧。

（2）要坚持收听电台广播、收看电视，只有当撤离的地区被宣布安全时，才可以返回该地区。

（3）灾后需要注意环境卫生、饮食卫生，防止发生瘟疫。

（4）台风带来的暴雨容易引发洪水、山体滑坡、泥石流等灾害，因此台风过后要注意防范其他灾害。

第二节 雷 电

一、雷电基本知识

雷电是伴有闪电和雷鸣的一种放电现象。雷电一般产生于对流旺盛的积雨云中，因此常伴有强烈的阵风和暴雨，有时还伴有冰雹和龙卷风。

（一）雷电的危害

1. 对电力系统的危害

雷电在放电过程中会产生电磁效应、热效应和机械效应，对建筑物和电气设备有很大的危害性。

（1）雷电的机械效应产生的电动力可摧毁设备、杆塔和建筑，伤害人畜。

（2）强大的雷电流所产生的能量可烧断电线、烧毁电力设备。

（3）雷电的电磁效应可产生过电压击穿电气绝缘，甚至引起火灾爆炸。

（4）雷电的闪烁放电可烘干绝缘子，使断路器跳闸或引起火灾，造成大面积停电。

2. 对人体的伤害

（1）直接雷击。雷击可使人体出现树枝状雷击纹，使皮肤烧伤、表皮剥脱、皮内出血，还会造成耳鼓膜或内脏破裂等，严重者可导致心跳、呼吸停止，脑组织缺氧。

（2）接触电压。当雷电电流通过高大的物体，如高的建筑物、树木、金属建筑物等泄放下来时，强大的雷电电流会在高大物体上产生高达几万到几十万伏的电压。雷雨天，当人不小心触摸到这些物体时，会受到这种触摸电压的袭击，发生触电事故。

（3）旁侧闪击。当雷电击中一个物体时，强大的雷电电流通过物体泄放到大地，如果人就在被雷电击中的物体附近，雷电电流就会在人头顶高度附近将空气击穿，再经过人体泄放下来，使人遭受雷电闪击。

（4）跨步电压。所谓跨步电压，就是指电气设备发生接地故障时，在接地电流入地点周围电位分布区行走的人，其两脚之间的电压。跨步电压为40～50伏时，将使人有触电危险，特别是跨步电压会使人摔倒进而加大人体的触电电压，严重时可致人死亡。

（二）易遭受雷电的场所和设施

（1）缺少性能良好、安装规范的避雷装置的高大建筑物、储罐。

（2）没有良好接地的金属屋顶。

（3）潮湿或空旷地区的建筑物、树木。

（4）由于烟气的导电性，因此烟囱特别易遭雷击。

（5）建筑物上有无线电设施而又没有避雷装置，以及没有良好接地的地方。

二、雷电来临前的防备

（1）在建筑物上装设避雷装置，利用其将雷电流引入大地。

（2）当雷雨天气发生时，即使在安装了避雷针的建筑物内，也应该迅速拔掉室内电视、电冰箱以及天线电源的插头，防止空间电磁波干扰造成不必要的损失。

（3）在雷雨来临前，应留在室内，不要外出；应关好门窗，拉下电闸，不打电话，不看电视，以防雷电磁脉冲和雷电波的侵入，造成人身伤害；离开教室或实验室时要关闭电源，以防电器受损。

（4）严禁在山顶或者高丘地带停留，更要切忌继续蹬往高处观赏雨景。

（5）在雷雨天气，不要去江、河、湖边游泳、划船、垂钓等。

三、雷电的应急避险与急救

在室内、室外遭遇雷雨天气时的应急措施各有所侧重。

（一）室内应急避险

（1）不要靠近窗户，在没有安装避雷装置的建筑内应避开钢柱、自来水管和暖气管道，以防雷电电流经这些金属管道窜入人体。

（2）雷雨天尽量少洗澡，切忌使用太阳能热水器，也不要到阳台上收、晾衣服。

（3）如果室内人员较多，则相互间相隔几米为好。

（4）关掉室内的电视机、收录机、音响、空调等电器，远离照明线、电话线、电视线等线路，以避免产生触电。

（5）打雷时，在房间的正中央较为安全。

（二）室外应急避险

（1）不要到棚屋、岗亭等无防雷设施的低矮建筑物内躲避雷雨。

（2）不要靠近避雷设备的任何部分，不要接近铁路、延伸很长的金属栏杆和其他庞大的金属物体。

（3）远离孤立的大树、高塔、电线杆、广告牌等。

（4）如果在空旷的野外，不要停留在山顶、山脊或建筑物的顶部，以免作为凸出尖端而被闪电击中；可以选择在树林空地避雷（注意不要站在树林边缘），应注意该空地要与四周的树木保持一定的距离；尽量寻找低洼的地方躲避，采用下蹲姿势，双脚并拢，双臂抱膝，头部低下。

（5）不要在高山顶上开手机，更不要打电话。

（6）不要触摸和接近避雷装置的接地导线。

（7）如果手中有导电的物体，如铁锹、金属杆雨伞等，应迅速抛到远处，切忌拿着这些物品在旷野中奔跑，否则容易成为雷击的目标。此外，在空旷场地不宜打伞，也不宜把羽毛球拍等扛在肩上。

（8）如果在游泳时遇上雷雨天气应赶快上岸并离开。

（9）不要在山洞口、大石下或悬岩下躲避雷雨，如山洞很深，则应尽量往里面走以躲避雷雨。

（10）和其他人一起避雨时，彼此间要保持一定距离，以防被雷电击中后电流在人群中互相传导。

（11）出门时最好穿胶鞋，且行走时应绕开金属制的井盖。

（12）不要骑马、骑自行车、骑摩托车；乘车上下车时，不宜一脚在地、一脚在车上，而应该双脚同时离地或离车，以防止发生跨步电压触电。

（三）雷击的急救

当有人被雷电击中后，人们往往会认为他身上还有电，因此不敢贸然上前抢救，从而延误了救援时间。其实这种观念是错误的，遭受雷击

的人可能已经受伤或者休克，但是他们身上并不带电，如及时抢救还有可能将伤者救活。有时即使感觉不到伤者的呼吸和脉搏，也不一定意味着其已经死亡。对于被雷电击中者，可采取以下急救措施。

（1）发现有人被雷电击中后，对于轻伤者，应立即将其转移到附近避雨避雷处休息。

（2）对于停止呼吸者，应及时进行人工呼吸。雷击后进行人工呼吸的时间越早，抢救成功率就越高。

（3）对于心脏停止跳动者，应进行心脏按压。如果能在 4 分钟内以心肺复苏法进行抢救，让受伤者心脏恢复跳动，就有可能将其救活。

（4）如果一群人被雷电击中，应先抢救那些已经晕厥的人。

（5）如果受伤者衣服着火，则应马上让其躺下，以防止火焰烧伤其面部。同时，可以往伤者身上泼水，或者用厚的衣物、毯子把伤者裹住，以隔绝空气，扑灭火焰。

（6）遭遇雷击后，就算感觉没事，也最好去医院进行检查，确认内脏、骨骼是否受到损伤。

第三节　洪涝灾害

一、洪涝基本知识

洪涝灾害是指因大雨、暴雨或持续降雨引起的水过多或过于集中，所形成的水道激流、山洪暴发、河水泛滥、淹没农田、毁坏环境与各种设施等灾害现象。其影响是综合的，还会危及人的生命财产安全，影响国家的长治久安等。

（一）洪涝的主要特点

1. 范围广

从南到北、自东至西，几乎中国的大江南北都会受到影响。除沙漠、极端干旱地区和高寒地区外，中国约 2/3 的国土面积都存在着不同程度和不同类型的洪涝灾害。

2. 发生频繁

洪涝灾害几乎年年都有发生，只是大小有所不同而已。特别是在 20 世纪 50 年代，10 年中就发生大洪水 11 次。而在城市中，如果城市排水系统不好，只要持续下暴雨，就有发生洪涝灾害的可能。

3. 突发性强

中国东部地区常常发生强度大、范围广的暴雨，而江河堤坝防洪能力又较弱，因此洪涝灾害的突发性强。尤其是炎热的夏天，暴雨说来就来，一定要做好防洪的准备。

4. 损失大

1991 年，中国淮河、太湖、松花江等部分江河发生了较大的洪水，尽管在党中央和国务院的领导下，各族人民进行了卓有成效的抗洪斗争，尽可能地减轻了灾害损失，但全国受洪涝灾害面积仍达 3.68 亿亩，直接经济损失高达 779 亿元。

（二）洪涝的危害

1. 破坏环境

洪水泛滥，淹没了农田、房舍和洼地，灾区人民大规模的迁移；各种生物群落也因洪水淹没而引起群落结构的改变和栖息地的变迁，从而打破原有的生态平衡。

2. 水源污染

洪涝灾害使供水和污水排放设施遭到不同程度的破坏；而厕所、垃圾堆、禽畜棚舍被淹，则可造成井水和自来水水源污染。一些城乡工业发达地区的工业废水、废渣、农药及其他化学品未能及时搬运和处理，受淹后可导致局部水环境受到化学污染。

3. 食品污染

洪涝灾害期间，食品污染的途径和来源非常广泛，食品生产经营的各个环节都会受到不同程度的影响，甚至导致较大范围的食物中毒事件和食源性疾病的暴发。

4. 媒介生物滋生

（1）蚊虫滋生：灾害后期由于洪水退去后残留的积水坑洼增多，使蚊类滋生场所增加，导致蚊虫密度迅速增加，加之人们居住的环境条件恶化、人群密度大、人畜混杂，防护条件差，被蚊虫叮咬的机会增加，进而导致蚊媒病的暴发。

（2）鼠类接触增多：洪涝期间鼠群往高地迁移，导致家鼠、野鼠混杂接触，与人接触机会也多，有可能造成鼠源性疾病暴发和流行。

5. 传染病流行

洪涝灾害淹没了农田、村庄，破坏了人们的生活、生产秩序，改变了人们的生活环境，对传染病的传染源和传播途径产生了影响，容易导致传染病的流行。

二、洪涝来临前的防备

（1）对于易受洪水淹没的地区，当有连续暴雨或大暴雨时，必须格外小心，应注意收听气象台的洪水警报，要时刻观察房屋周围的溪河水位变化和山体结构变化。特别是晚上，更应十分警觉，随时做好安全转移的准备，选择最佳路线和目的地撤离。

（2）接到洪水预报时，应备足食品、衣物、饮用水、生活日用品和必要的医疗用品，妥善安置家庭贵重物品，可将不便携带的贵重物品做好防水捆扎后埋入地下或放到高处，票款、首饰等小件贵重物品可缝在衣服内随身携带。

（3）面对可能发生的汛情，最好在门槛外用沙袋垒起一道防水墙，然后再用旧地毯、旧毛毯、旧棉絮等塞堵门窗的缝隙。

（4）搜集木盆、木材、大件泡沫塑料等适合漂浮的材料，加工成救生装置以备急需。

（5）保存好尚能使用的通信设备；准备可以用作通信联络的物品，如手电筒、蜡烛、打火机等，准备颜色鲜艳的衣物及旗帜、哨子等，用于在发生不测时寻求救援。

（6）在校师生要听从政府或学校领导的安排，积极配合工作。

"7·21"北京特大暴雨

2012年7月21日，北京及其周边地区遭遇61年来最强暴雨及洪涝灾害，总体达到特大暴雨级别。一天内，北京市气象台连发五个预警，暴雨级别最高上升到橙色。截至22日2时，全市平均降水量164毫米，其中，最大降雨点房山区河北镇的降水量达到460毫米。暴雨引发房山地区山洪暴发，拒马河上游洪峰下泄。截至8月6日，北京已有79人因此次暴雨死亡。根据北京市政府举行的灾情通报会的数据显示，此次暴雨造成房屋倒塌10 660间，160.2万人受灾，经济损失116.4亿元。

案例点评

北京"7·21"暴雨具有雨量大、雨势强、范围广、影响重的特点，部分地区一天的降水量甚至达到或超过了年平均降水量，这些都是"极端天气"的体现。此次特大暴雨是由北方南下的冷空气和强盛的西南暖湿气流在华北一带剧烈交汇而引起，同时城镇化导致的热岛效应，也是加大雨量的因素之一。北京"7·21"特大暴雨让人们印象深刻，一场天灾给首都人民带来了巨大的生命和财产损失。不可否认，各部门提前防范，积极抢险，防灾抗灾能力有了一定的提升，但也显示出极端天气频发的情况下，大城市防灾减灾的脆弱性。因此，我们亟待提升大城市防范涝灾的能力，建立"政府主导、部门联动、社会参与"气象防灾减灾体系，提高每个人的防灾减灾意识和能力，这是可行且刻不容缓的。

三、洪涝灾害的应急避险与逃生

洪涝灾害来临时，切忌慌乱，应尽快让自己镇定下来，与身边的人积极采取措施应对危机。

（1）当洪水到来时，来不及转移的人员要就近迅速向山坡、高地、避洪台等地转移，或者立即爬上屋顶、楼房高层等高处暂避，以等待救援人员营救。

（2）如果洪水继续上涨，暂避的地方已难自保，则要充分利用准备好的救生器材逃生，或者迅速找一些门板、桌椅、木床、大块的泡沫塑料等能漂浮的材料扎成筏逃生。

（3）如果已被洪水包围，要设法尽快与当地政府救援部门取得联系，报告自己的方位和险情，积极寻求救援。千万不要游泳逃生，不要爬到泥坯房的屋顶，更不可攀爬带电的电线杆、铁塔。

（4）如果被卷入洪水中，一定要尽可能抓住固定的或能漂浮的东西，寻找机会逃生。

（5）发现高压线铁塔倾斜或者电线断头下垂时，一定要迅速远离，防止直接触电或跨步电压触电。

（6）在通过受淹道路和下穿式通道时，要注意观察水情，竖立警示牌，防止别人误入深水区或掉进排水口。

（7）在学校遇到洪水时，应迅速登上牢固的高层建筑避险，注意收集各种漂浮物，如木盆、木桶等，及时与救援部门取得联系，在不了解水情时一定要在安全地带等待救援，决不可涉水避险。

（8）在自救过程中，要防范毒蛇咬伤、蚊虫叮咬等。

（9）洪水过后，要做好各项卫生防疫工作，并且根据医生的要求，及时服用预防流行病的药物，以预防疫病的流行。

水中救护的知识

（1）被溺水者抱住后施行解脱。

虎口解脱法：如果双腕或小臂被溺水者抓住，应握拳向内或向外迅速翻腕解脱。

托肘解脱法：如果颈部被溺水者抱住，应一手抓溺水者手指下拉，一手抬起肘部上推解脱。

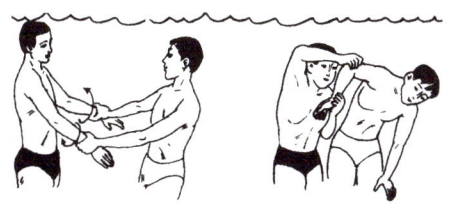

推扭解脱法：如果被溺水者从前面抱住，应一手按其后腰，一手托其下颚解脱。

扳指解脱法：如果被溺水者拦腰抱住，应向两侧扳开溺水者手指。

外撑解脱法：如果上体和双臂被溺水者抱住，应握拳用双肘侧向顶开溺水者两臂，下滑解脱。

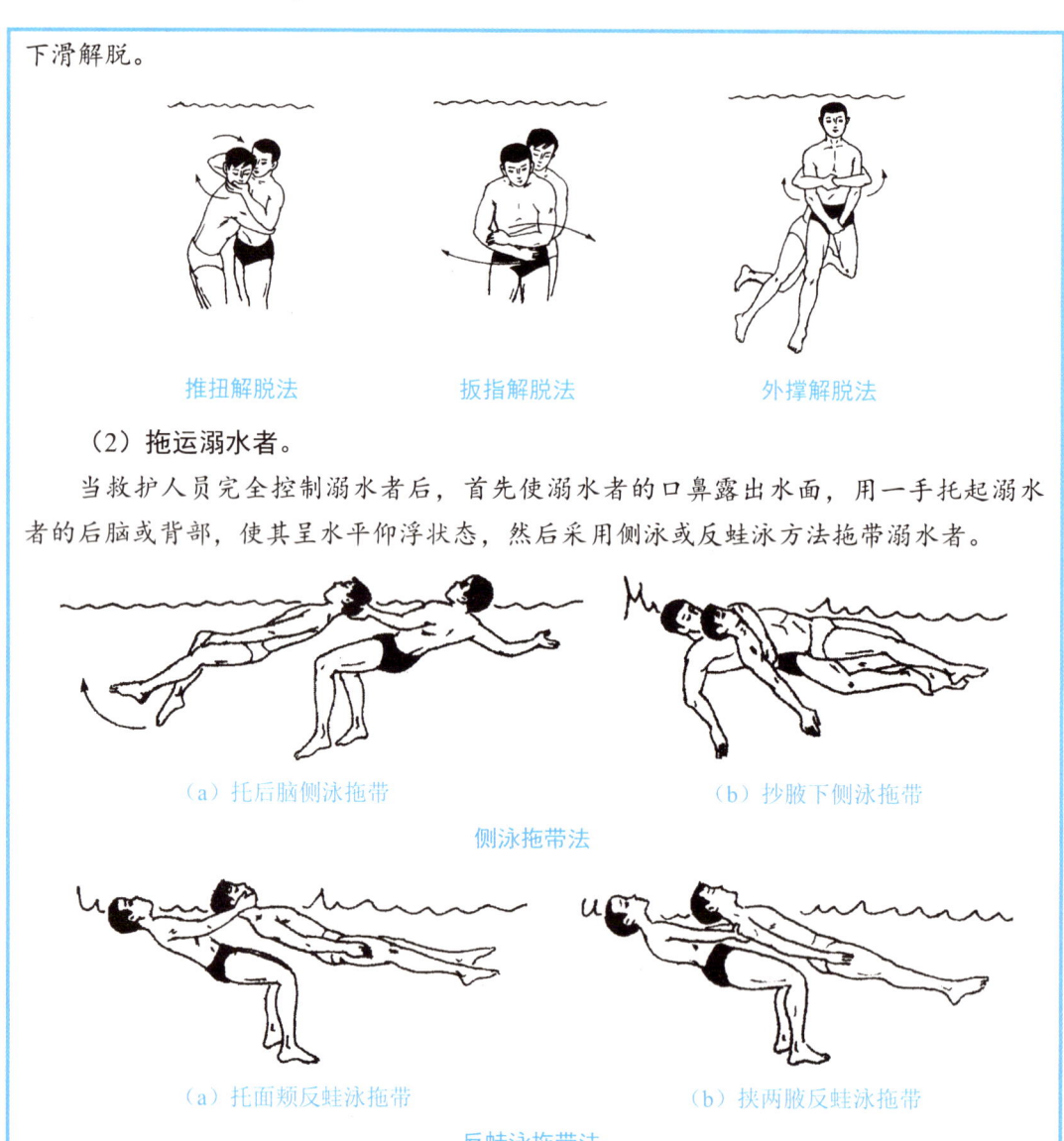

推扭解脱法　　　扳指解脱法　　　外撑解脱法

（2）拖运溺水者。

当救护人员完全控制溺水者后，首先使溺水者的口鼻露出水面，用一手托起溺水者的后脑或背部，使其呈水平仰浮状态，然后采用侧泳或反蛙泳方法拖带溺水者。

（a）托后脑侧泳拖带　　　（b）抄腋下侧泳拖带

侧泳拖带法

（a）托面颊反蛙泳拖带　　　（b）挟两腋反蛙泳拖带

反蛙泳拖带法

第四节　地震灾害

一、地震基本知识

地震又称地动、地振动，是地壳快速释放能量过程中造成振动，期间会产生地震波的一种自然现象。地球上板块与板块之间相互挤压碰撞，造成板块边沿及板块内部产生错动和破裂，是引起地震的主要原因。全球每年发生地震约550万次，其中能感觉到的有5万多次,能造成破坏性的 5 级以上的地震约 1 000 次,而 7 级以上有可能造成巨大灾害的地震约十几次。

(一)地震的主要特点

1. 突发性较强

地震灾害是瞬间突发性的灾害,地震发生得十分突然,持续时间只有几十秒甚至十几秒,但在这短暂的时间内会造成建筑物倒塌,人员伤亡等灾害,所以预防难度很大,后果非常严重。

2. 破坏性大

发生在人口稠密和经济发达地区的大地震往往可造成大量人员伤亡和巨大的经济损失。1976 年唐山地震造成 24.2 万人死亡,16.4 万人重伤,有 100 多年历史的北方工业重镇唐山,在几十秒内被夷成废墟。

3. 社会影响深远

强烈地震发生后,尤其是城市直下型地震(如唐山地震)发生后,不但人员伤亡惨重、经济损失巨大,严重影响人们的正常生活和经济活动,而且会对人们的心灵造成巨大创伤,这种创伤不是短时间内能够愈合的。人们世代劳动积累的财富毁于一旦,恢复生产、重建家园往往需要几代人的努力。

4. 伴随产生次生灾害

地震不仅引起建筑物倒塌、人员伤亡等直接灾害,还会不可避免地引起一系列次生灾害,如火灾、水灾、泥石流、山体滑波、瘟疫、毒气泄漏、放射性污染、海啸等。特别是现代,一旦发生强烈地震,则会造成供电系统破坏,交通中断,通信系统、网络系统瘫痪,供水、煤气、输油管道破裂,带来严重的灾害和损失。

(二)地震等级

目前衡量地震大小和破坏强烈程度的标准主要有震级和烈度。

1. 地震震级

地震震级是表征地震强弱的量度,是划分震源放出的能量大小的等级。目前国际上一般采用里氏地震规模,它与地震所释放的能量有关,释放能量越大,地震震级也越大。里氏规模每增强一级,释放的能量约增加 32 倍,相隔一级的震级其能量相差约 1 000 倍。里氏地震规模及其影响见表 3-1 所示。

表 3-1 里氏地震规模及其影响

程度	里氏规模	地 震 影 响
极微	2.0 以下	很小,没感觉
甚微	2.0~2.9	人一般没感觉,可以通过设备记录

表 3-1（续）

程度	里氏规模	地 震 影 响
微小	3.0～3.9	有感觉，但是很少会造成损失
弱	4.0～4.9	室内东西摇晃出声，不太可能有大量损失。当地震强度超过 4.5 级时，已足够让全球的地震仪监测得到
中	5.0～5.9	可在小区域内对设计、建造不佳或偷工减料的建筑物造成大量破坏，但对设计、建造优良的建筑物则只会有少量的损害
强	6.0～6.9	可摧毁方圆 100 英里（约 160.93 千米）内的居住区
甚强	7.0～7.9	可对更大的区域造成严重破坏
极强	8.0～8.9	可摧毁方圆数百英里的区域
超强	9.0～9.9	可摧毁方圆数千英里的区域
超强+	10+	从来没有记载

2. 地震烈度

地震烈度表示地震对地表及工程建筑物影响的强弱程度。它是在没有仪器记录的情况下，凭地震时人们的感觉或地震发生后器物反应的程度、工程建筑物的损坏或破坏程度、地表的变化状况而定的一种宏观尺度。中国地震烈度见表 3-2 所示。

表 3-2 中国地震烈度表

烈度	地 震 影 响
1 度	无感——仅仪器能记录到
2 度	微有感——室内个别静止中的人有感觉，个别较高楼层中的人有感觉
3 度	少有感——门窗轻微作响；室内少数静止中的人有感觉，少数较高楼层中的人有明显感觉；悬挂物微动
4 度	多有感——门窗作响；室内多数人、室外少数人有感觉，少数人睡梦中惊醒；悬挂物明显摆动，器皿作响
5 度	惊醒——门窗、屋顶、屋架颤动作响，个别房屋墙体抹灰出现细微裂缝；室内绝大多数人、室外多数人有感觉，多数人睡梦中惊醒，少数人惊逃户外；悬挂物大幅晃动，水晃动并从盛满的容器中溢出
6 度	惊慌——少数房屋破坏，多数基本完好；多数人站立不稳，多数人惊逃户外；器皿翻落，河岸、烟囱开裂，局部水压下降
7 度	房屋损坏——多数房屋破坏，少数严重破坏或毁坏；大多数人惊逃户外，骑车、开车有感觉；器物翻倒，河岸塌方、烟囱破坏，局部停水
8 度	房屋破坏——多数房屋破坏，少数毁坏；多数人摇晃颠簸、行走困难；除重家具外，室内物品大多倾倒或移位；干硬土地上出现裂缝，烟囱严重破坏，部分区域停水
9 度	房屋毁坏——多数房屋毁坏或严重破坏；行动的人摔倒；室内物品大多数倾倒或移位；滑坡、塌方，烟囱倒塌，大范围停水

表 3-2（续）

烈度	地 震 影 响
10 度	房屋普遍毁坏——大多数房屋毁坏；骑自行车的人会摔倒，处不稳状态的人会摔离原地，有抛起感；山崩和地震断裂出现，全区域停水
11 度	毁灭——绝大多数房屋毁坏，地震断裂延续很大，大量山体滑坡
12 度	山川易景——地面剧烈变化，山河改观

二、震前防备

（一）地震前兆

地震前兆指地震发生前出现的异常现象。岩体在地应力作用下，在应力应变逐渐积累、加强的过程中，会使震源及附近物质发生物理、化学、生物和气象等一系列异常变化，我们把这些与地震孕育、发生有关联的异常变化现象称为地震前兆。

1. 地下水异常

地下水包括井水、泉水等。地震前出现的主要异常有发浑、冒泡、翻花、升温、变色、变味、突升、突降、井孔明显变形、泉源突然枯竭或涌出等。人们总结了震前井水变化的谚语："井水是个宝，地震有前兆。无雨泉水浑，天干井水冒。水位升降大，翻花冒气泡。有的变颜色，有的变味道。"

2. 生物异常

许多动物的某些器官感觉特别灵敏，它能比人类提前感知一些灾害事件的发生。地震前动物反应异常的表现有几句顺口溜："震前动物有预兆，群测群防很重要。牛羊骡马不进厩，猪不吃食狗乱咬。鸭不下水岸上闹，鸡飞上树高声叫。冰天雪地蛇出洞，大鼠叼着小鼠跑。兔子竖耳蹦又撞，鱼跃水面惶惶跳。蜜蜂群迁闹哄哄，鸽子惊飞不回巢。家家户户都观察，发现异常快报告。"除此之外，有些植物在震前也有异常反应，如不适季节的发芽、开花、结果或大面积枯萎与异常繁茂等。

3. 气象异常

地震前的异常气象主要有：闷热，人焦灼烦躁，久旱不雨或阴雨绵绵，黄雾四散，日光晦暗，怪风狂起，六月冰雹（飞雪），等等。

4. 电磁异常

电磁异常是指地震前家用电器如收音机、电视机、日光灯等出现的失灵现象，还包括一些电机设备工作异常现象，如微波站异常、无线电厂受干扰、电子闹钟失灵等。

（二）防震准备

1. 家庭防震准备

地震一旦发生，就可能使我们的供电系统、供水系统、供热系统、交通系统、生活必需品供应系统、信息系统以及医疗卫生系统遭到某种程度的破坏，影响人民的正常生活。因此，人们应制定一个家庭防震计划，检查并及时消除家中的防震隐患。

（1）检查和加固住房。对不利于防震的房屋要加固，不宜加固的危房要撤离，女儿墙、高门脸等笨重的装饰物应拆掉。

（2）合理放置家具、物品。把墙上的悬挂物取下来或固定住，防止其掉下来伤人。固定高大家具，防止倾倒砸人，牢固的家具下面要腾空，以备震时藏身。家具物品摆放做到"重在下、轻在上"。把易燃易爆和有毒物品放在安全的地方。清理杂物，让门口、楼道畅通。"阳台护墙要清理，花盆杂物拿下来。"

（3）准备好必要的防震物品。准备一个家庭防震包，包里主要有食品、饮用水、小刀、应急灯、毛巾、火柴、绳子、简单药品等，家庭防震包应放到随手可以拿到的地方。

（4）进行家庭防震演练。练习"一分钟紧急避险"，进行紧急撤离与疏散练习。

2. 学校防震准备

学校是人员高度密集场所，学校领导、师生务必高度重视，警钟长鸣，防患于未然。

（1）普及防震抗震知识。学校，尤其是震区学校，要特别重视地震知识和防震、抗震知识的宣传，可采取幻灯、影视、讲座、讨论、课外活动等多种形式，在师生中普及防震抗震知识。

（2）评估和加固校舍，消除隐患。请专家评估校园各种建筑，尤其是教室及学生活动场所的易损性，提出加固校舍的办法，并实施加固。新建校舍应严格按本地区工程抗震设防要求进行。桌椅与窗户、外墙保持一定距离，以免外墙塌倒伤人；留出一定通道，便于紧急撤离，将年小体弱、有残疾的同学安排在方便避险或能迅速撤离的方位。加固课桌、讲台，便于藏身避震。检查和加固教室的悬挂物。在门窗玻璃上贴上防震胶带，防止玻璃震碎伤人。

（3）做好应急准备。震区学校应有防震抗震计划，应设防震应急指挥小组。一个地区，在某一段时间内可能发生地震时，学校和医院、急救中心、消防队等部门都应有相应的应急准备，并加强联系。要坚决把师生从来不及加固的危房中撤出，采取临时措施，在安全地点进行教学活动。接到政府发布的临震预报时，应立即停课。震区学校可以在宽阔地带的合适地点储备一定的水、食品和急救药品。震区学校应备救灾物品，如急救医药用品、防寒防雨用品、工具等。救灾物品应采用便携式包装，可按班级和教室分配，直至分到每个人手中。

（4）开展防震演练。学校可每年开展一次防震演练活动，包括室内一分钟紧急避震，震后迅速撤离教室的疏散演习、自救、互救练习等。演练活动时间要短，疏散、撤离要快，这样才能达到演练效果。

三、地震的应急避险与救护

（一）地震应急避险与逃生

1. 室内应急避险与逃生

室内应急避险的基本原则：一是熄灭室内的明火；二是保证安全出口通畅；三是在室内找安全的地方躲避，决不可从高处跳下。

（1）在平房内，若室外开阔，地震时可头顶被子、枕头或安全帽迅速逃到室外躲避，尽量避开高大建筑物、立交桥，远离高压线及化学、煤气等工厂或设施。来不及跑时，可视情况紧急躲入坚固的桌子、工作台或床底下，并用毛巾或衣物捂住口鼻以防尘、防烟。

（2）在高层公寓内，可选择卫生间、厨房等开间小的空间，依靠上下水管道和煤气管道的支撑，减小伤亡。也可以躲在内墙根、墙角、坚固的家具旁等容易形成三角空间的地方。要远离门窗、外墙和阳台。千万不能往外跳，禁止使用电梯。

（3）在办公楼内，可就近躲入办公桌下。如果离走廊近，人又不多，也可跑到走廊上躲避，但切记，如果人多，出口又小，人群极有可能发生踩踏事故。要避免待在容易倒下的橱窗、产品陈列柜或资料架旁边，以防被砸伤。

（4）在教室内，正在上课的学生要在老师的指挥下迅速躲到教室的四个角落，或迅速就地蹲下，用书包、书本等保护头部。决不能乱跑或跳楼，地震后，有组织地撤离教室，到就近的开阔地带避震。

（5）在影剧院、体育馆内，要沉着冷静，切不可盲目跟着人群流动，以免被挤或踩踏而致伤致死。可就近躲入椅子下面，或前后两排椅子之间，并用皮包或手护住头部，注意避开吊灯、电扇等悬挂物，等地震过后，听从工作人员指挥，有序撤离。

（6）在电梯内，要按最近一层的按钮，并按紧急停止按钮，可以用手打开门，然后逃到楼梯或过道上；乘自动扶梯时，不可推倒前面的人，否则会产生多米诺效应，造成踩踏事故。

2．室外应急避险与逃生

室外最主要的危险是招牌和玻璃等的坠落，以及建筑物倒塌等。

（1）在商业街或繁华路段，因广告牌、招牌多且极易掉落，一定要往路中央的地方跑，切不可跑回商场等建筑物的大厅内。如果附近是银行等钢筋混凝土建筑，也可在入口附近稍微等待一下，等门口的坠落物基本停止，再向路中央跑。

（2）在地下商场或地下通道，应避开有可能倒塌的货柜、橱窗等物品，尽快靠墙边缘或角落躲避。切不可盲目跟随人流往狭窄的楼梯口处拥挤，因为这样极易发生悲剧。

（3）在高楼旁的人行道上，要迅速躲到高楼的入口处，以防被掉下来的玻璃等砸伤。

（4）在体育场或露天广场，最好跑到场地中央，如果在看台高处，也可原地不动，千万不能挤到入口或出口处，也不能随人流拥挤。

3．车内应急避险与逃生

（1）在列车或地铁上，不可惊慌失措，不可跟着人流拥挤，更不能冒险跳出车外，要用手牢牢抓住拉手、柱子或座席等，并注意防止行李从行李架上掉落，同时要防止触电。

（2）在公共汽车上。注意不要与其他乘客拥挤，待车停稳后，再有序下车，并找一处安全的地方躲避。

（3）正在驾驶小汽车时，不要急于刹车，应逐渐减慢速度，并停在路边，以防止后车追尾。车门不要上锁，可打开一条小缝，防止车顶被砸后车门无法打开。

（二）震后自救与互救

地震后，在最短时间内开展自救与互救，尤其是家庭、邻里间开展自救与互救，是减少地震伤亡的有效措施之一。

1. 自救方法

（1）被埋压人员要坚定自己的求生意志，消除恐惧心理。强烈的求生欲望和充满信心的乐观精神，是创造奇迹的强大动力。

（2）被埋压后，尽可能用湿毛巾、衣物或者其他布料，捂住自己的口鼻，包住头部，防止吸入灰尘引发窒息，也防止被坠落物体砸伤头部。

（3）尽量活动自己的手脚，清理压到身上的物体和尘土。观察周围是否有物体能够藏身或躲避，或者挪动身边的东西支撑起上方的物体，以免其倒塌，同时扩大身边的活动空间，以获得更多的空气。努力寻找和打开通道，设法朝着有光的方向和宽敞的方向移动。

（4）一时找不到办法脱离困境的，要保持头脑清醒，尽量减少体力消耗，寻找食品、水或生活代用品，为自己争取生存时间，耐心等待救援。不要大声呼救，当听到外面有人时，再呼救，或用硬物敲打墙壁、水管等方式向外界传达呼救信息。

2. 互救方法

（1）地震时在户外的人，千万不要贸然进屋救人，最好等地震过后，再对他们及时施救。

（2）注意搜听被埋人员的呼喊、呻吟、敲击器物的声音。

（3）根据房屋结构，先确定被埋人员位置，再行抢救，防止其再次受伤。

（4）先救易，后救难；先救近，后救远；先救多，后救少。先抢救建筑物边缘瓦砾中的和其他容易获救的被埋人员，注意抢救青壮年和医务工作者，壮大抢险力量。

（5）外援抢救队伍应当首先对医院、学校、旅馆等人群密集场所实施救援。

（6）一时无法救出的，可先为其输送饮料和食品，并做好标记，等待下一步救援。

（7）抢救被埋人员时，不可用利器刨挖，应先使其头部暴露，迅速清除口鼻内的尘土，再行抢救。

（8）对于颈椎和腰椎受伤人员，切忌猛拉硬拽，要在其全身脱困后再将其慢慢移出，用硬木板担架抬送到医疗点。对于一息尚存的危重伤员，应尽可能在现场进行急救，然后迅速送往医疗点或医院。

2008年汶川大地震

汶川大地震,发生于北京时间2008年5月12日14时28分4秒,震中位于中国四川省阿坝藏族羌族自治州汶川县境内、四川省省会成都市西北偏西方向90千米处。根据中国地震局的数据,此次地震的面波震级达里氏8.0级,矩震级达7.9级,破坏特别严重地区超过10万平方千米。地震最大烈度达11度。地震波及大半个中国及多个亚洲国家。北至北京,东至上海,南至中国香港、泰国、中国台湾、越南,西至巴基斯坦均有震感。截至2008年9月25日10时,共遇难69 227人,受伤374 643人,失踪17 923人。其中四川省68 708名同胞遇难,17 923名同胞失踪,共有5 335名学生遇难或失踪。直接经济损失达8 451.4亿元。汶川地震是中华人民共和国自新中国成立以来影响最大的一次地震。

汶川大地震给许多人带来了巨大的悲痛,但也给了我们很多的启示。其一,天灾难以避免,但我们要尽力避免人祸,要切实加强城市的规划与设计,要切实加强建筑的抗震等安全标准。其二,要加强安全知识方面的教育,加强防震减灾方面的演练,特别是在学校和工厂。其三,通过救灾,我们看到了国家在科技方面的进步,但从我们所面临的困难来看,还希望国家的科技进步更大。科教兴国,国家、人民还要更大力度地培育人才,重视人才,重视科技的发展。其四,通过自救互救能有效减少地震所造成的伤亡。其五,灾难发生后,人们抢救生命的感人事迹,以及一方有难八方支援的火热激情,使我们看到了一个团结互助的民族、一个勇敢乐观的民族、一个坚强自信的民族、一个自立自强的民族、一个勤劳奋进的民族,这是我们走向富国强兵的巨大动力,是我们国家之根、民族之本。

第五节 泥石流灾害

一、泥石流基本知识

泥石流是指在山区或者其他沟谷深壑、地形险峻的地区,因为暴雨、暴雪或其他自然灾害引发的山体滑坡并携带有大量泥沙以及石块的特殊洪流。

（一）泥石流的特点

泥石流具有突发性、流速快、流量大、物质容量大、破坏力强等特点，兼有崩塌、滑坡和洪水破坏的多重危害。泥石流常常会冲毁公路、铁路等交通设施甚至村镇等，造成巨大损失。泥石流流动的全过程一般只有几个小时，短的只有几分钟。

据不完全统计，中华人民共和国成立后的 50 多年中，我国县级以上城镇因泥石流而致死的人数已约 4 400 人，并威胁上万亿财产。目前我国已查明受泥石流危害或威胁的县级以上城镇有 138 个，主要分布在甘肃（45 个）、四川（34 个）、云南（23 个）和西藏（13 个）等西部省区，受泥石流危害或威胁的乡镇级城镇数量更大。

（二）泥石流的危害

泥石流对人类的危害具体表现在以下四个方面。

1. 对居民点的危害

泥石流最常见的危害之一，是冲进乡村、城镇，摧毁家庭、工厂、企事业单位的房屋及其他设施。淹没人畜、毁坏土地，甚至造成村毁人亡的灾难。例如，2010 年 8 月 8 日凌晨，甘肃省甘南藏族自治州舟曲县暴发特大泥石流，共造成 1 557 人遇难，208 人失踪，约 5 公里长、500 米宽的区域被夷为平地。

2. 对公路、铁路的危害

泥石流可直接埋没车站、铁路和公路，摧毁路基、桥涵等设施，致使交通中断，还可引起正在运行的火车、汽车颠覆，造成重大的人身伤亡事故。有时泥石流汇入河道，引起河道大幅度变迁，间接毁坏公路、铁路及其他建筑物，甚至迫使道路改线，造成巨大的经济损失。例如，1978 年 7 月，甘川公路 394 公里处对岸的石门沟暴发泥石流，堵塞白龙江，公路因此被淹 1 公里，白龙江改道使长约 2 公里的路基变成了主河道，公路、护岸及渡槽全部被毁。该段线路自 1962 年以来，由于受对岸泥石流的影响已 3 次被迫改线。

3. 对水利、水电工程的危害

主要是冲毁水电站、引水渠道及过冲沟建筑物，淤埋水电站尾水渠，并淤积水库、磨蚀坝面等。

4. 对矿山的危害

主要是摧毁矿山及其设施，淤埋矿山坑道、伤害矿山工作人员、造成停工停产，甚

至使矿山报废。

二、泥石流的防备

（一）泥石流来临前的征兆

1. 河水异常

如果河（沟）床中正常流水突然断流或洪水突然增大，并夹有较多的柴草、树木时，说明河（沟）上游已形成泥石流。

2. 山体异常

山体出现很多白色水流，山坡变形、鼓包、裂缝，甚至坡上物体出现倾斜。

3. 异常声响

如果在山上听到沙沙声音，但是却找不到声音的来源，这可能是沙石的松动、流动发出的声音，是泥石流即将发生的征兆。如果山沟或深谷发出轰鸣声或有轻微的震动感，说明泥石流正在形成，必须迅速离开危险地段。

4. 其他异常情况

干旱很久的土地开始积水，道路出现龟裂，公共电话亭、树木、篱笆等突然倾斜，雨下个不停或是雨刚停溪水水位却急速下降等。

（二）泥石流的预防措施

1. 房屋不要建在沟口和沟道上

在村庄选址和规划建设过程中，房屋不能占据泄水沟道，也不宜离沟岸过近，已经占据沟道的房屋应迁移到安全地带。在沟道两侧修筑防护堤和营造防护林，可以避免或减轻因泥石流溢出沟槽而对两岸居民造成的伤害。

2. 不能把冲沟当作垃圾排放场

在冲沟中随意弃土、弃渣、堆放垃圾，将给泥石流的发生提供固体物源，会促进泥石流的活动，当弃土、弃渣量很大时，可能在沟谷中形成堆积坝，堆积坝溃决时必然发生泥石流。因此，在雨季到来之前，最好能主动清除沟道中的障碍物，保证沟道有良好的泄洪能力。

3. 保护和改善山区生态环境

泥石流的产生和活动程度与生态环境质量有密切关系。提高小流域植被覆盖率，在村庄附近营造一定规模的防护林，不仅可以抑制泥石流形成、降低泥石流发生频率，而且即使发生泥石流，也多了一道保护生命财产安全的屏障。

4. 雨季不要在沟谷中长时间停留

一旦听到上游传来异常声响，应迅速向两岸上坡方向逃离。雨季穿越沟谷时，先要仔细观察，确认安全后再快速通过。山区降雨普遍具有局部性特点，即使在雨季的晴天，也要提防泥石流灾害。

5. 加强泥石流的监测预警

监测河流流域的降雨过程和降水量（或接收当地天气预报信息），根据经验判断降雨激发泥石流的可能性。监测沟岸滑坡活动情况和沟谷中松散土石堆积情况，分析滑坡堵河及引发溃决型泥石流的危险性。在泥石流形成区设置观测点，发现上游形成泥石流后，及时向下游发出预警信号。经常对城镇、村庄、厂矿上游的水库和尾矿库进行巡查，发现坝体不稳时，要及时采取避灾措施，防止坝体溃决引发泥石流灾害。

三、泥石流的应急避险与逃生

（1）沿山谷徒步行走时，一旦遭遇大雨，发现山谷有异常的声音或听到警报时，要立即向坚固的高地或泥石流的旁侧山坡跑去，不要在山谷停留。

（2）发现泥石流后，要马上向与泥石流流动方向垂直的一侧山坡上爬，爬得越高越好，跑得越快越好，绝对不能沿泥石流的流动方向走。

（3）发生泥石流时，一定要设法从房屋里跑出来，到开阔地带，尽可能防止被埋压。逃生时，要抛弃一切影响奔跑速度的物品。不要躲在有滚石和大量堆积物的陡峭山坡下面。不要停留在低洼的地方，也不要攀爬到树上躲避。

（4）泥石流对人的伤害主要是泥浆使人窒息。将伤员救出后，应立即清除口、鼻、咽喉内的泥土及痰、血等，然后应使其平卧，头后仰，将舌头牵出，尽量保持伤员的呼吸道畅通。

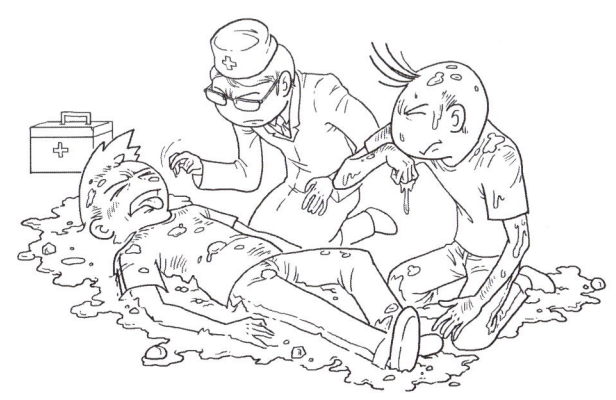

灾难心理如何调适

面对灾害事件，人们应该具有对自己心理进行调适的能力，进而采取适当的措施来避免灾难的威胁。

坦然面对和承认自己的心理感受，不必刻意强迫自己抵制或否认在面对灾害时可能产生的恐惧、担忧、惊慌和无助等心理，尽可能考虑一下个人的行为对社会的影响。

启动科学的心理调节措施，进行一些能让自己放松的活动，如听音乐、看小说、写日记、外出散步等。

不要失去对家人、朋友和社会的信心，与此同时，用自己的信心去鼓励和激发亲人、朋友，形成积极乐观的精神力量。

 问题思考

1. 汶川地震发生时，映秀镇中心小学二年级学生林某刚跑到教学楼的走廊上，就被楼上跌下来的楼板砸倒在地，但他挣扎着爬了出来。逃出来的林某，并没有跑开，而是去救被压在里面的同学，最终成功救出两名同学。林某所在的班级，共有32名学生，在地震中有10多人逃生。

结合林某的亲身经历，谈谈地震发生时要采取哪些正确的自救措施？

2. 2012年7月21日凌晨1时左右，河北省廊坊市广阳区爱民道铁路桥下的公路立交通道中积水达到一米多深，一位女士驾驶捷达轿车无视道口高处闪烁的警灯和马路中民警禁行的手势直接向桥下闯去，顷刻之间，雨水淹过了车窗，汽车立即熄火。就在这位女士惊慌失措之际，执勤交警飞奔而至，奋力打开车门，才使得这位女士转危为安。

请评价这位女士的做法。

3. 2017年6月5日晚上9点左右，位于广西壮族自治区南宁市宾阳县思陇镇境内的高峰林场万盘分场林区内，连续降雨造成山洪暴发，引发泥石流和山体滑坡，在两股泥石流的夹击下，一个靠近水沟、供林场工人居住的工棚被冲毁，造成工人死伤2人，失踪1人。而在发生险情后，另有13名工人选择往高处跑，躲过山洪，又通过辨声及时发现泥石流，及时转移，最终得以生还。

请谈谈你从此次泥石流事故中获得的启示。

 **推荐阅读**

1. 王磊. 汶川地震, 高科技救援装备大揭秘 [J]. 自然与科技.
2. 李斯杨. 中国洪涝灾害的成因类型以及防洪减灾应对方法 [J]. 中国新技术新产品.
3. 崔鹏, 韦方强, 谢洪等. 中国西部泥石流及其减灾对策 [J]. 第四纪研究.

 **案例纪实**

正斗乡泥石流灾害成功避险

2015年8月24日16时至17时,根据上级发布的强降雨天气地质灾害预警信息,四川省甘孜藏族自治州乡城县正斗乡政府迅速将预警信息传达至各地质灾害隐患点,并要求防灾责任人和监测人员要加强监测,加密巡查,及时组织受威胁群众果断撤离。24日19时,正斗乡境内突降暴雨,仁额拥沟地质灾害监测员九里罗扎在巡查中发现雨势凶猛,但沟水却开始出现断流现象。根据培训所学到的防灾知识,预感到将可能发生泥石流灾害,便立即通过电话报告乡政府。正斗乡政府随即启动地质灾害应急预案,乡、村、组干部按照预案迅速将危险区内的210名群众撤离到安全地带。19时43分,该沟暴发大规模泥石流灾害,冲出泥石流物质60万立方米,淹没耕地130亩。由于受威胁群众避险撤离及时果断,加之前期完工的泥石流应急治理工程有效拦截泥石流物质近20万立方米,并将大部分泥石流冲出物通过排导槽引导至定曲河,灾害未造成人员伤亡,实现了地质灾害成功避险。

 案例分析

> 这是一起通过工程防灾与监测预警相结合并成功避险的典型案例。其中的成功经验有:一是降雨期间基层监测员认真履职、防灾机制高效运转,从预警信息发布、现场加密巡查、险情信息上报,到组织群众安全有序快速撤离,环环相扣;二是泥石流治理工程发挥了重大作用,正斗乡仁额拥沟历史上曾多次暴发泥石流灾害,之前对其实施的应急治理工程,在此次泥石流灾害中,发挥了关键性的防灾功效;三是宣传培训及应急演练发挥了效果,有力地提升了当地监测员及群众的防灾意识和避险能力。

第四章 消防安全

 学习目标

- 了解火灾的类型和等级,熟悉火灾的发展过程。
- 熟悉大学校园中发生火灾的主要原因,提高消防安全意识。
- 熟悉火灾的预防措施,掌握正确的火场逃生方法。
- 熟悉灭火的基本方法和常用消防器材的使用方法,熟悉火灾的救助措施。

火是人类赖以生存和发展的物质条件，它给人类带来光明、温暖和健康，促进人类社会的不断进步和发展。同时，火也给人类带来灾难和不幸。火灾一旦发生，就可能对人们的物质财富、生命和健康造成难以挽回的损失。因此，掌握必备的消防安全知识，对高职学生来说至关重要。

第一节　火灾概述

火灾是指在时间和空间上失去控制的灾害性燃烧现象。火灾是威胁人类安全的主要灾害之一，同时也是大学校园中威胁师生安全的重要因素之一。据有关资料显示，在大学校园中，火灾比盗窃造成的经济损失要高出十几倍。

一、火灾的类型和等级

（一）火灾的类型

根据《火灾分类》（GB/T 4968—2008），火灾依据可燃物的类型和燃烧特性，可分为A、B、C、D、E、F六大类。

- **A类火灾**：固体物质火灾，如木材、干草、煤炭、棉、毛、麻、纸张等燃烧形成的火灾。这些固体物质通常具有有机物性质，一般在燃烧时能产生灼热的余烬。
- **B类火灾**：液体或可熔化的固体物质火灾，如煤油、柴油、原油、甲醇、乙醇、沥青、石蜡、塑料等燃烧形成的火灾。
- **C类火灾**：气体火灾，如煤气、天然气、甲烷、乙烷、丙烷、氢气等燃烧形成的火灾。
- **D类火灾**：金属火灾，如钾、钠、镁、钛、锆、锂、铝镁合金等燃烧形成的火灾。
- **E类火灾**：带电火灾，即物体带电燃烧的火灾。
- **F类火灾**：烹饪器具内的烹饪物（如动植物油脂）火灾。

（二）火灾的等级

根据2007年6月26日公安部下发的《关于调整火灾等级标准的通知》，新的火灾等级标准由原来的特大火灾、重大火灾、一般火灾三个等级，调整为特别重大火灾、重大火灾、较大火灾和一般火灾四个等级。

- **特别重大火灾**：造成30人以上死亡，或者100人以上重伤，或者1亿元以上直接财产损失的火灾。

- **重大火灾**：造成 10 人以上 30 人以下死亡，或者 50 人以上 100 人以下重伤，或者 5 000 万元以上 1 亿元以下直接财产损失的火灾。
- **较大火灾**：造成 3 人以上 10 人以下死亡，或者 10 人以上 50 人以下重伤，或者 1 000 万元以上 5 000 万元以下直接财产损失的火灾。
- **一般火灾**：造成 3 人以下死亡，或者 10 人以下重伤，或者 1 000 万元以下直接财产损失的火灾。

以上数据中，"以上"包括本数，"以下"不包括本数。

二、火灾的发展过程

一般来说，火灾的发展过程可划分为以下几个阶段。

（一）初起阶段

此时的火灾范围较小，可燃物刚刚达到燃烧临界温度，不会产生高热量辐射及高强度的气体对流，烟气量不大，燃烧所产生的有害气体尚未弥散，被困人员有一定时间逃生。若消防扑救方法正确、人员充沛，可以把火灾控制在局部，甚至完全消灭。

（二）发展阶段

火灾没有得到及时控制，继续燃烧，就进入火灾的发展阶段。这时，火灾持续燃烧速度加快，温度不断升高，气体对流增强，燃烧产生的烟气迅速弥散。这些热传播的方式会加剧火势蔓延，使火场范围扩大，火势也难以控制。

（三）猛烈阶段

火灾发展到这一阶段时最危险，也最具破坏性。温度、气体对流强度、燃烧速度均达到峰值，并伴有可燃性物质不完全燃烧或因高温分解而释放大量助燃物质和刺激性烟气，燃烧随时会产生突发性变化。如果有燃爆性气体，则会产生瞬时爆燃，不仅扩大火势，对扑救人员、被困人员均会形成极大的安全威胁，同时也会导致建筑物的毁灭性破坏。

（四）下降熄灭阶段

因可燃物质燃烧将尽，消防扑救手段等因素使火场温度下降，气体对流减弱，火灾进入下降熄灭阶段。这一阶段因地理位置、火场环境等因素的不同,持续时间也不一样,有时会持续很长时间,有时也会因建筑物本体坍塌,重新产生有氧对流而出现"死灰复燃"现象。

三、火灾发生后的工作流程

火灾发生后,一般要经过以下工作流程。

(一)火灾事故调查

1. 调查目的

火灾事故调查的任务是调查火灾发生的原因,统计火灾损失,依法对火灾事故作出处理,总结火灾教训。

2. 调查要求

进行火灾事故调查时,应当坚持及时、客观、公正、合法的原则,任何单位和个人不得妨碍和非法干预火灾事故调查。

3. 调查管辖

火灾事故调查由县级以上人民政府公安机关主管,并由本级公安机关消防机构实施;尚未设立公安机关消防机构的,由县级人民政府公安机关实施。

公安派出所应当协助公安机关火灾事故调查部门维护火灾现场秩序,保护现场,控制火灾肇事嫌疑人。

4. 调查的分工

火灾事故调查由火灾发生地人民政府按照下列分工进行。

(1)发生造成人员死亡或产生社会影响的一般火灾事故的,由事故发生地县级人民政府负责组织调查处理。

(2)发生较大火灾事故的,由事故发生地设区的市级人民政府负责组织调查处理。

(3)发生重大火灾事故的,由事故发生地省级人民政府负责组织调查处理。

(4)发生特别重大火灾事故的,由国务院或国务院授权有关部门负责组织调查处理。

管辖争议的解决

跨行政区域的火灾,由最先起火地的公安机关消防机构负责调查,相关行政区域的公安机关消防机构予以协助。

对管辖权发生争议的,报请共同的上一级公安机关消防机构指定管辖。县级人民政府公安机关负责实施的火灾事故调查管辖权发生争议的,由共同的上一级主管公安机关指定。上级公安机关消防机构应当对下级公安机关消防机构的火灾事故调查工作进行监督和指导。上级公安机关消防机构认为必要时，可以调查下级公安机关消防机构管辖的火灾。

5. 调查的期限

公安机关消防机构应当自接到火灾报警之日起 30 日内作出火灾事故认定；情况复杂、疑难的，经上一级公安机关消防机构批准，可以延长 30 日。火灾事故调查中需要进行检验、鉴定的，检验、鉴定时间不计入调查期限。

（二）损失统计

受损单位和个人应当于火灾扑灭之日起 7 日内，向火灾发生地的县级公安机关消防机构如实申报火灾直接财产损失，并附有效证明材料。公安机关消防机构应当根据受损单位和个人的申报，依法设立的价格鉴证机构出具的火灾直接财产损失鉴定意见，以及调查核实情况，按照有关规定，对火灾直接经济损失和人员伤亡进行如实统计。

（三）事故认定

公安机关消防机构应当根据现场勘验、调查询问和有关检验、鉴定意见等调查情况，及时作出起火原因的认定。

公安机关消防机构应当制作火灾事故认定书，自作出之日起 7 日内送达当事人，并告知当事人申请复核的权利。无法送达的，可以在作出火灾事故认定之日起 7 日内公告送达。公告期为 20 日，公告期满即视为送达。

公安机关消防机构作出火灾事故认定后，当事人可以申请查阅、复制、摘录火灾事故认定书、现场勘验笔录和检验、鉴定意见，公安机关消防机构应当自接到申请之日起 7 日内提供，但涉及国家秘密、商业秘密、个人隐私或者移交公安机关其他部门处理的依法不予提供，并说明理由。

第二节　火灾的预防与自救逃生

做好火灾预防是防止火灾发生的关键，也是大学校园消防安全工作的重中之重。发生火灾时能否顺利逃生，与火势大小、起火时间、楼层高度、消防设施设备是否有效齐全等因素有关，也与受害人是否知晓火场逃生知识有关。因此，我们每个人都应当掌握火灾自救与逃生知识，以便遇到险情时能够及时逃生。

一、大学校园中发生火灾的主要原因

大学校园是师生聚集较多的场所，纵观近年来发生的火灾事故，很多都是"人为"原因造成的，主要表现在以下几个方面。

（一）明火引燃

1. 随意丢弃烟头

烟头表面温度为 200～300 ℃，中心温度可达 700～800 ℃，超过了棉、麻、毛织物、纸张等可燃物的燃点。许多学生有乱扔烟头的不良习惯，烟头一旦与可燃物接触就容易将其引燃，甚至酿成火灾。

2. 擅自使用炉具

大学宿舍是学生学习和休息的地方，但有些学生为图方便，在宿舍使用酒精炉等炉具，给校园安全造成了隐患。

3. 随意燃点蚊香

蚊香具有很强的阴燃能力，点燃后没有火焰，但能长时间持续燃烧，中心温度可达 700 ℃，超过了多数可燃物的燃点，一旦接触到可燃物就会将其引燃，甚至酿成火灾。

4. 违规使用蜡烛

蜡烛作为一种可以移动的火源，稍不小心就可能烧熔、流淌或者倒下，遇可燃物容易引起火灾。正因为其具有火灾危险性而被许多高校禁止，但个别学生却置若罔闻，最终酿成悲剧。

5. 树林、草坪违章用火

在树林和草坪吸烟、玩火、野炊、烧荒，都可能引发火灾。树林、草坪中有较多落叶和枯草，天气干燥时遇到火种，极易引发火灾。

（二）电气火灾

电气火灾除少数是设备上的原因外，大多数是人为因素造成的。在大学校园中，引起电气火灾的主要原因如下。

1. 违章使用电器

高校的建筑物供电线路和供电设备都是按照实际使用情况设计的，在宿舍内使用大功率电器，如电炉、电饭锅、电吹风、电热水瓶等，易使供电线路过载、发热甚至起火。

2. 私自乱接电源

随着学生宿舍计算机、电视机、空调等用电器具的逐步普及，有的学生私拉乱接电线、网线，增加了线路负荷。加上使用的大多是低负荷的软电线，长期超负荷运行后易绝缘老化，极易引发火灾。

（三）违反实验室操作规程

学生在实验中若违反操作规程，也可能引起火灾。例如，有电感的实验设备在使用时用物品覆盖在散热孔上，会使设备聚热，导致设备燃烧；用火时，周围的可燃物未清理完，火星飞到可燃物上会将其引燃；在进行化学实验时，将可剧烈反应的两种或多种化学试剂混在一起，实验温度过高或操作不当，也能引起火灾事故。

二、火灾的预防

学生可以从以下方面预防火灾的发生。

（1）在教室、实验室学习和实验时，要严格遵守各项安全管理规定、操作规程和有关制度。使用仪器设备前，应认真检查电源、管线、火源、辅助仪器设备等情况，如放置是否妥当、对操作过程是否清楚等，做好准备工作以后再进行操作。使用完毕应认真进行清理，关闭电源、火源、气源、水源等，还应清除杂物和垃圾。使用易燃易爆危险品时，一定要注意防火安全规定，按照规定一丝不苟地进行操作。

（2）在宿舍，应自觉遵守宿舍安全管理规定：不乱拉乱接电线；不使用电炉、热得快、电热杯、电饭煲等电器；不使用明火；不将易燃易爆物带进宿舍；不在宿舍内焚烧物品；发现安全隐患时，及时向管理人员或有关部门报告；爱护消防设施和灭火器材，不随意移动或挪作他用；室内无人时，应关掉电器和电源开关。

（3）在树林中或草坪上游玩时，严禁使用明火，在秋冬季节及干旱天气，应尤其注意防火，一旦发生险情应及时向相关部门报告或报警。

典型案例

火灾无情 小心预防

某高校一位学生过生日，为了节约起见，该学生去菜市场购买了各种蔬菜、肉鱼禽蛋、油盐酱醋，并借来液化气灶具，在自己宿舍极其有限的空间内烧菜做饭。烧菜时，油锅烧的时间过久，当将蔬菜倒入锅内时，锅中火油溅落到床上，引燃被褥并导致火灾。由于扑救及时，所幸未酿成灾难性后果。

案例点评

各高校明确规定禁止在宿舍内使用明火，该学生却违反宿舍管理规定，酿成火灾。为了避免该类事故的发生，学生一定要提高防火意识，从根源上预防火灾。

三、火场逃生方法

不同的火场,由于其火势大小、被困人员所处位置、消防器材等情况的不同,所采取的逃生方法也不一样。

(一)快速离开危险区域

一旦听到火灾警报或意识到自己被火势围困时,要立即想法撤离逃生。如果是房间外起火,在开房门之前一定要先摸摸门锁温度。如果门锁不烫手,说明大火还没燃烧过来,此时可以打开门查看外面的情况。开门的时候,要用一只脚抵住门的下框,防止热浪把房门冲开。确认大火目前还未对自己构成威胁后,应尽快逃出火场。

(二)选择简单、安全的通道和疏散设施

按规范建造的建筑物,都会有两个以上的逃生楼梯、通道或安全出口。发生火灾时,被困人员要根据实际情况,挑选相对安全的楼梯或通道。如果发生火灾时上述通道被烟火堵住,又无消防器材可供使用,可以通过建筑物的阳台、窗台、天窗、房顶等攀爬到周围的安全区域,或者沿着落水管、避雷线等凸出物滑下。在高层建筑中,电梯的供电系统在火灾时随时会断电或因高温使电梯变形而将人困在电梯内,且电梯井犹如贯穿的烟囱般直通各楼层,有毒的烟雾直接危及被困人员的生命,因此,发生火灾时,千万不

要乘坐电梯逃生。

（三）使用简易防护器材

通过过充溢烟雾的道路逃生时，要防止烟雾中毒、防止窒息。为了防止火场浓烟呛入，可采用毛巾、口罩蒙鼻，爬行撤离的方法。烟气较空气轻而飘于上部，贴近地面撤离是防止烟气吸入、滤去毒气的最佳方法。穿过封闭火区时，应佩戴防毒面具、头盔、阻燃隔热服等护具，若没有这些护具，可向头部、身上浇冷水或用湿毛巾、湿棉被、湿毯子等将头、身裹好，再冲出去。

（四）自制简易救生绳，切勿轻易跳楼

若通道被烟火全部封堵，被困人员应当保持镇静，自制简易器材逃生。通常可利用结实的绳索，或将被褥、床单、窗帘布等撕成条、拧成绳，然后将其拴在窗框、床架或室内其他牢固物体上，被困人员顺势而下。

如果被火困在二楼内，无任何条件自救，也得不到救助，在时间紧迫的情况下，也可以跳楼逃生，但跳楼前应先向地面抛掷一些棉被、床垫等软物，然后用手扒住窗台或阳台，身体下垂，自然下滑，以缩小跳落高度，并使双脚先落在抛下的软物上。如果被烟火困于三层楼以上的楼层内，则千万不要采取跳楼方式，因距离地面很高，被困人员住下跳时极易摔成重伤或死亡。

某高校女生宿舍火灾

某高校女生宿舍楼发生火灾，火势迅速蔓延，导致烟火过大，其中4名女生在消防队员赶到之前，从6楼宿舍阳台跳楼逃生，不幸全部遇难。火灾事故原因初步判断是学生在宿舍内使用热得快，停电后没有拔下插头，第二天早上宿舍来电后热得快干烧并将周围可燃物引燃所致。

案例点评

这是一起非常严重的校园火灾事故，教训极其深刻，所暴露出来的安全问题发人深省：

（1）该宿舍女生的消防安全意识差，在学校明令禁止使用违规电器的情况下，仍偷偷使用热得快，是火灾发生的直接原因。

（2）学生宿舍易燃物品多，且随意放置，这些物品极易起火并带来浓烟，扩大火情。

（3）火灾发生后，自救逃生措施不当，以致造成严重后果。① 延迟了最佳逃生时间，在火势刚起的时候，没有逃离宿舍；② 在火势较小时没有扑灭火源。用棉被盖住火源，使其与空气隔绝，或将易燃物搬离火源或扔出窗外等，都是控制火势的有效方法。

第三节　火灾扑灭与救助

一、火灾的报警

为快速消除火灾造成的危害，减少因火灾造成的人员伤亡和财产损失，切实维护社会秩序，《中华人民共和国消防法》第四十四条明确规定："任何人发现火灾都应当立即报警。任何单位、个人都应当无偿为报警提供便利，不得阻拦报警。严禁谎报火警。"因此，一旦发现火灾，在积极组织扑救的同时，应尽快用火警报警装置或电话向消防队报警，报警越早、救援越及时，损失就越小。

在报警过程中，应注意以下要领：

（1）牢记火警电话"119"。

（2）接通电话后要沉着冷静，向接警中心讲清失火单位的名称、地址、火势大小等情况，同时还要注意听清对方提出的问题，以便正确回答。

（3）把自己的电话号码和姓名告诉对方，以便联系。

（4）打完电话后，要立即到交叉路口等候消防车的到来，以便引导消防车迅速赶到火灾现场。

（5）迅速组织人员疏通消防车道，清除障碍物，使消防车到火场后能立即进入最佳位置灭火救援。

（6）如果着火地区发生了新的变化，要及时报告消防队，使他们能及时改变灭火战术，取得最佳效果。

（7）在没有电话或没有消防队的地方，如农村和边远地区，可采用敲锣、吹哨、喊话等方式向四周报警，动员乡邻来灭火。

二、灭火的基本方法

灭火的基本方法包括冷却法、隔离法、窒息法和抑制法四种，其中，前三种方法为物理灭火方法，抑制法是化学灭火方法。无论使用灭火剂还是通过其他机械方式灭火，都是利用上述四种方法中的一种或多种综合实现的。

（一）冷却法

冷却法是将灭火剂直接喷射到燃烧的物体上，使燃烧物的温度低于燃点，使燃烧停止；或者将灭火剂喷洒在火源附近的物体上，使其不因火焰热辐射作用而形成新的火点。冷却法是一种主要的灭火方法，常用水和二氧化碳作为灭火剂进行冷却、降温、灭火，灭火剂在灭火过程中不参与燃烧过程中的化学反应。

（二）隔离法

隔离法是将正在燃烧的物质和周围未燃烧的可燃物质与火焰、氧气隔离，中断可燃物质的供给，使燃烧因缺少可燃物质而停止。具体方法有以下几种：

（1）把火源附近的可燃、易燃、易爆和助燃物品搬走。
（2）关闭可燃气体、液体管道的阀门，以减少和阻止可燃物质进入燃烧区。
（3）设法阻拦流散的易燃、可燃液体。
（4）拆除与火源相毗连的易燃建筑物，形成防止火势蔓延的空间地带。

（三）窒息法

窒息法是阻止空气流入燃烧区或用不燃物质冲淡空气，使燃烧物得不到足够的氧气而熄灭的灭火方法。具体方法有以下几种：

（1）用沙土、水泥、湿麻袋、湿棉被等不燃或难燃物质覆盖燃烧物。
（2）喷洒雾状水、干粉、泡沫等灭火剂覆盖燃烧物。
（3）用水蒸气、氮气、二氧化碳等惰性气体灌注发生火灾的容器、设备。
（4）密闭起火建筑、设备和孔洞。
（5）把不燃气体或不燃液体（如二氧化碳、氮气、四氯化碳等）喷洒到燃烧物区域内或燃烧物上。

（四）抑制法

可燃物质在有焰燃烧中的氧化反应，都是通过游离基 H、OH、O 的链式反应进行的。

因此，如果能够有效地抑制游离基的产生或者迅速降低火焰中 H、OH、O 等游离基的浓度，燃烧就会中止。抑制法就是使灭火剂参与到燃烧反应中去，使燃烧过程中产生的游离基消失，从而使燃烧反应终止。卤代物灭火剂能有效压制游离基的产生，达到灭火的目的；但卤代物会破坏大气臭氧层，应尽可能地少用。干粉灭火剂也属于化学抑制灭火，灭火效果较好，但易污染环境、破坏设备，不可用于精密仪器。

日常灭火好帮手——食盐

食盐是紧急情况下可以选择的一种有效的灭火剂。食盐的主要成分是氯化钠，在高温条件下，可迅速分解为氢氧化钠，并通过化学作用，吸收燃烧区中的游离基，抑制燃烧的进行。当灭火用的食盐数量足够时，被消耗的游离基多于燃烧分解出来的游离基，导致燃烧反应中断。颗粒盐是更为有效的灭火剂，其颗粒大、含水量较多，在高温下吸热膨胀快，能破坏火苗的形态，同时发生吸热反应，稀释燃烧区的氧气浓度，使火很快熄灭。

三、常用的消防器材

消防器材是指用于防火及灭火的器材。其涉及面广、种类多，这里只介绍几种常用的消防器材。

（一）灭火器

灭火器是一种可由人力移动的轻便灭火器具，它能在其内部压力作用下，将所充装的灭火剂喷出，用来扑救火灾。灭火器种类繁多，只有正确选择灭火器，才能有效地扑救不同种类的火灾，以达到预期效果。灭火器按移动方式划分，可分为手提式和推车式；按驱动灭火剂的动力来源划分，可分为储气瓶式、储压式和化学反应式；按充装的灭火剂成分划分，可分为泡沫灭火器、酸碱灭火器、二氧化碳灭火器、干粉灭火器等。以下介绍几种常用灭火器的适用范围及使用方法。

1. 泡沫灭火器

泡沫灭火器的灭火液由硫酸铝、碳酸氢钠和甘草精组成。泡沫灭火器适用于扑救一般 B 类火灾，如油制品、油脂等火灾，也可扑救 A 类火灾；但不能扑救 B 类火灾中的水溶性可燃、易燃液体的火灾，如醇、酯、醚、酮等物质火灾；也不能扑救带电设备及 C 类和 D 类火灾。

灭火时，将泡沫灭火器倒置，泡沫即可喷出，覆盖着火物，从而达到灭火目的。在使用过程中，灭火器应始终处于倒置状态，否则会中断喷射。

2. 酸碱灭火器

酸碱灭火器是一种内部分别装有65%的工业硫酸和碳酸氢钠水溶液的灭火器，适用于扑救A类初起火灾，如木、织物、纸张等燃烧形成的火灾。它不能用于扑救B类火灾，也不能用于扑救C类或D类火灾，同时也不能用于扑救带电设备。

使用时，应平稳地将灭火器提到起火点，用手指压紧喷嘴，将灭火器颠倒过来，上下摇动几下。然后松开手指，对准燃烧最猛烈处喷射。随着灭火器喷射距离的缩短，使用者应逐渐向燃烧物靠近，始终使水流喷射在燃烧物上，直至把火扑灭。

3. 二氧化碳灭火器

二氧化碳是一种不导电的气体，密度较空气大，在钢瓶内的高压下为液态。二氧化碳灭火器适用于扑救易燃液体及气体的初起火灾，也可扑救带电设备的火灾，常用于实验室、计算机房、变配电所，以及对精密电子仪器、贵重设备或物品维护要求较高的场所。

灭火时，只需扳动开关，二氧化碳即以气流状态喷射到着火物上，隔绝空气，使火焰熄灭。二氧化碳由液态变为气态时，会大量吸热，温度极低（可达到-80 ℃），要避免冻伤。同时，二氧化碳虽然无毒，但是可使人窒息，应尽量避免吸入。

4. 干粉灭火器

干粉灭火器主要用二氧化碳气体或氮气气体作动力，将筒内的干粉喷出灭火。干粉是一种干燥的、易于流动的微细固体粉末，由能灭火的基料和防潮剂、流动促进剂、防结块剂等添加剂组成。干粉灭火器主要用于扑救石油、有机溶剂等易燃液体，可燃气体和电气设备引起的初起火灾。

干粉灭火器最常用的开启方法为压把法。将灭火器提到距火源适当位置后，先上下颠倒几次，使筒内的干粉松动，然后将喷嘴对准燃烧最猛烈处，拔去保险销，压下压把，便可将干粉喷出用来灭火。

（二）消火栓

消火栓包括室内消火栓和室外消火栓。其中，室内消火栓是室内管网向火场供水的带有阀门的接口，通常安装在消火栓箱内，与消防水带和水枪等器材配套使用；室外消火栓是设置在建筑物外面消防给水管网上的供水设施，主要供消防车从市政给水管网或室外消防给水管网取水以实施灭火，也可直接连接水带、水枪来灭火。

室内消火栓　　　　　　　　　　室外消火栓

室内消火栓的操作方法如下：① 打开消火栓门，按下内部火警按钮（按钮是报警和启动消防泵的）；② 一人接好枪头和水带，奔向起火点，另一人接好水带和阀门口；③ 逆时针打开阀门使水喷出即可。

（三）自动喷水灭火系统

自动喷水灭火系统由洒水喷头、报警阀组、水流报警装置（水流指示器或压力开关）等组件，以及管道、供水设施组成。系统的管道内充满有压水，一旦发生火灾，喷头动作后立即喷水。

（四）气体灭火系统

气体灭火系统是以气体作为灭火介质的灭火系统，主要应用在不适合设置自动喷水灭火系统的环境中，如高校的计算机机房、图书馆、档案馆、UPS室、电池室、发电机房等。

自动喷水灭火系统　　　　　　　　气体灭火系统

四、火灾的救助

（一）火灾互相救护

发生火灾时，如果有人员被火围困，应当首先组织力量，贯彻"救人第一，救人与救火同步进行"的原则，积极施救。

（1）夜间发生火灾时，应当立即叫醒其他人，尽量大声喊叫，以帮助他人立即逃生。

（2）救护人员要加强自我保护，临危不乱，选择合适的逃生出口和路线，快速撤离，避免火烧、烟雾窒息。

（3）在消防人员到来之前，应当迅速切断电源，并防止可燃、毒性气体扩散。

（4）疏散人员时应当从最危险处开始，高楼层发生火灾后，可借助救生绳、云梯、救生气垫等器材实施救助。

（5）如果所处楼层较高，最好不要冒险往外跳，因为此方式生还的概率很小。要尽量选择比较安全的地方避险，等待救援人员的到来。如果来得及可以拿上水盆躲到厕所或水房，把门关好，不时用水盆接水，往门上泼水，往自己身上浇水。

（二）火灾的应急疏散和演练

火灾发生后，会产生大量的烟气和高温有毒气体，并迅速向四周弥漫，给高校等人员聚集场所的疏散工作带来严重的威胁。因此，一旦发生火灾，应当立即将信息迅速通知危险区域的人群，并组织有序的疏散和引导，防止踩踏事故发生。

为做好安全疏散工作，要加强对疏散通道、疏散路线、避难场所的规划和建设，在高校，应定期组织师生进行应急疏散演练工作，确保发生火灾后能及时、安全地进行转移。

（三）火场常见伤的急救

在火场，如果有人员烧伤，可根据情况采取以下急救措施。

1. 防止休克、感染

为防止伤员休克和创面发生感染，应给伤员口服止痛片（有颅脑或重度呼吸道烧伤时禁用吗啡）和磺胺类药，或肌肉注射抗生素，并给伤员口服烧伤饮料或饮淡盐茶水、淡盐水等。一般以少量多次为宜，如果发生呕吐、腹胀等，应停止口服。要禁止伤员单纯喝白开水或糖水，以免引起脑水肿等并发症。

2. 保护创面

在火场，对于烧伤创面一般可不做特殊处理，尽量不要弄破水泡，不能涂甲紫等有色的外用药，以免影响烧伤面深度的判断。为避免加重感染和加深创面，应立即用三角巾、大纱布块、清洁的衣物和被单等对创面进行简单包扎。手足被烧伤时，应将各个指、趾分开包扎，以防粘连。

3. 合并伤处理

有骨折者应予以固定；有出血时应紧急止血；有颅脑、胸腹部损伤者，必须给予相应处理，并及时送往医院救治。

4. 迅速送往医院救治

伤员经火场简易急救后，应尽快送往临近医院救治。护送前及护送途中，要注意防止休克。搬运时动作要轻柔，行动要平稳，以尽量减少伤员的痛苦。

 **问题思考**

1. 火灾依据可燃物的类型和燃烧特性，可分为哪些类型？
2. 高楼层发生火灾时，被困人员应如何自救逃生？
3. 面对初起火灾，我们如何报警施救？

 **推荐阅读**

1. 童佳民，王健，苏家雄，江昔瑾．高校建筑消防［M］．青岛出版社．
2. 戴明月．消防安全管理手册［M］．化学工业出版社．

 **案例纪实**

上海体育学院宿舍楼火灾

2015年10月8日，上海体育学院宿舍楼A楼一学生宿舍发生火灾。事发时，房间内火势凶猛，已经燃烧至阳台，滚滚浓烟蔓延至大楼外。着火宿舍楼的 5 楼、6 楼、7 楼都被笼罩在黑烟之中。火灾发生后，消防车及时到场灭火。

据悉，火灾可能是因为宿舍断电后，有人忘记关闭电吹风机电源所致。而早上 8 点多，宿舍再度通电后，电吹风机持续发热，最终引发火灾。

经上海体育学院宣传部证实，起火宿舍为 A 楼 404 房间。火灾发生后，消防人员及时赶到并在半小时内扑灭火情。所幸的是，事发时楼内学生正在上课，所以并未造成人员伤亡和重大财产损失。同时，该校宣传部表示：学校将会对在火灾中受到影响的学生进行妥善安置，并对学生加强用电安全防范教育，防止类似事故再次发生。

案例分析

> 上述事故发生的主要原因是学生防火安全意识淡薄，且不当使用电器。如果救援不力或措施不当，势必造成重大人员伤亡和财产损失，后果不堪设想。

第五章 网信安全

 学习目标

- 了解网络不良信息的内涵及相关法律规定,熟悉常见的网络不良信息,理解网络不良信息对学生的危害,坚决抵制网络不良信息的侵害。
- 了解网络综合征的内涵及表现,熟悉网络综合征的危害,掌握网络综合征的防治措施。
- 了解计算机病毒的种类与危害、网络诈骗的常用手法,熟悉计算机病毒的预防与排除方法,以及网络诈骗的预防与应对方法,同时增强自身的法律意识,杜绝犯罪。

当今的时代，是一个网络化的时代。可以说，网络在生活中无处不在，它为人们的通信、娱乐、交友、支付等各个方面带来了极大的便利。同时，也给人们带来不少负面影响。当代大学生在使用网络的活动中，可能会遇到各种安全问题。为了避免在网络信息活动中受到伤害，学生有必要了解常见的网络安全问题，掌握基本的防范方法。

第一节 抵御网络不良信息

网络信息良莠并存。好的网络信息，可给学生的生活、学习带来帮助，而不良的网络信息则会给学生的世界观、人生观、价值观，以及思想品德、行为等产生不利影响。为免受网络不良信息的侵害，学生有必要了解网络不良信息的类型、表现、危害及抵御对策。

一、网络不良信息的内涵

网络不良信息是指互联网上传播的违反法律规定、违背社会伦理道德、有害人们身心健康的信息。国务院发布的《互联网信息服务管理办法》第十五条明确规定，互联网信息服务提供者不得制作、复制、发布、传播下列九类信息。这九类信息是国家法规明确的网络不良信息。

（1）反对宪法所确定的基本原则的。
（2）危害国家安全，泄露国家秘密，颠覆国家政权，破坏国家统一的。
（3）损害国家荣誉和利益的。
（4）煽动民族仇恨、民族歧视，破坏民族团结的。
（5）破坏国家宗教政策，宣扬邪教和封建迷信的。
（6）散布谣言，扰乱社会秩序，破坏社会稳定的。
（7）散布淫秽、色情、赌博、暴力、凶杀、恐怖或者教唆犯罪的。
（8）侮辱或者诽谤他人，侵害他人合法权益的。
（9）含有法律、行政法规禁止的其他内容的。

二、常见的网络不良信息

常见的网络不良信息包括淫秽、色情信息，网络暴力信息，政治错误信息，迷信信息，厌世信息等。

（一）淫秽、色情信息

淫秽、色情信息是指在网络上以文字、图片、音频、视频等形式，整体上宣扬淫秽行为，挑动性欲，毒害人的身心，使人腐化、堕落，没有艺术或科学价值的信息。

网络上的色情信息几乎无处不在、无孔不入，令人防不胜防。学生作为新兴事物的积极体验者，既是网民中最大的群体，也是使用网络最活跃的群体。而学生群体正处于人生观、世界观、价值观建立的关键时期，极易受到网络文化不良观念的干扰，被不健康甚至变态、暴力的性知识、性画面等网络色情淫秽情节所毒害。近年来，社会上不断出现的性暴力、性侵犯案件，其相当一部分原因在于受到了淫秽、色情信息的毒害。

（二）网络暴力信息

网络暴力信息是最常见的网络不良信息之一。据有关统计，在网络上流动的非教育信息中，有70%涉及暴力。网络暴力信息常常表现为网络游戏、网络视频中的武力、枪战、暗杀、绑架等血腥恐怖暴力。这类网络暴力信息常出现在现实生活中的很多大型网络游戏及相关网站当中，学生在接触这些网络游戏或网站时，就可能受到网络暴力信息的影响。经常接触网络暴力信息，就会逐渐形成通过暴力打败他人即能获得财产、获得成功等扭曲、错误的思想，并将这种思想付诸行动。在现实生活中，这种思想会导致个人行为走偏，使之不能客观冷静地思考处理问题，而是容易采取类似的暴力方式来解决问题。

害人的网络游戏

重庆某大学的一名男生王某，品学兼优，开朗活泼，并且是班干部，最近却突然变得沉默寡言，还因为同学的一句话不对而举拳相向，对家长和邻居也动不动喊打。一次，王某的父母在其书包里找到一把匕首，他们对此十分忧心。后来，在心理医生的帮助下，王某的父母才了解到情况：王某已背着父母悄悄地玩了差不多一年的网络暴力游戏了，其头脑已被暴力搞得混乱不堪，产生了心理紊乱和障碍，已经分不清现实和游戏了。最终，王某不得不退学治疗。

案例点评

本案例中，重庆某大学男生王某本是一位品学兼优的学生干部，但长期迷恋网络暴力游戏，沉迷于虚幻的网络世界，导致身心受到严重伤害，最后不得不退学治疗。

这名学生认识不到网络暴力游戏对身心的摧残，最后的结局可悲可叹。这个案例警示我们，应树立正确的网络意识，远离虚无缥缈的网络世界，绝不迷恋网络暴力游戏，如此才能避免网络暴力信息的侵害，确保身心健康。

（三）政治错误信息

政治错误信息是指以一种煽动的方式宣传违背历史潮流、社会发展规律和党与政府领导方向的政治谬论，是动摇人们的理想、信念、意志、情操的有毒信息。一方面，一些西方国家的敌对势力和国内外有政治偏见的人，经常通过网络散布没有事实根据的有关我国政治生活方面的讯息。另一方面，西方文化价值观和生活方式中的消极思想，往往打着追求自由和平等的幌子，在网上通过海量的娱乐性和消遣性的节目大行其道。

对于涉世不深，没有生活经验，缺乏政治上的分析、识别、选择和批判能力的学生来说，政治错误信息具有很大的迷惑性和欺骗性。学生对社会的复杂性和改革的艰巨性估计不足，对西方敌对势力和政治异见分子认识不深，很少能够做出理性而全面的分析，这样就很容易产生政治认知的偏差和政治情感的不稳定。

（四）迷信信息

迷信信息是一种非科学、非理性的信息。常见的迷信信息有邪教、卜卦等传达歪理的信息。迷信信息能封闭人的思维，奴役人的精神，毁灭人的情感，扼杀人的尊严和自由。比如，邪教所兜售的歪理邪说就是这样一种极端、非理性的迷信信息。一些邪教将广大青年作为重要的侵蚀对象，尤其是在近年来它们频繁利用高科技手段在互联网上妖言惑众，学生应当对此高度警觉。

（五）厌世信息

厌世信息是指渲染人生的悲观情绪，使人们产生心理健康问题的反社会信息。对学生而言，他们在现代社会中面临巨大的学习压力、就业创业压力、社交压力或者一些诸如父母离异的心理压力。为了逃避这些压力，从现实的烦恼和不快中解脱出来，少数学生沉迷于网吧。受网上大量悲观厌世信息的影响，他们容易滋生轻生和弃世的念头。近些年来，网络、报刊上常见到学生因厌世而自杀的报道。显然，网上传播的曲解现实生活的厌世信息，对此类悲剧的产生无疑起到了推波助澜的作用。

三、网络不良信息的危害

（一）影响正确世界观、人生观和价值观的形成

网络内容丰富但良莠不齐，其中掺杂着各种不良信息，这些信息所传递的可能是混乱甚至颓废的世界观、人生观和价值观。学生的世界观、人生观和价值观尚未完全成熟，对网络信息的鉴别能力较差，容易受到极端个人主义、拜金主义等错误思想的影响。长时间受这种网络不良信息的影响，学生的思想就会逐渐被侵蚀，进而无法形成正确的世界观、人生观和价值观。此外，由于互联网具有开放性，西方文化通过网络逐步渗透，一些不良价值观、生活方式在网上随处可见，这对于学生正确世界观、人生观和价值观的形成会产生了不利影响。

（二）严重影响生理和心理健康

学生长期沉溺于网络，极易出现腰肌受损、视力下降、神经紊乱、激素水平失衡、免疫力下降，进而引发紧张性头疼甚至死亡。此外，长期上网还会引发"网络孤独症"和"忧郁症"等心理疾病，过多地关注人机对话，而对外界缺乏相应的情感反应，对亲友冷淡，对周围事物失去兴趣，甚至对一切都漠不关心，性格变得越来越孤僻，形成性格缺陷。

（三）影响人际交往能力的正常发展

网络成瘾的学生大多性格孤僻、冷漠，容易与现实生活产生隔阂，导致自我封闭，拒绝与人交往。久而久之，他们还会患上"社交恐惧症"，怕与人见面、谈话，见人就紧张，严重影响其正常的人际交往。

（四）弱化道德意识，诱发犯罪

在网络世界中，学生借助于虚拟身份进行交往。这种交往会让一些自律意识较差的人道德意识弱化，甚至摆脱社会道德约束，放纵自己，抛弃责任和义务，甚至走上犯罪道理。虽然互联网带给学生的是虚拟世界，但虚拟的互联网世界却可以带给学生实实在在的伤害。法律专家指出，继父母离异、毒品、电子游戏之后，网络不良信息成为引发学生犯罪的又一个主要原因。统计显示，网吧周边已经成为学生犯罪的多发区域，且犯罪率呈现出逐渐上升的趋势。

四、抵制网络不良信息的对策

抵制网络不良信息对学生的侵害，需要社会、高校和学生本人共同努力。

（一）政府及相关部门加强监管

要全面整治网络不良信息，政府及有关部门必须担负起统筹决策、宏观管理的职责，加强监督和管理。具体而言，政府及有关部门应做到以下几点。

（1）建立网警队伍，对互联网进行实时有效的监控。
（2）文化市场管理部门建立对进口游戏软件的审查制度和流入渠道的监管制度。
（3）制定游戏产品评审分级标准和分级管理制度。
（4）规范互联网运营，采取有效措施控制网络传播的不良信息。

（二）高校加强网络道德教育

网络道德教育是抵御网络不良信息对学生侵害的重要途径。网络道德教育可以增强学生的网络安全意识，使其认识到网络世界的虚拟性和复杂性，引导学生积极抵御网络中的不良信息。高校应通过定期举行网络道德教育的讲座、播放网络道德教育宣传片、设置网络道德课程等形式来增强学生的防范意识。

（三）学生提高自身修养并加强防范

抵制网络不良信息的侵害，最主要的是靠学生努力提高自身修养，养成健康、文明、科学的上网习惯，加强对网络不良信息的防范。学生可以采取以下措施进行防范。

1. 选择安全网址

选择使用对自己有帮助的常用网址，不随意打开不熟悉或包含不良信息的网站。学生利用自己的计算机上网时，可以利用收藏夹收藏对自己有帮助的网址；学生在网吧上网时，可以利用邮箱记录对自己有帮助的网址；也可以将一些较为有名的大型门户网站作为自己的浏览首选，如新浪、搜狐等。

2. 利用可以信赖的搜索引擎

学生利用有效的搜索引擎收集所需要的信息时，应选用可以信赖的搜索引擎，如百度、Google、搜狗搜索等。对学生而言，学会使用一些可以信赖的搜索引擎是必要的。

3. 拒绝陌生的软件

有些网络不良信息会附在某些软件上，一旦安装了此类软件，在使用时便会弹出大量的不良信息。学生必须要警惕此类不良软件，对于一些陌生的、存在风险的软件，尽量不要将其安装在计算机或手机上，以免这些软件夹带病毒，危害计算机或手机系统。

4. 注意手机上网的安全防护

手机已成为学生学习、生活、工作中必不可少的工具。有关研究表明，随着智能手机市场的日益普及，手机病毒也越来越猖獗，呈现出大规模传播的势态。因此，手机安全防护必须引起学生的高度重视。学生在使用手机时，应当注意安全防护。手机上网的安全防护包括反病毒、反骚扰、数据和隐私保护等方面的内容。目前，安装手机安全软件是重要的防护措施，其保护功能包括病毒防护、防盗保护、隐私保护、加密、拦截垃圾邮件、防火墙等。

此外，学生在使用网络时，尽量不要公布自己的电话、单位、家庭、邮箱等私密信息，避免垃圾邮件、垃圾短信等不良信息的侵扰。

第二节 预防网络综合征

2023年3月2日，中国互联网络信息中心（CNNIC）发布的第51次《中国互联网络发展状况统计报告》显示，截至2022年12月，我国网民规模达10.67亿，较2021年12月增长3 549万，互联网普及率达75.6%。截至2022年12月，我国手机网民规模为10.65亿，较2021年12月新增手机网民3 636万，网民中使用手机上网的比例为99.8%。

《2021年全国未成年人互联网使用情况研究报告》数据显示，2021年我国未成年人互联网普及率达96.8%，较2020年提升1.9个百分点。截至2022年12月，20～29岁、30～39岁、40～49岁网民占比分别为14.2%、19.6%和16.7%；50岁及以上网民群体占比由2021年12月的26.8%提升至30.8%，互联网进一步向中老年群体渗透。

截至2022年12月，我国网民的人均每周上网时长为26.7小时，较2021年12月下降1.8小时。

调查显示，真正利用网络进行学习和办公的寥寥无几，大部分人都花费大量的时间和精力在互联网上浏览信息、聊天、玩游戏等方面，这些行为容易引发人的心理障碍、人格障碍，严重者可患上网络综合征。

一、网络综合征的内涵

网络综合征是指人们由于沉迷于网络而引发的各种生理、心理障碍的总称。网络综合征又被称为"互联网成瘾综合征"（简称IAD），也称为"网瘾"，即对现实生活冷漠，而对虚拟的网络游戏、情爱、信息等沉溺、痴迷。它是一种行为过程，也是行为发展的终结。沉迷于网络的人群，往往不能区分现实与虚幻，从而产生心理上的错位，对学业、工作、家庭及人际关系产生巨大影响。

二、网络综合征的表现

网络综合征患者时常出现焦虑、忧郁、人际关系淡漠、烦躁不安等现象。他们每次上网的时间都超过原来的计划，整夜游荡在虚幻的环境中，一到白天学习、工作时则昏昏沉沉，对现实生活毫无兴趣，不上网就会心慌、心跳加速、手发冷、烦躁不安，更有甚者不上网时手指会不停地抖动，严重时全身打寒战、痉挛，学习、工作、生活能力明显下降。网络综合征患者最主要的表现为：由于过度使用互联网而导致个体的社会、心理功能明显损害。

心理学家杨格提出诊断网络综合征的十条标准。

（1）下网后总念念不忘网事。

（2）总嫌上网的时间太少而不满足。

（3）无法控制上网时间。

（4）一旦减少上网时间就感到焦躁不安。

（5）上网就能消散种种不愉快。

（6）认为上网比上学做功课更重要。

（7）为上网宁愿失去更重要的人际交往和工作。

（8）不惜支付巨额上网费。

（9）对亲友掩盖频频上网的行为。

（10）下网后有疏离、失落感。

在上述十种症状中，如果符合四种以上标准，便可以判断为"网络综合征"。

三、网络综合征的危害

（一）影响生理健康

研究显示，人较长时间处在计算机辐射的环境中而且没有采取任何防护措施时，容易出现中枢神经失调现象；人在长期操作计算机过程中注意力高度集中，会让生理、心理都不堪重负，进而出现失眠多梦、神经衰弱、头部酸胀、机体免疫力下降等病症，甚至诱发精神方面的疾病；人较长时间使用计算机时，一般都保持着固定的姿势，较长时间盯着屏幕，会出现腰酸背痛、头昏脑涨、眼睛干涩、视力下降等症状。

（二）影响心理健康

研究表明，网络综合征患者平时因为缺乏自信而通过上网来逃离现实，因而他们中的大多数人内向、孤僻、敏感、抑郁，缺乏社会交往。心理学家发现，过多地使用互联网会使人产生心理上的孤独及抑郁。南京师范大学教育科学研究所丁教授经过研究后认为，过分地将互联网作为一种交际方式容易让人产生自闭心理，对于健康心理的养成有百害而无一利。用低质量的网络人际关系取代高质量的现实人际关系，不利于人的社会交往和自身发展，不利于自身的独立和心理的成熟。

（三）浪费社会资源，影响社会发展

调查显示，在网络依赖群体中，大学生和机关企事业职员占比近50%。中国网民中，

学生群体占比仍然处于高位。从中可以看出，对网络深度依赖的人群中有很多都是青年人，其中不乏大学生。大学生是祖国的栋梁之材，是祖国的未来，是要为祖国的建设贡献力量的人，一旦患上网络综合征，就会将青春年华浪费在网络上。网络是一个丰富的信息场，给用户提供大量不需要思考的信息。长期的网络生活，会让学生产生强烈的依赖感并产生惰性，从而丧失了思考问题的习惯和能力，失去社会进步所需的创造力。

不敢正视现实而沉迷网络

王某重点大学毕业后没考上研究生，男朋友又离她而去，遭受双重打击的她将全部的情感转移到网络中。整天把门一关，就在家上网。父母想让她换个环境，到亲戚家去待一段时间，戒掉网瘾。结果到了亲戚家之后，她见亲戚家也有电脑，就又上起网来。毕业两年来，王某一直在家赋闲，也不找工作。无奈的父母将极不情愿的她带到医院心理科咨询。王某说："你们不让我上网，那我干啥？"问她未来有什么打算，她一脸的茫然，在医院待一会就急着要回家，怕有网友在线找不到她。

据医生介绍，这种不自主的强迫性现象被称为网络综合征，就是在网上持续操作的时间过长，且随着乐趣的不断增强而欲罢不能、难以自控，有关网络上的情景反复出现脑际，从而漠视了现实生活的存在。

据了解，一个人若长时间上网，大脑中的某种化学物质水平就会提高，这种化学物质会令人体呈现短时间的高度兴奋，进而沉溺于网络中的虚拟世界不可自拔，但之后会产生较强的颓废感和沮丧感。如此时间一长，人体就会产生一系列复杂的生理变化，甚至可能导致死亡。

本案例中，重点大学毕业生王某，因在现实生活中受挫而逃避现实，沉迷于网络，最终患上网络综合征。这名学生不清楚网络综合征对人体的危害，结局可悲可叹。这个案例警示我们，学生应树立正确的网络意识，充分认识网络综合征的巨大危害，从虚无缥缈的网络世界回归到现实世界，造福社会。

四、网络综合征的防治

网络综合征在本质上是一种因对网络强烈依赖而产生的病症。对这种病症的防治，自我调控是治疗的根本，同时也可以寻求心理咨询师或他人的帮助。

（一）网络综合征的预防

学生预防网络综合征主要应做到以下几点。

（1）控制上网频率，以每周一次或两次为宜。

（2）控制每次上网的时间，尽量不超过 2 小时，尤其是在夜晚。

（3）明确每次上网的内容，有选择性地浏览自己所需要的内容。

（4）让家长或朋友严格监督上网时间和上网内容。

（5）注意健康饮食，多吃胡萝卜、鸡蛋、瘦肉、动物肝脏等富含维生素 A 和蛋白质的食物，并适当喝些绿茶。

（二）网络综合征的矫治

1. 心理教育和心理咨询

现在，网络综合征越来越受到人们的重视，针对网络综合征的心理教育和心理咨询产生逐渐发展起来。当发现自己或身边的人有网络综合征的病症且无法调控时，应该主动寻求心理咨询和心理治疗。

现在大多数高校都成立了心理咨询中心，建立了心理教育网站，各院系都建立了心理咨询辅导站，在网上网下提供各种热线服务，包括心理学知识介绍、网络心理疗法、心理测试、心理咨询等，为患上网络综合征的学生提供合理的心理宣泄场所。此外，有些高校还设置心理热线，由心理学专业教师在线为患者答疑解惑、进行心理辅导，患者可以通过网络与指导教师交流，从而获取帮助。

因此，学生一旦发现自己患上网络综合征，应当积极通过上述方式寻求帮助。网络交流具有隐蔽性，患者可以没有那么多的心理顾忌，大胆、真诚地说出自己的疾病或问题，从而获得最大的帮助。

2. 进行自我警示，充实日常生活

患上网络综合征的学生，一方面，可以采用具体的办法进行自我警示。例如，通过列卡片的方式，将网络成瘾导致的主要问题和摆脱网络成瘾带来的好处列在卡片上，随身携带卡片，时刻约束自己、警示自己。另一方面，要充实自己的日常生活。因为生活的单调是患上网络综合征的主要原因之一，大部分患者初期认为不上网也没有什么事情可做，不如就上网打发一下时间。当现实生活不能满足心理需要时，学生就会转向充满新奇的网络寻求刺激。因此，要治疗网络综合征，就需要安排充实的日常生活，如果每天的时间表都被其他事情占满，患者就会慢慢转移对网络的关注，从而慢慢减轻对网络的依赖。

3. 多做户外运动，融入社会生活

调查显示，爱好体育运动的人普遍对网络没有依赖感，而对网络感兴趣的人也往往不太喜欢体育运动。事实上，户外运动是有别于户内运动的一种运动方式，它可以使身体本身与人的心情相互协调，促使身心和谐统一。户外运动不仅可以休闲娱乐，同时还可以消除学习、工作中的烦恼，拓展交际，增进情感交流。通过户外运动，网络综合征患者可暂时避开网络的不良刺激，把注意力转移到户外运动中去，减轻不良情绪及网瘾对自己的刺激，减少心理创伤。

4. 寻求家人和同学的帮助

患上网络综合征的学生，其自制力相对较弱。因此，学生一旦患上网络综合征，可以积极地向家人、同学寻求帮助。首先，患者可以请求家人和同学在帮助的过程中尽量减少责备，请求他们尽可能与自己就网络成瘾的原因进行探讨交流，多倾听、理解自己的感受，与自己外出度假，共同参与各类活动或帮助自己培养新的兴趣爱好等。其次，患者可以请求家人和同学帮助自己制订具体的行为契约和计划，督促自己，并适时地给予鼓励。

典型案例

终于摆脱了网瘾

张小英是某大学的一年级新生，由于性格内向，平时除了宿舍的几个舍友外，几乎没有和班上的其他人交往。久而久之，张小英感到越来越孤独。与此同时，由于身边出现了更多比自己优秀的人，张小英产生了较强的挫败感。在这种情况下，她开始迷恋网络小说，对于言情小说、武侠小说、玄幻穿越小说等多种类型的小说，都看得津津有味。沉溺于网络小说之后，张小英的视力不断下降，功课成绩也一落千丈。张小英虽然意识到了过度沉溺网络的危害，但却无法抑制自己的行为。

对此，张小英向舍友寻求帮助。舍友引导她有目的地浏览网上的时事新闻、文学名著，让小英明白网络是用来开阔视野、增长见识的。同时，舍友还教张小英如何与他人交往，鼓励她积极进行人际交往。此外，舍友还在课后带她去参加班上其他同学的生日聚会，带她参加下棋、游泳、打羽毛球等。最后，在舍友的齐心帮助下，张小英终于养成了良好的上网习惯，成功摆脱了网瘾，学习和生活也都步入正轨。

案例点评

> 网络综合征是一种心理疾病，一定要积极治疗。发现自己患上此病后，应像张小英一样积极寻求朋友、家人或其他途径的帮助，尽快走出困境，走进生活与学习的正轨。

第三节　严防计算机病毒和网络诈骗

随着互联网的高速发展和广泛使用，网络犯罪逐渐猖獗，对网络安全造成严重威胁。网络犯罪是指行为人运用计算机技术，借助于网络对其系统或信息进行攻击，破坏或利用网络进行其他犯罪的总称。它具有智能性、隐蔽性、复杂性、跨国性、匿名性、发展迅速、涉及面广、探秘动机居多、社会危害性大等特点。

在网络犯罪中，借助于网络对其系统或信息进行攻击的主要表现有袭击网站、在线传播计算机病毒等。破坏或利用网络进行其他犯罪的主要表现包括：电子讹诈；网上走私；网上非法交易；电子色情服务、虚假广告；网上洗钱；网上诈骗；电子盗窃；网上毁损商誉；在线侮辱、毁谤；网上侵犯商业秘密；网上组织邪教组织；在线间谍；网上刺探、提供国家秘密。

在大学生活中，学生常遭受计算机病毒和网络诈骗的侵害，下面将着重介计算机病毒和网络诈骗的预防和应对。

一、预防和应对计算机病毒

（一）计算机病毒的类型、特点和危害

计算机病毒是编制者在计算机程序中插入的破坏计算机功能或者数据的代码，是能影响计算机使用，能自我复制的一组计算机指令或者程序代码。其类型、特点和危害如下。

1. 计算机病毒的类型

计算机病毒种类繁多，比较常见的有：

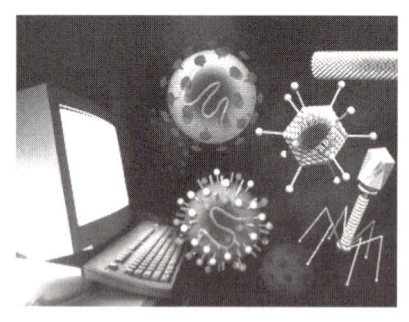

（1）引导型病毒。引导型病毒是指藏匿在硬盘引导区中的计算机病毒。在每次开机时，该病毒都比操作系统快一步运行，这样它就可以获得对整台计算机的最大控制权，拥有更大的传播能力和破坏能力。

（2）文件型病毒。文件型病毒是最常见的计算机病毒类型。该病毒躲在正常的文件中，当用户使用这些文件时，它就会自动运行。

（3）复合型病毒。复合型病毒兼具引导型病毒和文件型病毒的特点，它既可以感染正常文件，也可以感染硬盘引导区。该病毒一旦发作，造成的破坏相当大。

2. 计算机病毒的特点

计算机病毒的种类虽然很多，但它们还是有很多共性的：

（1）潜伏性。计算机系统被感染上计算机病毒后，并不马上发作，计算机病毒可以

在几周或几个月之内潜伏，继续进行传播而不会被发现。

（2）激发性。计算机病毒并不是什么时候都发作，只有当外界条件满足发作的条件时，计算机病毒才开始破坏活动。例如，"愚人节"病毒的发作条件是愚人节，即每年4月1日。

（3）传播性。计算机病毒可迅速地在计算机之间通过U盘、硬盘，甚至光盘进行传播；还可通过网络在计算机之间进行传播。

（4）破坏性。计算机病毒在发作时会使计算机系统的运行出现各种问题。

3．计算机病毒的危害

计算机病毒主要有以下两方面的危害。

（1）针对计算机的危害：会导致用户计算机运行不稳定，破坏正常的文件，让系统速度变慢，自动打开恶意网页等，严重的可能让系统无法启动，甚至破坏计算机硬件，如硬盘分区表、BIOS数据等。

（2）盗取用户个人隐私。例如，计算机病毒传播者可通过Internet盗取QQ账号和密码、游戏账号和密码等，还可通过Internet控制用户计算机，包括删除、提取用户计算机上的文件，监控用户在计算机上的所有操作等。

知识链接

勒索病毒

勒索病毒是一种新型计算机病毒，主要以邮件、程序木马、网页挂马的形式进行传播。该病毒性质恶劣、危害极大，一旦感染将给用户带来无法估量的损失。该病毒利用各种加密算法对文件进行加密，被感染者一般无法解密，必须拿到解密的私钥才有可能破解。

2017年5月12日，全球99个国家和地区发生超过7.5万起计算机病毒攻击事件，罪魁祸首是一个名为"想哭"（WannaCry）的勒索病毒。中招计算机将会被黑客远程锁定，如果想要找回重要资料，则需向黑客缴纳高额比特币赎金。此次事件中，俄罗斯、英国、中国、乌克兰等国"中招"，其中英国医疗系统陷入瘫痪，大量病人无法就医。中国的校园网也未能幸免，部分高校计算机被感染，学生毕业论文被该病毒加密，网络世界一时间哀鸿遍野。

"想哭"病毒爆发近一个月后，不法分子又将魔爪伸向移动端，制造出了一款号称安卓版"永恒之蓝"的手机勒索病毒。该勒索病毒冒充热门游戏"王者荣耀"外挂，在手机端大规模扩散，拥有"王者荣耀"CDK生成器、"王者荣耀"美化、黑客工具宝盒等众多新变种，用户一旦中招，将会面临巨额勒索费用，如果拒不支付，一周之内相关加密文件就可能被删除。

勒索病毒的频繁爆发，让网民看到了网络世界的黑暗面，同时，也再一次敲响了网络安全警钟。近年来，我国网络飞速发展，在为居民生活带来便利的同时，也在网民身边埋下了一颗颗定时炸弹。因此，广大网民要提高警惕，强化防范意识，在手机、计算机中安装安全防护软件，以保护自身信息财产免受损失。

（二）计算机病毒的预防

防止计算机病毒侵害，最重要的还是预防，因为计算机一旦感染上病毒，即使再好的杀毒软件往往也无法彻底将病毒清除。我们可从以下几个方面预防计算机病毒的入侵。

1. 安装杀毒软件

对于经常上网的计算机，为其安装一款正版杀毒软件（使用它提供的防火墙）和个人网络防火墙是很必要的，它们能抵御许多计算机病毒的攻击和入侵。

杀毒软件的种类非常多，国外的有诺顿、卡巴斯基等，国内的有瑞星、KV3000、金山毒霸、360 杀毒软件等，其中 360 杀毒软件完全免费，用户可从网上下载并安装。

不能在同一台计算机中安装两种类型的杀毒软件，否则会导致计算机运行出现故障。

2. 安装网络防火墙

网络防火墙能阻挡计算机病毒的传播并防御黑客的攻击。常用的个人网络防火墙有天网防火墙、瑞星防火墙和 360 安全卫士等。其中，360 安全卫士是一款免费的网络防火墙，用户可从网上下载并安装。在 IE 的地址栏中输入 www.360.cn，在打开的网页中找到"360 安全卫士"，单击"下载"按钮即可开始下载。安装完毕后，在任务栏右侧会出现一个 360 安全卫士图标，表示网络防火墙已自动启动。

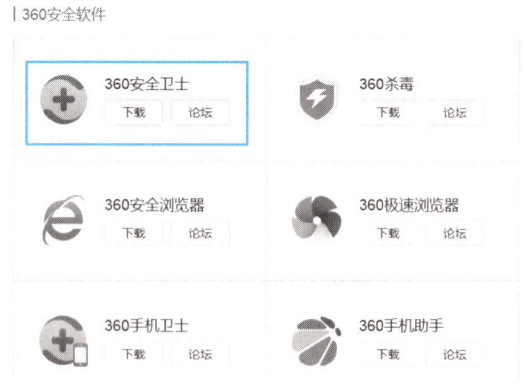

下载 360 安全卫士

3. 安装系统补丁

计算机病毒之所以能够入侵计算机，大多数是因为操作系统的漏洞造成的，用户可利用 360 安全卫士的修复漏洞功能（其他防火墙或杀毒软件也有类似的功能）来修复这些漏洞。双击任务栏右侧的 360 安全卫士图标可打开其操作界面。

360 安全卫士具有自动修复漏洞功能，当任务栏右侧出现修复系统漏洞的提示时，单击"立即修复"或"一键修复"按钮即可。

4. 养成良好的上网习惯

做好上面几件事后，便可以阻挡绝大多数计算机病毒的入侵。但这还不能保证万无一失，平常还需要养成良好的上网习惯。

（1）不要打开来历不明的邮件附件，因为附件中可能包含计算机病毒。

（2）使用 QQ、MSN 等软件聊天时，不要轻易接收来历不明的文件，因为这些文件中可能包含计算机病毒；也不要轻易单击对方从聊天窗口发过来的网页链接信息，因为这些网页链接可能包含病毒代码。

（3）不要访问一些低级粗俗的网站，这些网站的网页中大多都包含恶意代码，访问这些网络时，计算机病毒会通过网页入侵用户的计算机。

（4）不要下载一些来历不明的软件并安装。许多下载网站并不正规，它们提供的软件便可能包含计算机病毒。我们可以到一些大型的软件下载网站下载软件，如华军软件园（www.newhua.com）、驱动之家（www.mydrivers.com）等。

（5）不要下载来历不明的文件，因为文件中可能包含计算机病毒。

（三）计算机病毒的排除

当计算机感染上病毒后，最方便的清除方法是用杀毒软件查杀。下面介绍使用 360 杀毒软件查杀病毒的方法。

（1）双击任务栏右侧的 360 杀毒软件图标，打开其操作界面，然后单击界面右上角的"设置"选项，打开"设置"对话框。

打开 360 杀毒软件

（2）单击"设置"对话框左侧的"病毒扫描设置"按钮，然后对右侧相关选项进行设置，这里我们选择"扫描所有文件""自动清除"单选按钮，以及"扫描 Rootkit 病毒"复选按钮，其他选项保持默认设置，单击"确定"按钮。

病毒扫描设置

（3）回到 360 杀毒软件主操作界面，单击"全盘扫描"按钮，即可对计算机中所有文件进行扫描，并自动清除计算机病毒。用户也可单击"指定位置扫描"按钮，在打开的对话框中选择需要扫描的磁盘或文件夹。

多数情况下，使用杀毒软件并不能将计算机病毒清除干净，因为杀毒软件有时也会被计算机病毒感染。在查杀病毒后，如果计算机运行依然不稳定，可重装操作系统，然后再利用杀毒软件杀毒，这是最彻底地清除计算机病毒的办法。

二、预防和应对网络诈骗

（一）网络诈骗的常用手法

1. 冒充亲友诈骗

冒充亲友诈骗是指诈骗分子通过欺骗或黑客手段获取受害人亲友的 QQ 号码和密码等网上联络方式，然后冒充受害人亲友向其借钱，有的甚至将受害人亲友的视频聊天录像播放给受害人观看，以达到取信受害人的目的。

谨防冒充好友诈骗

2017年4月24日,常山县张某在公司办公室加班时收到客户汪某的QQ信息,对方称在外地碰到一点事情,在收货时少带了几万元货款,想叫张某借五万元以解燃眉之急。正在张某心中疑惑时,对方主动要求进行视频,在通过视频确认为"汪某"后,张某按"汪某"提供的银行账号给对方汇了五万元。钱寄出去后,以为帮朋友解了燃眉之急的张某立刻打电话给汪某本人,可汪某称自己并没有什么困难,更没向他借钱,张某此时才发现上当受骗。

案例点评

> 在遇到类似情况特别是要求汇款等涉及财物问题时,一定要用电话或其他方式联系对方,务必谨慎辨认对方身份或在聊天时设置一些问题以辨别对方身份。如确认为诈骗,应在第一时间通知其他好友,防止被骗。

2. 虚假中奖诈骗

虚假中奖诈骗是指诈骗分子通过电子邮件、QQ、论坛短信、网络游戏等方式发送中奖信息,如网页上弹出的广告告知"恭喜你获得一等奖,奖金数额为××万元,请及时联系领取奖金,领奖前需先交个人所得税××元且不能在奖金中抵扣",致使一些不明真相的群众因欠考虑而上当受骗。

此外,不法分子也在玩弄预测彩票中奖号码的把戏,通过开设彩票预测网站,以有内幕消息、权威预测等为名,大肆吹嘘其历史预测成绩,诱骗网民汇款加入成为会员,然后宣称只要你支付××元钱,就可以获得开奖号码,但支付后,又提示再支付××元才能见到具体号码,以此欺骗消费者。

谨防中奖陷阱

某日,舟山市的翁某收到一条中奖信息,称其已被《非常6+1》栏目组抽中惊喜奖,可登录 http://299tv3.com 填表领取奖品。翁某登录网站后按上面提供的客服电话(01051293185)进行询问,被告知中了68 000元现金及一台三星Q40笔记本电脑,若要领取奖品,需先支付2 300元费用(包括包装费和EMS速递费200元,2 100元太平洋保险抵押金)和6 800元个人所得税,随后翁某将钱汇入对方银行卡内,后发现被骗,损失人民币9 100元。

案例点评

对于一些来历不明的中奖提示，不管内容有多么逼真诱人，千万不能相信，更不要按照所谓的咨询电话或网页进行查证，否则将一步步陷入骗局之中。

3. 网络交友诈骗

网络交友诈骗是指诈骗分子通过网络交友媒介，以假名与受害人进行联络。在骗取对方信任后，选择时机提出借钱周转、合作经营、急救医疗等各种理由，骗取钱财后便消失无踪。

典型案例

女生的网恋，原来是一场精心的骗局

小丽是某高职院校大二的学生，她在网上邂逅了一场浪漫的爱情，对方自称是某重点大学的学生。每晚都会收到对方的贴心问候，小丽感到很甜蜜。两人见面后，小丽发现对方根本不是和自己年龄相仿的学生，而是一位中年男士，她感觉到自己上当被骗了。小丽本想就此作罢，不再和这位男士来往，但是最后还是在对方小恩小惠和甜言蜜语的攻势下，与他继续保持了联系，甚至相信了对方不告诉她年龄是因为太爱她的鬼话。在交往中，小丽一直很庆幸对方是单身，当然这也是那位男士告诉小丽的。小丽一直憧憬着有一天嫁给这位男士，梦中都是婚礼的场面。但是有一天，小丽接到一个电话，是一个女人打来的，大骂小丽是"狐狸精"，破坏别人家庭。小丽顿时一屁股坐在床上，半天没说话。

案例点评

随着互联网的普及，有很多学生通过网络交友的途径寻找自己的另一半。但网络毕竟是虚幻的世界，而爱情却是要涉及现实的东西。小丽作为高职院校大二的学生，本来应该客观理性对待网络交友，但是她认识不到网络交友的潜在风险，认识不到网络世界的虚拟欺诈，沉溺于网络虚幻的世界中并遭到欺骗。因此，学生面对网恋的诱惑时，要保持清醒的头脑，避免成为网恋的牺牲品。

4. 电信网络诈骗

电信网络诈骗是指诈骗分子利用手机短信"群发器"发送大量虚假的信息，以"中奖""退税""投资咨询""银行账户已换""电话欠费""信用卡透支"等名义诱骗受害者实施汇款、转账等操作；或利用计算机改号软件等工具修改来电显示号码，冒用司法机关号码或电信部门电话号码，拨打家庭电话或手机，以"身份证或银行账户信息泄露，被犯罪分子所用，司法部门正在调查"为由，诱骗受害者将银行账户内资金转账到骗子账户。

典型案例

谨防电信诈骗

某日，陈某接到一个电话称"我是人民法院的，你有一张法院的传票，号码是1078"，又称"你在武汉办了一张建行卡，透支了 16 000 多元钱，事情比较严重，你最好报警，我可以帮你把电话转接到公安局"，接着电话就转接过去了。电话里一男子对陈某称"我是武汉市公安局的，我叫叶华，有人冒用你的身份证在武汉办了银行卡，我还帮你查了一下，你涉嫌洗黑钱，价值有 200 多万"，接着对方又称"你现在卡里的钱很危险，有可能会被人取走，你把卡里的钱取出来，去办一张新卡，办好卡以后把钱全部存到新卡里，然后转到我们的安全账户里"。陈某信以为真，于是办了一张新卡，先后 4 次汇入对方提供的银行账户，损失总价值 19.3 万元。

案例点评

> 遇到类似情况时，应先确认自己是否曾办理过对方所说的银行卡，有疑问应拨打官方客服电话或向政府有关单位求证，千万不要拨打对方提供的电话号码核实，因为电话另一头是骗子团伙。

5. 就业招聘诈骗

就业招聘诈骗是指诈骗分子利用学生求职心切，又缺乏社会经验的弱点，通过虚假网站发布虚假的招聘信息，并冒充用人单位或中介单位，骗取学生就业押金、中介费、岗前培训费和教材费等；或利用诈骗网站的信息注册功能，骗取个人账号，实施伪造身份证、骗取注册费、贩卖求职者信息等犯罪行为。

6. 钓鱼网站诈骗

钓鱼网站诈骗是指诈骗分子通过大量发送声称来自银行或其他知名机构的欺骗性垃圾邮件，意图引诱收信人给出敏感信息（如用户名、口令、账号 ID、ATM PIN 码、信用卡详细信息等），引诱用户中圈套。

钓鱼网站诈骗

钓鱼网站的诈骗手法主要有以下几种。

（1）发送电子邮件，以虚假信息引诱用户中圈套。诈骗分子以垃圾邮件的形式大量发送欺诈性邮件，这些邮件多以中奖、顾问、对账等内容引诱用户在邮件中填入金融账号和密码，或是以各种紧迫的理由要求收件人登录某网页提交用户名、密码、身份证号、信用卡号等信息，继而盗窃用户资金。

（2）建立假冒网上银行、网上证券网站，骗取用户账号、密码，实施盗窃。犯罪分子建立域名和网页内容都与真正网上银行系统、网上证券交易平台极为相似的网站，引诱用户输入账号密码等信息，窃取用户信息。

（3）利用虚假的电子商务进行诈骗。此类犯罪活动往往是建立电子商务网站，或是在比较知名、大型的电子商务网站上发布虚假的商品销售信息，犯罪分子在收到受害人的购物汇款后就销声匿迹；或以所谓"超低价""免税""走私货""慈善义卖"的名义出售各种产品；或以次充好，以走私货冒充行货，不法分子一般要求消费者先付部分款，再以各种理由诱骗消费者付余款或者其他各种名目的款项，得到钱款或被识破后，就立即切断与消费者的联系。

（4）利用木马和黑客技术等手段窃取用户信息后实施盗窃活动。木马制作者通过发送邮件或在网站中隐藏木马等方式大肆传播木马程序，当感染木马的用户进行网上交易时，木马程序即以键盘记录的方式获取用户账号和密码信息，并将这些信息发送给指定邮箱，此时用户账号内的资金将受到严重威胁。

"木马"是指利用计算机程序漏洞侵入后窃取文件的程序。它是一种具有隐藏性和自发性，可被用来进行恶意行为的程序，多不会直接对计算机产生危害，而是以控制为主。

（5）利用用户弱口令漏洞破解、猜测用户账号和密码。不法分子利用部分用户贪图方便设置弱口令的漏洞，对银行卡密码进行破解。

"弱口令"通常是指容易被别人猜测到或被破解工具破解的口令。

谨防网络购物诈骗

大学生胡某在某网站看到"一批全新的笔记本电脑低价处理，原价 15 000 元只卖 3 500 元，有发票和全国联保的保修卡"的广告。在跟对方联系后，对方透露该货是走私过来的，质量绝对可靠，因为急着转手，所以才卖得这么便宜，并给了胡某一个银行账号，要求先交 1 000 元订金。胡某按照对方账号汇了款，后来发现受骗。

> 本案例提示我们，在进行网上购物时要坚持使用支付宝之类的第三方交易平台，绝不可轻信价格便宜；在网上购买需要核对对方身份；注意保存购物凭据及网上聊天记录，以便在维权的过程中向商家索赔；用银行卡支付，最好使用一个专用账户，卡内不宜存放太多资金。

（二）网络诈骗的预防与应对

警方提醒广大网民，上网要做好计算机安全防范工作，及时下载更新防病毒软件，开启相关安全保护功能，不下载使用来历不明的软件，以防个人资料信息被盗取和利用。同时，要积极了解各类网络诈骗手法的特点，增强自身安全防范意识。

（1）不要轻信亲友或合作伙伴在网上发出的汇款请求，一定要以电话或其他方式进行核实。

（2）对于网上发布的中奖信息、彩票预测信息和股票投资信息，切不可相信，犯罪分子正是利用部分网民"天上掉馅饼"的侥幸心理设置圈套，实施诈骗。

（3）对于非常"热情"，联系时间很短就主动要求确立情侣关系的人，需要提高警惕，当对方以各种理由要求汇款时，应立即断绝联系。

（4）对于所谓的"银行""公安""法院"以涉嫌洗钱、信用卡透支、汽车退税等为由要求转账汇款的电话，切不可相信。

（5）对于网上发布招聘信息要求先付会员费、中介费的，不可轻信，应去正规的求职网站咨询。

（6）腾讯不会以 QQ 聊天消息、QQ 空间回帖、游戏大厅消息、聊天室消息通知用户中奖。不要轻信网络"中奖""赠送"之类的信息，切记不要向陌生账户汇款，即使在上网购物时付款，也要认真核实信息，正确判断真伪，尽量选择信誉度高的大型购物网站进行交易，尤其要选择比较安全的支付方式，如"财付通"或"支付宝"等安全有保障的正规第三方支付平台。

（7）增强自我保护意识，养成良好的安全上网习惯。交流中注意保护隐私，不在交谈、个人资料以及论坛留言中轻易泄露真实姓名、个人照片、身份证号码或家庭电话等任何能够识别身份的信息，尤其是银行账号、个人账户和密码等敏感内容。不访问包含色情等不良信息的网站（这些网页常常包含木马程序）。

（8）做好防病毒工作，开启系统或软件防火墙，避免木马入侵，使用最新的杀毒软件对系统进行全面的扫描，将恶意病毒连根拔起。同时，要记得定期修复操作系统漏洞（修复漏洞是防止网页挂马最有效的方法之一）。

知识链接

四招教你快速识别网站的合法性

如今，随着经济和科技的进步，网络的运用在我们的生活中起到了越来越重要的作用，它极大地方便了我们的生活。但与此同时，一些不法之徒也开始利用网络来从事不正当的交易，如一些骗人的中介或个人提供虚假的链接，骗人财物。因此，正确快速地识别网站的合法性非常有必要。

四招教你快速识别网络

三、自身应杜绝犯罪

随着互联网的高速发展及互联网对社会生活的深刻影响,大学生网民逐渐成为网络的重要力量,无人不网、无时不网、无处不网正在成为常态。少数大学生网民由于法律法规意识淡薄,网络道德素质不高,自律观念不强,可能会做出网络违法犯罪行为。对此,学生应增强法律意识,远离违法犯罪。

(一)网络犯罪的常见表现

1. 制作并传播计算机病毒

高校中不乏优秀的专业人才,这种优秀的专业人才本应为国家经济建设、社会发展贡献力量,但他们中少数人为了炫耀技术、获取成就感、实现所谓的自我价值而制作传输计算机病毒。还有的学生为了发泄对社会和学校的怨恨,也采取通过编写计算机病毒这种过激的手段来泄愤。例如,某大学计算机系毕业生在求职时,为了表明自己的专业技能了得,竟然将自己制作的计算机病毒感染了多少台计算机、造成多大的恐慌写进简历以证明自己的实力,希望由此来得到用人单位的赏识,结果可想而知。

2. 网上诈骗、勒索

由于网络本身具有的隐蔽性和虚拟性,在网络上敲诈勒索成为一种新的犯罪形式。现如今,部分学生想在经济上实现独立,部分学生由于超前消费、过度消费,导致经济拮据、入不敷出,于是,一些所谓的快速致富的念头会经常在他们头脑中闪现,促使他们铤而走险,利用网络实施诈骗。

3. 参与网络色情传播

学生不但是网上色情信息的浏览群体,有的还是网上制作、传播、出售色情信息者。利用网络制作、传播甚至出售色情信息是严重的违法行为,直接参与色情交易是犯罪行为,对学生的成长与发展危害非常极大,甚至可能毁掉学生的一生。

4. 攻击网站

由于法律法规意识淡漠,少数学生通过互联网对国家军事部门、政府机关和公共服务体系等要害部门的计算机信息系统进行非法攻击和破坏。这种行为的后果是扰乱社会和经济秩序,影响社会安定和政治稳定。虽然这些学生中大部分人攻击网站是出于炫耀,但事实上已经触犯了法律。

(二)预防和应对网络犯罪

网络犯罪是信息时代的一种高科技、高智能、高度复杂化的犯罪。其特点决定了对其预防应从健全法制、强化监管、加强教育等方面入手。

对网络犯罪的防范和治理是一个系统工程，不仅关系到高新技术的法律保护，更重要的是关系到学生的健康成长。因此，这项工程需要通过家庭、学校及社会的共同努力和积极参与，才能有效防范和治理网络犯罪，促进社会健康与稳定发展。

学生自身应全面地学习、了解网络信息安全有关法律法规，增强法制观念，深刻认识网络犯罪的危害，加强社会责任感，决不实施网络犯罪行为。

我国的计算机和网络法律法规

据统计，1991年以来，我国颁布实施了几十部有关计算机和网络的法律法规，涉及计算机软件保护及著作权登记、计算机信息系统安全保护、计算机信息网络国际联网管理、计算机信息系统保密、软件产品管理、金融机构计算机信息系统安全、电子邮件服务管理、新闻信息服务管理、网络域名管理、互联网上网服务营业场所管理、计算机病毒防治管理、互联网安全等诸多方面的内容。

其中，与公民个人有较直接关系的法律法规有《计算机软件保护条例》《中华人民共和国计算机信息系统安全保护条例》《中华人民共和国计算机信息网络国际联网管理规定》《中国公用计算机互联网国际联网管理规定》《计算机信息网络国际联网安全保护管理办法》《中华人民共和国计算机信息网络国际联网管理暂行规定实施办法》等。

1. 如何有效地抵御网络不良信息？
2. 网络综合征有哪些危害，如何有效地预防？
3. 常见的计算机病毒种类和网络诈骗行为有哪些？如何有效地预防和应对计算机病毒、网络诈骗？

1．中国互联网络信息中心．第51次中国互联网发展状况统计报告［J/OL］．https://cnnic.cn/n4/2023/0302/c199-10755.html.

2．谢欢．对青少年网络综合征心理成因的探讨［N］．湖南科技学院学报．

3．皮勇．网络安全法原论［M］．中国人民公安大学出版社．

4. 曲伶俐. 刑法修正案（七）及网络犯罪实务问题研究［M］. 中国人民公安大学出版社.

案例纪实

伪造传播地震谣言，制造社会恐慌

2010年2月20日至21日，关于山西一些地区要发生地震的消息通过短信、网络等渠道疯狂传播，由于听信"地震"传言，山西太原、晋中、长治、晋城、吕梁、阳泉六地几十个县市数百万群众2月20日凌晨开始走上街头"躲避地震"，山西地震局官网一度瘫痪。21日上午，山西省地震局发出公告辟谣。

山西省公安机关立即对谣言来源展开调查，后查明造谣者共5人。

35岁的打工者李某某最先将道听途说的消息编写成"你好，21号下午6点以前有六级地震，请注意"的手机短信息发送传播，被晋中市公安局榆次区分局行政拘留7日。

一名20岁的在校大学生傅某某在网上看到有关地震的帖文后，便在百度贴吧发布《要命的进来》帖文："我爸的一个朋友，国家地震观测站的，也是打电话来，说地震的概率很大！大约是90%的概率，愿大家好运！这绝对权威！"被行政拘留5日。

在太原打工的韩某某出于玩笑，以"10086"名义发送"地震局公告：今晚8时太原要地震，请大家不要传阅，做好预防工作，尽量减少人员伤亡"的信息，被行政拘留10日。

在北京打工的张某为了提高网上点击率，先后在百度贴吧等多个网络平台发布《最新山西地震消息》："山西2010年2月21日地震消息，据官方报道，山西吕梁地区死亡36人，伤亡人数正在统计中。晋中、太原、大同等地未来72小时可能发生不下30次余震，余震范围包括山西晋中、晋南地区、山东西部、河南北部，大家及时防范。"被行政拘留10日并处罚款500元。

24岁的工人朱某某为了起哄，在百度贴吧发帖称"山西太原、左权、晋中、大同、长治地震死亡100万人"。被行政拘留10日并处罚款500元。

案例分析

这件事本身就已经触犯了我国法律的相关规定。另外，2015年11月1日施行的《中华人民共和国刑法修正案（九）》在《中华人民共和国刑法》中增加了编造、故意传播虚假信息罪有关内容，即《中华人民共和国刑法》第二百九十一条之一第二款之规定：编造虚假的险情、疫情、灾情、警情，在信息网络或者其他媒体上传播，或者明知是上述虚假信息，故意在信息网络或者其他媒体上传播，严重扰乱社会秩序的，处三年以下有期徒刑、拘役或者管制；造成严重后果的，处三年以上七年以下有期徒刑。

35岁打工者李某某、在校大学生傅某某、在太原打工的韩某某、在北京打工的张某、24岁工人朱某某这五个人，出于不同的目的，造谣传谣，制造社会恐慌，危害社会，受到法律的制裁，实属罪有应得。从犯罪的情况分析，这五个人有一个明显的共同点，就是法律法规意识淡漠，甚至没有基本的法律法规观念，好玩，起哄，道听途说，添油加醋，制造谣言和社会恐慌，在不知不觉和无意识中犯下罪行，其结果可悲可叹，发人深省。

第六章 学习生活安全（一）

 学习目标

- 了解实验实习安全事故的表现及原因，有针对性地做好各项防范措施。
- 了解常见运动损伤和运动性疾病的预防处理，增强运动安全防护意识和能力。
- 了解饮食卫生安全问题，增强饮食卫生安全意识，养成良好的饮食卫生习惯。

高职教育强调实践性，实验实习是学生走向社会的必要环节。学生在校学习生活期间，需参加各种体育运动，也少不了一日三餐。因此，学生会不可避免地面临实验实习、体育运动、饮食卫生等方面的安全问题，学校必须高度重视并加强这些方面的安全教育。

第一节　实验实习安全

实践教学是巩固理论知识、提高学生动手能力的有效途径，是高职院校常用的一种教学方法，它一般通过实验（训）、企业实习来实现。近年来高职院校不断扩张，实验室规模也不断扩大，随之而来的实验安全问题就变得尤为突出和重要。

一、实验实习安全问题产生的原因

学生意外伤害事件的发生贯穿于岗位实习、交通、住宿等整个实习过程。职业院校学生实习意外伤害的现状，凸显了学生自我安全防范意识的薄弱和欠缺，以及职业院校在学生实习组织过程中存在的问题与弊端。

（一）安全设施存在问题

导致实验实习安全事故发生的安全设施方面的原因有很多，如实验场地面积不足、设计不合理、布局不规范、设备老化或缺乏有效的安全防护装置，设备使用与维护不当，劳动防护用品缺乏或使用不当，安全警示标志、消防设施及器材未配置或配置不全等。

（二）师生安全意识淡薄

在实践教学中，安全工作缺乏针对性、实效性，指导教师和学生缺乏安全知识或意识，"三违（违章、违规、违纪）"现象普遍，这些很容易直接或间接地引发安全事故。

例如，某高职院校在进行普通车床加工实训时，很多学生不按要求着装。一名学生未按工艺要求操作，将棒料伸出主轴孔尾端，旋转的棒料钩住了旁边一名学生的宽松T恤。该学生用手试图将衣服拉出，不仅未成功，双手与衣服反而缠绕在一起。负责操作的学生极度慌乱，未能立即停机，幸亏指导教师迅速按下急停按钮，该学生仅被撕脱了一块中指外皮，否则后果不堪设想。

（三）现场安全管理松懈

在实践教学中，现场安全管理松懈主要体现在以下方面。

（1）当学生不按规定的动作、操作流程操作时，指导教师不及时制止。

（2）关键设备的安全操作规程未挂在墙上。
（3）安全通道不通畅。
（4）学生穿拖鞋进实验（训）室。
（5）实验过程中，学生玩手机、聊天等。

二、实验实习安全的保障措施

为了确保实践教学安全，可从落实安全责任制、加强安全教育、建立和实施安全规章制度、加强安全检查等方面着手，构建科学合理的高职教育实践教学安全保障体系。

（一）落实安全责任制

院级、系级、实验室责任人、指导教师自上而下层层签订安全目标责任书，将责任和目标细化、量化，使安全责任得到具体落实。例如，实验员既是所在实验室的直接责任人，也是实验室安全员、设备管理员；

学生在实验中的安全责任由指导教师承担；实验室设备的维护保养与维修责任由实验员承担；顶岗实习前，学生必须与学校、实习单位签订协议，明确各方安全责任。

（二）加强安全教育

为了确保实践教学活动的正常进行，应加强安全教育，提高师生的安全素养和安全意识。

（1）加强指导教师的安全教育，尤其是刚从事实践教学的人员，具体要求如下。第一，对指导教师进行安全法规教育，提高其安全意识；第二，指导教师应掌握设备、设施的使用技术要点、安全操作规程；第三，对于特种岗位，指导教师应有相应的上岗证。

（2）加强学生的安全教育。指导教师在对学生的实践教学中，应对学生进行安全意识、安全知识、安全操作、安全技术等方面的安全教育。

（三）建立和实施安全规章制度

1. 建立安全规章制度

高职院校应建立与实践教学环节相关的安全规章制度，如《设备（工种）安全操作规程》《实验（训）室安全管理规定》《学生实验（训）守则》《顶岗实习管理办法》《实践教学安全事故应急预案》等。这些安全规章制度应悬挂在实验（训）场所的醒目位置，起到明示、警示作用。

2. 开展"反三违活动"

一方面，指导教师应遵守安全操作规程，做好表率；另一方面，在学生实验过程中，指导教师必须在场进行指导与管理，监督、检查学生的操作情况。当发现违反操作规程的行为时，应及时制止并进行教育。

3. 加强管理

（1）实验室责任人应每天巡查一遍实验室，检查安全通道（门）、消防器材、安全标识、设备安全防护装置等。若发现问题，应及时处置。

（2）实验室责任人应做好设备的使用、维护和保养工作。

（3）按规范存放、使用和回收易燃、易爆、有毒、有害物品，定期检验特种设备。

（4）实验实习过程中，严格考勤，并推行 7S（整理、整顿、清扫、清洁、素养、安全、节约）管理。

（5）学校与实习单位应构建有效的沟通协调平台和机制，确保实习学生安全。

4. 购买责任保险

为高职院校学生购买实习责任保险，可有效防范、妥善化解责任风险。根据教育部等八部门联合印发的《职业学校学生实习管理规定》（2021 年修订），职业学校和实习单位应当根据法律、行政法规，为实习学生投保实习责任保险。学生实习责任保险的费用可按照规定从职业学校学费中列支；免除学费的可从免学费补助资金中列支，不得向学生另行收取或从学生实习报酬中抵扣。职业学校与实习单位达成协议由实习单位支付学生实习责任保险投保经费的，实习单位支付的投保经费可从实习单位成本（费用）中列支。鼓励实习单位为实习学生购买意外伤害险，投保费用可从实习单位成本（费用）中列支。

（四）加强安全检查

1. 经常进行安全巡检

结合实训基地、实践教学日常管理工作进行巡回检查，着重查看安全设施、重点部位、实践教学组织实施情况。若发现问题，应及时整改。通过这种"随机式"的巡回检查，可将一些安全隐患消灭在萌芽状态。

2. 组织专项安全检查

根据上级部署、工作计划，组织开展专项安全检查，如节假日前的安全检查、年度安全工作检查与考评、顶岗实习工作检查等。对查出的不安全状态、不安全行为，应及时进行处理，并制定相应的防范措施。

3. 持续开展安全自查

师生应持续开展实践教学全过程的安全自查活动，重点检查防火防盗设施与用水用电设施、设备的安全状态及各种记录等。若发现问题，应及时进行处置或整改。

三、顶岗实习安全问题

（一）顶岗实习中的安全隐患

在企事业单位（包括校外实训基地）进行的顶岗实习环节存在以下安全隐患。

（1）学生角色转换不到位，认为自己还只是学生，接受安全培训教育的主动性不够，导致其安全知识、安全技能严重不足。

（2）学生离开校园、进入社会，思想较单纯，安全防范意识不强，警惕性不高。

（3）顶岗实习时间长，实习单位多，不利于学校监管。

（4）实习单位条件、管理水平差异大。例如，有的实习单位无法给学生提供食宿，更有甚者连劳保用品也不配备；有的实习单位对学生的岗前三级安全培训教育不到位，没有完全按正式员工进行管理。

（5）学校与实习单位沟通协调平台和机制的建立不全面或不到位，存在管理盲区。

由此可见，顶岗实习环节安全相关因素的不可控性，是易出现安全隐患和发生安全事故的主要原因。

（二）顶岗实习安全事故的预防

学生做好顶岗实习期间的安全事故预防是非常重要的，这与学生的生命和财产安全息息相关。针对顶岗实习安全事故，最基本的防范措施如下。

1. 加强安全培训和学习

不管是勤工俭学还是参加顶岗实习，在上岗之前接受有关职业道德、劳动纪律、劳动防护和生产安全的教育培训是必要的。例如，学习安全手册、安全生产知识，进车间必须穿戴好防护用品，长发必须卷入安全帽，不准穿高跟鞋和裙子上工地，不准穿背心、短裤、拖鞋上岗等。学生一定要认真学习，在思想上引起重视。

2. 严格遵守规章制度和技术操作规则

在顶岗实习过程中，要遵从学校老师和实习单位老师的指导，尤其认真学习实习单位和用人单位的各项规章制度和技术操作规程，特别是从事专业性强、有一定危险性的工作，如建筑施工、化学检验、机械加工与维护、医疗卫生等方面的工作，学生必须严格执行职业安全规范，绝不可掉以轻心、忘乎所以。

3. 合理进行顶岗实习的安排

在进行生产性顶岗实习时，首先，要尽量从减少影响安全的因素出发，做好男女生实习分组工作，宜将男女混合编组，有利于相互帮助、相互监管和督促，从而减少安全事故的发生。其次，将责任心强、工作态度端正、技术相对熟练的同学选为组长，并规定组长的职责。

4. 严格熟记生产过程中的注意事项

（1）对于生产类企业，顶岗实习学生要知晓其特殊危险区域、地点和物品；对于建筑施工企业，顶岗实习学生要注意基坑、钢筋堆场、建筑设备和高空坠物等。

（2）对于生产类企业，顶岗实习学生应严格遵照操作规程使用生产工具，不得擅自触摸带电的危险设备、设施和电路板，未经允许不得动用他人的设备和工具，防止发生机械伤害类生产安全事故。

（3）在工作现场行走时，要随时注意房顶管道、墙壁钉子、地面阴沟与地槽管网等。不准随便触动现场的阀门及按钮，以防止发生意外安全事故。

（4）严禁在工作场地嬉戏打闹、相互追逐、高声喧哗，防止发生摔伤。

在顶岗实习过程中，如果发现异常情况或发生安全事故，应及时向顶岗实习指导老师和车间师傅报告，在不了解处理程序和不懂处理办法的情况下，不得擅自处理，避免造成二次伤害。

典型案例

实习期间受伤害，三方担责

杨某是某高职院校汽车维修专业的学生。毕业前夕，他被学校安排到一家汽车服务公司实习，其日常工作就是在师傅的带领下对客户的汽车进行保养和维修。某日，杨某独自维修一辆汽车时，让该车司机配合进行挂挡、摘挡操作。在操作过程中，车突然向前滑行，杨某躲闪不及，被车撞伤，被医院诊断为左股骨粉碎性骨折和软组织损伤。杨某的家人与学校、汽车服务公司、肇事车司机进行协商，没有达成一个满意的结果，于是将三方起诉到法院，要求赔付杨某因伤产生的费用。学校认为，杨某是在汽车服务公司实习期间受伤，与学校没有关系，况且学校在实习前已经安排了安全教育课，履行了教育义务，学校无须负担任何法律责任。汽车服务公司认为杨某只是在公司实习，而不是为公司工作，在没有师傅带的情况下维修汽车，违反了公司规定，公司不追究杨某的责任已经很仁慈了，不应该再承担任何费用。肇事车司机认为，车辆维修环境不符合安全规范，是地沟和升降台之间存在的安全隐患导致了事故的发生，应由汽车服务公司承担赔偿责任。法院审结判处学校、实习单位和肇事车司机依法各承担20%、60%和20%的责任。

案例点评

　　汽车服务公司有过错。实习是学生从学校走向社会中一个不可或缺的环节，是一种直接参与到企业运营过程中的生产实习。在生产实习过程中，实习单位对实习学生负有监督管理和教育责任。因此，事故发生时，对杨某负有监督管理和教育主要职责的是汽车服务公司。该公司除了积极防范企业运营过程中可能出现的危险外，还应对实习人员履行教育、管理责任。正是由于汽车服务公司存在管理漏洞，才导致了这场事故的发生，因此应承担60%的主要责任。

　　学校有过错。杨某是学生，实习是学校专业课程的延伸，学校仍应尽到对实习生的管理教育义务。法院认定学校在该起事故中过错较小，酌定其承担20%责任。

　　肇事车司机有过错。汽车虽然是在维修，但作为司机，操纵汽车时应该高度集中精力。肇事车司机由于未尽到谨慎、注意的义务，承担20%责任。

　　根据教育部、财政部等联合印发的《职业学校学生实习管理规定》，职业学校应当会同实习单位制定学生实习工作具体管理办法和安全管理规定、实习学生安全及突发事件应急预案等制度；职业学校和实习单位应当分别选派经验丰富、综合素质好、责任心强、安全防范意识高的实习指导教师和专门人员全程指导、共同管理学生实习。因此，高职学生实习管理应该是多方共同的责任。

第二节　体育运动安全

　　体育运动是学校素质教育的一个重要组成部分，不仅能增强学生体质、锻炼意志，还能起到调节身心、提高学习效率的积极作用。但是体育运动中的不少项目具有较强的竞争性和对抗性，存在一定程度的安全隐患。对学生进行体育安全教育，是保障学生人身安全的有力措施。

一、保证运动安全的要求

（一）重视准备活动和热身活动

1. 准备活动的作用

运动前一定要先做准备活动，它的作用如下。

（1）促进中枢神经系统兴奋，使其达到适宜的兴奋程度。

（2）加强各器官的活动，使身体内部各器官进入运动适应状态。

（3）改善全身血液循环，提高组织温度，增加肌肉的力量和弹性。

(4）提高体温，使肌肉和肌腱供血充分，增加关节的活动性和肌肉的柔韧性，预防肌肉和肌腱、关节的运动创伤。

2. 热身步骤

（1）先从头部开始，然后到上肢、腰部、下肢，让每一个关节都得到活动。

（2）伸展肌肉、肌腱、韧带，增加身体柔软度。

（3）慢跑几分钟，让身体发热，提升心脏及肺部的功能，使身体进入运动状态。

（二）认真完成整理活动

人体在激烈运动之后，尽管强烈的肌肉收缩已经停止，但是内脏器官系统的活动仍处于较高水平，这时如果立即停下休息，如静坐、静卧等，则容易出现头晕、呕吐甚至休克等反常的生理现象。这不仅无法消除身体疲劳，还会造成机体伤害。因此，体育运动后一定要做放松运动，即整理活动，这有助于及时放松肌肉，尽快消除疲劳，促进体力恢复，还可以减少运动后的肌肉酸痛。

（三）规范运动着装

选择运动服时，应选择宽松、柔软、富有弹性的衣服，有利于关节自由活动。夏天应穿透气性好的运动服，以便于散热；冬天应穿保暖性好的运动服。运动时应穿大小合适、质量好的运动鞋。

参加身体冲撞比较多的运动项目（如篮球、足球等）以及危险性比较高的运动项目（如体操、轮滑等）时，应佩戴护具，保护易受伤部位。

二、常见运动性损伤的预防处理

（一）扭伤

如果运动姿势不正确，或者没有做充分的准备活动，就有可能扭伤关节。一旦扭伤，关节处会疼痛，有时还会出现红肿现象。

预防：运动前一定要做足热身运动；运动应量力而行。

处理：扭伤后应待在原地不要动，将受伤部位平放，不使其受力。剧痛缓解后，轻微扭动受伤部位，如果能动，说明只是软组织受伤；如果有剧烈疼痛且无法扭动，应立即打电话求助，并到医院进行治疗。

第六章 学习生活安全（一）

扭伤后不能搓揉。用力搓揉会使受伤部位的出血增加，炎症加剧，恢复时间延长，甚至会使原本已经不太稳固的韧带进一步受伤，加剧伤势。

（二）拉伤

拉伤是指体育运动中肌肉、韧带撕裂伤，多发生在四肢关节部位。肌肉拉伤一般会出现局部疼痛、压痛、红肿、痉挛等现象。

预防：充分做好准备活动，以提高体温、提高肌肉柔软度；运动量要合理，不要超负荷运动；完全掌握动作要领后再开始练习；剧烈运动前充分拉伸腿部韧带。

处理措施：一旦出现拉伤，应立即冷敷，绑弹性绷带；严重时，应立即送医院治疗。

冷敷时，最好用冰敷。若没有冰块，可以用冰糕、雪糕来进行冷敷。紧急情况下，还可以用凉水来冷敷。

113

(三）挫伤

挫伤是外力直接作用于人体某部位而引起的一种急性闭合性损伤。例如，运动中相互冲撞或身体碰在器械上，很容易发生局部或深层组织挫伤。挫伤部位一般会出现疼痛、红肿、组织内出血或运动功能障碍等现象。

预防： 运动前应做好充分的准备活动；运动中应注意自我保护，并注意保护他人。

处理： 伤后 24～48 小时，局部冷敷，绑弹性绷带并进行加压包扎，抬高受伤部位；严重时，应立即送医院治疗。

（四）擦伤

擦伤是指由皮肤表面被擦破出血或组织液渗出所引起的损伤。

预防： 当运动空间比较拥挤时，一定要注意练习秩序，以免发生碰撞，造成擦伤。

处理： 对于轻度擦伤，用碘伏涂抹即可，无须包扎（暴露疗法）；擦伤裂口较大时，需止血和缝合伤口，必要时应注射破伤风抗毒素，以防感染。

（五）骨折

骨折是指骨的完整性和连续性在外力作用下遭到破坏的一种损伤。常见的骨折有肱骨骨折、尺桡骨骨折、手指骨折、小腿骨折和肋骨骨折等。骨折时，患处出现肿胀、疼痛难忍，肢体失去正常功能，肌肉产生痉挛，骨折部位可见到畸形；严重的骨折伴有出血、神经损伤、发烧，乃至休克等症状。

预防： 运动前做好充分的准备活动；在激烈的对抗性运动中，应提高自我保护意识，注意保护自己。

处理： 一旦出现骨折，暂勿随意移动伤肢，应先用夹板或其他代用品固定伤肢。如果出现休克，应及时抢救；若伴有伤口出血，应同时止血，并及时送医院治疗。

（六）关节脱位

因受外力作用，关节失去正常的连接关系，这种病症称为关节脱位，又称脱臼。关节脱位分为完全性脱位和半脱位（又称错位）两种，以肩、肘关节脱位较为常见。严重的关节脱位，常伴有关节囊损伤。

预防： 做好充分的准备活动，并注意保护关节。

处理： 关节脱位后，应先进行冷敷，并减少活动，让受伤关节休息，然后送医院进行关节复位。

（七）脑震荡

脑震荡是指头部受到外力打击后，脑神经细胞和神经纤维普遍受到震荡后所引起的意识和功能的一般性障碍。脑震荡的常见原因是摔倒时头部着地、头部受到外力打击等。脑震荡的主要症状为伤后即刻发生意识丧失、呼吸表浅、脉搏缓慢、肌肉松弛、瞳孔稍放大但左右对称;清醒后,常伴有头晕、头痛、恶心或呕吐、失眠、耳鸣、记忆力减退等。

预防: 在对抗性运动中要提高自我保护意识,谨防摔倒;运动中同时注意保护他人。

处理方法: 对于脑震荡患者,应立即让其平卧,不可坐起或立起,头部冷敷,并注意保暖;若患者昏迷,可用手指掐人中、内关等穴位,或给其嗅闻氨水;然后立即送医院诊治。患者在恢复期应卧床休息,直至头痛、头晕症状消失,切忌过早参加体育运动和脑力劳动。

三、常见运动性疾病的预防处理

(一)运动性腹痛

运动性腹痛是指激烈运动引起的一时性的非疾病机能紊乱。它的特点是除腹痛外,一般不伴随其他症状;疼痛程度与运动量大小和强度成正比;当活动量小、运动强度低时,疼痛不明显;当负荷加大时,疼痛加剧。

预防: 加强医务监督,定期做各项身体检查;科学锻炼,逐渐加大运动量和运动强度;运动时注意呼吸节奏;合理安排膳食,不吃冷饮和难以消化的食物,饭后 1~2 小时才可参加剧烈运动。

处理: 出现运动性腹痛时不要惊慌,应减速慢跑,加强深呼吸,调整呼吸和运动节奏;用手按压腹痛部位,或弯腰慢跑一段距离,一般疼痛可以减轻或消失;疼痛剧烈者,按上述方法未缓解时,应及时去医院治疗。

(二)运动性小腿抽筋

人们常见的运动性小腿抽筋其实是小腿肌肉痉挛,表现为小腿肌肉突然变得很硬,疼痛难忍,可持续几秒到数十秒钟之久,常见原因有寒冷刺激、肌肉连续收缩过快、出汗过多、疲劳过度、缺钙等。

预防：剧烈运动前做好准备运动、热身运动；膳食应选用含钙量高且富含营养的新鲜食品，如奶类等；注意驱寒保暖，注意睡眠姿势，不让局部肌肉受寒。

处理：小腿抽筋时，可平躺在地上，用异侧手抓住前脚掌，伸直膝关节用力拉；也可平坐或仰卧，伸直膝关节，同伴用双手握其足部抵于腹，痉挛者躯干前倾适度用力，同伴用手促其脚背缓慢地背伸，同时推、揉、捏小腿肌肉，可缓解痉挛。

（三）运动性肌肉酸痛

运动性肌肉酸痛是由于运动过程中人体会产生大量的乳酸，当运动产生的乳酸量大于人体自身消耗的乳酸量时，乳酸就会阻碍血液流通，导致人体出现肌肉酸痛现象。运动时小腿肌肉酸痛属于正常生理现象。

预防：应合理安排锻炼；做好锻炼前准备活动以及锻炼后整理活动。

处理：出现运动性肌肉酸痛后，可进行有氧运动，有利于体内乳酸的自动分解，并产生能量，从而减少体内乳酸的堆积，可消除或缓解运动性肌肉酸痛；出现运动性肌肉酸痛后，也可进行有效的拉伸，加速肌肉放松，有助于紧张肌肉的恢复；锻炼后用温热水泡洗可减轻肌肉酸痛；局部涂擦油剂、糊剂或按摩擦剂，也可减轻疼痛。

（四）运动性中暑

运动性中暑是由高温环境引起的，以体温调节中枢功能障碍、汗腺功能衰竭、水和电解质丢失过多为特点的疾病。人在高温、高湿和通风不良环境中进行运动时，容易发生运动性中暑。

预防：不在烈日下运动；穿浅色、散热效果好的运动服；保证充足的睡眠；养成运动前和运动中补水的习惯；运动后，应适量增加氯化钠的摄入，可以喝一些含盐饮料。

处理：立即将中暑者转移到阴凉处，并给中暑者喝凉盐水、含盐饮料或藿香正气水，患者一般可以较快恢复；尽快开始物理降温，如用凉水、酒、酒精擦拭中暑者身体，或在头部、腋窝、腹股沟放置冰袋，降低中暑者的体温；对于急重中暑者，应保持其呼吸道畅通，并及时送往医院救治。

(五)运动性晕厥

运动性晕厥是指在运动中,由于大量血液分布于下肢等原因引起的一时性脑供血不足或脑血管痉挛所致的短暂意识丧失状态。运动性晕厥发病原因较多,大多与身体健康水平低、训练前饥饿、疲劳等有关。因此,不要在饥饿、疲劳状态下参加体育运动。

预防: 平时坚持锻炼身体,增强体质,提高心脏功能和血管运动机能水平;蹲久后应慢慢站起,当有晕厥的前驱征象时,应立即俯身低头,以免晕倒;避免在夏季高温、高湿或无风天气条件下,进行长时间的训练和比赛。

处理: 将晕厥者置于仰卧位,或抬高下肢,以增加脑血流量;解开紧身衣服,松开衣扣、腰带。头转向一侧,以免舌后坠堵塞气道;冷湿敷面部和颈部。在进行上述急救的同时,拨打急救电话,尽快将晕厥者送医院救治。

(六)运动性猝死

运动性猝死是指参加运动者在运动过程中或运动后即刻出现症状,6小时内发生的非创伤性死亡。猝死发作前心绞痛会突然加剧,表现为面色灰白、大汗淋漓、血压下降。有的还会出现原来没有的症状,如强烈的疲乏感、心悸、呼吸困难、精神状态突变等。

预防: 患有心脏病或运动禁忌证(即患有不宜参加运动的疾病)者,应将自己的情况告知学校和体育老师;禁止带病参加运动;控制好运动强度;进行长距离赛跑时,应有医务人员在场,并准备必要的急救设备。

处理: 当患者出现猝死症状时,应立即进行抢救,否则患者将很快(4~6分钟)进入不可逆的生物学死亡。

四、常见体育项目的运动安全防护

（一）篮球运动

在篮球运动中，跳起抢球、落地失误（踩在别人脚上或被踩）、急停、急转等很容易导致运动者受伤。

常见损伤： 脚踝扭伤、手指挫伤、肌肉拉伤、脚肿疼痛、膝盖损伤等。

预防： 做好充分的准备活动；穿合适的运动服装、鞋子；为易伤部位穿戴护具，如护膝、护踝、护肘等；当身体感觉非常疲劳时，应停下来休息一会，或结束运动。

（二）足球运动

足球运动对抗激烈，有时需要在高速状态下完成动作，很容易受伤。

常见损伤： 擦伤、破皮、开裂、踢挫伤、膝或踝关节扭伤、韧带撕裂或拉断、肌肉拉伤、关节脱位、膝关节半月板损伤，以及足底、足趾起泡等。

预防： 足球运动的预防措施与篮球运动相同。

（三）跑步运动

跑步锻炼是人们最常采用的一种身体锻炼方式，这主要是因为跑步技术要求简单，无需特殊的场地、服装或器械。

常见损伤： 擦伤、骨折、重力性休克等。

> 重力性休克是疾跑后突然停止而引起的晕厥，常发生在短跑、中跑等径赛运动员身上。

预防： 做好充分的准备活动；穿合适的运动服装、鞋子；跑步时避免发生冲撞；急跑后不要立即停下来，应慢跑一会，待心率恢复到正常水平后再停下来。

（四）游泳运动

虽然游泳不是高风险运动，但很多人都会面临身体各部位受伤的问题。

常见损伤： 下肢（脚踝、膝盖、小腿肌肉）抽筋，官能损伤，肩关节劳损，脚部划破出血等。

预防： 太饱、太饿或过度疲劳时，不要游泳；做好暖身运动；先给四肢撩些水，再跳入水中；游泳时如果胸痛，可用力压胸口，等稍好时再上岸；如果腹部疼痛，应上岸，然后喝一些热饮料或热汤，以保持身体温暖。

第六章 学习生活安全（一）

解决技巧： 手指抽筋时，可将手握拳，然后用力张开，反复做多次，直到抽筋消除；小腿或脚趾抽筋时，可用一只手握住抽筋肢体的脚趾，并用力向身体方向拉，同时用另一只手的手掌压在抽筋肢体的膝盖上，帮助抽筋腿伸直；大腿抽筋时，同样也可采用上述拉长抽筋肌肉的方法。

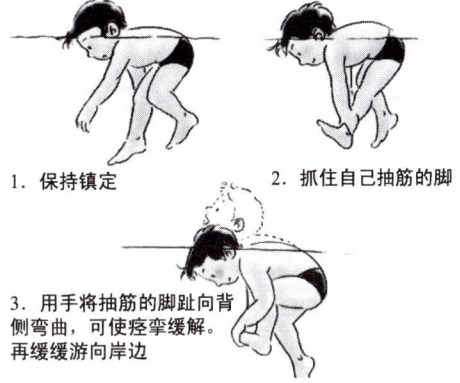

1. 保持镇定
2. 抓住自己抽筋的脚
3. 用手将抽筋的脚趾向背侧弯曲，可使痉挛缓解。再缓缓游向岸边

典型案例

某高职院校举办秋季运动会，铅球将同学砸成重伤

某高职院校举办秋季运动会，有40多名同学在铅球赛场周围观看，并呐喊助威。突然，一位选手因投掷动作和姿势不正确，将7.26公斤重的铅球投偏了方向，铅球飞出投掷区，砸中了小王的头部。小王当场昏迷倒地，眼睛翻白，不省人事，该校迅速将他送往医院抢救。所幸抢救及时，小王脱离了生命危险。

案例点评

> 从学生被铅球砸伤这一事故看，学校运动会组织者对投掷铅球运动的安全区设置过小。学校在组织运动会时，应该将学生安排在绝对安全区域内观看比赛，而不是仅站在投掷区之外。在安全区沿线，还应派人警戒，以免有学生不注意而进入危险区域。如果有条件，应在投掷区设置防护网。学生在观看投掷类比赛时，应注意投掷物的运动方向，一旦发现方向偏离正常范围，应迅速躲避。

第三节 饮食卫生安全

健康的身体是保证学生正常学习和生活的前提。确保饮食安全，预防食物中毒，除了要求有关部门加强管理、学生食堂等餐饮单位严格遵守食品卫生防疫制度外，学生也应掌握一些饮食安全常识。

一、饮食卫生安全的保障措施

（一）规范学生食堂卫生管理

学生食堂是学生用餐的最主要场所，因此，规范学生食堂卫生管理显得尤为重要。

（1）结合学生食堂自身情况，制订切实可行的岗位卫生责任制、检查考核制度和奖惩制度等。

（2）根据学生食堂经营管理模式，突出抓好对已承包、承租学生食堂的管理，明确双方责任，突出校方的食品卫生管理权。

（3）明确限定承包、承租方主要食品原料的购买、运输、储存卫生和从业人员的基本素质要求等，以达到控制饮食安全关键环节的目的。

（4）抓好易引发食物中毒的关键卫生环节。例如，原料应卫生、新鲜；所用工具、用具、容器等定点存放，并对其进行清洗消毒；对于凉、卤菜，应自制，不得外购；对于隔餐熟食，必须充分加热，不得使用变质的剩饭菜；对于公用餐具，在使用前必须对其进行清洗消毒，并采取保洁措施。

（二）综合整治校园周边餐饮

卫生监督机构应加大对校园周边地区食品摊、店的巡回监督检查，重点检查食品原料、餐具消毒、加工场所卫生及从业人员健康检查等环节，配合公安、工商和城管等部门对流动摊点进行不定期执法检查，坚决取缔无证户。当地街道、城管、食品药品监督管理部门统一规划校园周边地区食品摊点，并配备专职管理人员。校园内设摊、店或破墙开店的学校，要明确与店（摊）方的职责、义务，主动配合卫生监督机构做好食品卫生管理工作。

（三）强化学生网络订餐安全意识

高职院校周围往往寄生着大量黑作坊，其中不乏长期扎根的家庭作坊。每位学生消费者应主动向网络平台和食品药品监督管理部门的追责平台举报食品安全问题，提供食品质量信息、商家信息等重要线索，便于平台强化管理，也便于食品药品监督管理部门及时发现问题，指导整改。

（四）培养学生良好的饮食卫生习惯

高职院校应充分利用各种传统媒体和新媒体对学生进行食品卫生知识宣传，组织学生代表定期对学生食堂进行检查、测评。学生应认识到，食物中毒并不都是由食物变质引起的，食物污染和不卫生的饮食习惯都可成为食物中毒的隐患，学生应养成良好的饮食卫生习惯。

二、预防食物中毒

（一）食物中毒的特点

食物中毒是指摄取含有大量有毒的致病菌、毒素或化学物质的食物而发生身体不适的症状，通常以消化系统或神经系统障碍为主，常见症状为头晕、呕吐、腹痛、腹泻、发烧等。食物中毒的主要特点如下。

（1）潜伏期短，发病迅速，中毒人数会发生激增，发病曲线呈现突然上升又迅速下降趋势。

（2）中毒病人有相似的临床表现，并有急性胃肠炎症状。

（3）中毒病人在相近时间内食用过相同食物，发病范围局限在食用相同食物的人群，发病与食物有明显关系，一旦停止食用这种食物，发病立即停止。

（4）食物中毒一般不具有传染性，不会传染给健康人。

（二）食物中毒的类型

1. 细菌性食物中毒

细菌性食物中毒是指人们摄入含有细菌或细菌毒素的食品而引起的食物中毒。据统计，细菌性食物中毒占食物中毒总数的50%左右。食物被细菌污染是引起细菌性食物中毒的主要原因。如果食物储存不当或储存温度太高，会致使细菌大量繁殖，引发细菌性食物中毒。

2. 植物性食物中毒

植物性食物中毒是指因误食植物的有毒花草、果实、种子而引起的食物中毒。例如，误食毒蘑菇、发芽的马铃薯、菜豆、苦杏仁、毒芹、蓖麻子等引起的中毒，都属于植物性食物中毒。此类中毒多数没有特效疗法，对于一些可能引起死亡的严重中毒，最好的办法就是预防。

3. 动物性食物中毒

动物性食物中毒是指误食有毒动物及其组织或食用因加工、烹调不当而未去除有毒成分的动物食品所引起的食物中毒。例如，食用河豚、死螃蟹、死鳝鱼等含有有毒成分的动物性食品，都会导致食物中毒。动物性食物中毒一般起病比较急，患者在食用后几分钟到十几分钟内就会头晕、舌麻、恶心、呕吐、胸闷、腹痛，甚至昏迷或死亡。

4. 化学性食物中毒

化学性食物中毒是指因食用被有毒化学物质污染的食物或饮用水而引起的食物中毒，如农药、油脂酸败引起的食物中毒等。此类食物中毒发病快，发病率和死亡率都比较高，从患者的呕吐物、血、尿、剩余食物等样品中可测出有关化学毒物。

5. 真菌性食物中毒

真菌性食物中毒是指由于食用了霉变食物而引起的食物中毒。例如，发霉的花生、玉米、糕点、馒头等都会引发真菌性食物中毒。食物一旦被真菌污染，蒸、煮、炒等一般的烹调方法都不足以破坏食物中的真菌毒素，因此食物被真菌污染后均不能食用。

（三）食物中毒的救护

1. 催吐

食物中毒后，应先大量饮水，然后用手指、压舌板或筷子刺激中毒者的舌根或咽后壁，促使其呕吐，吐出有毒食物。

2. 导泻

如果中毒者食入有毒食物时间较长，已超过2～3小时，且精神状态较好，则可适量服用泻药，促使其将有毒食物排出体外。

3. 解毒

如果是由食用变质的鱼、虾、蟹等引起的食物中毒，可取 100 毫升食醋，然后加入 200 毫升水，搅拌均匀后一次服下。如果误食了变质饮料或防腐剂，最好的急救方法是口服大量鲜牛奶或其他含蛋白的饮料。

对于经上述措施急救症状仍未好转者或中毒较重者，应尽快将其送医院治疗。在治疗过程中，应注意照顾好中毒者，尽量使其安静，避免精神紧张，防止受凉，同时补充足量的淡盐水。

1. 学生在校外实习期间，应注意哪些安全事项？
2. 如何确保运动安全？
3. 发生食物中毒时，可采取哪些急救措施？

1. 肖力. 浅析车工实习教学中的安全教育 [J]. 科技创新与生产力.
2. 顾正彬. 饮食卫生安全七注意 [J]. 农家科技.
3. 卢标. 体育运动与安全防护 [M]. 中国地质大学出版社.

第六章　学习生活安全（一）

 案例纪实

南京江宁 13 名大学生食物中毒

某年 8 月，南京江宁区某学院 13 名暑假留校在外打工的大学生，在学生食堂吃了一道肉类凉菜后，次日凌晨开始出现腹痛、腹泻症状，后来越来越严重，不得不报警。110 民警立即赶到学校，并将他们送到江宁区人民医院治疗。事后经过调查发现，这 13 名学生是吃了学生食堂的不卫生肉类凉菜而引起的细菌性食物中毒。

 案例分析

八月份是食物中毒事件高发季节，温度高、空气湿度大，食物内细菌繁殖速度快，极易发生食物变质现象。学校和学生食堂都应以此事件为鉴，加强饮食卫生安全管理。学生食堂制作冷拼菜时应做到"五专"，即专人、专间、专用工具、专用消毒、专用冷藏。专人应在专用房间内，使用专用刀、板进行切割，储藏时必须使用专用冷藏设备。凉菜的特性与热菜完全不同，混在一起容易变质，必须分开存放。学校应不定期检查学生食堂的饮食卫生情况。

第七章
学习生活安全（二）

 学习目标

- 认识交通安全的重要性，通过学习，能够正确应对突发交通事故。
- 认识勤工俭学、求职择业中出现的安全问题，通过学习，提高应对和处置能力，确保在勤工俭学和求职择业时的人身和财物安全。
- 认识"黄赌毒"的危害，在学习和生活中拒绝"黄赌毒"，养成良好的生活习惯。

第一节　交通安全

我国的交通多以道路交通为主，所发生的交通事故也多以道路交通事故为主。据统计，全球 50%的交通事故受害者是 15~24 岁的青少年。司机拙劣的驾驶技术及其对交通法规的无视、道路设计不合理、交通管理跟不上、行人的交通意识差都是造成交通事故的因素。因此，学生有必要学习道路交通安全知识，以使自己的交通出行安全得到有力保障。

一、行路安全危机的预防与应对

学生骑车或步行所遭遇的道路安全事故主要是与机动车相撞造成的。其中，有些事故是由机动车司机违章造成的，如司机闯红灯，将车驶入非机动车道等；也有些是由行人不按交通信号灯的指示行走或违章翻越隔离带进入机动车道等造成的。针对这些情况，应进行合理预防和应对。

（一）行路安全危机的预防

（1）若道路已划分为机动车道、非机动车道和人行道，那么骑车时应走非机动车道，步行时应走人行道；若没有划分机动车道、非机动车道和人行道，机动车在道路中间通行，非机动车和行人在道路两侧通行。

（2）骑车或步行时应当按照交通信号灯的指示通行；遇有交通警察现场指挥时，应当按照交通警察的指挥通行；在没有交通信号灯的道路上，应当在确保安全、畅通的前提下通行。

（3）严禁骑车违章带人、逆行等。不要在道路上嬉戏、追逐、打闹；不要在道路上踢球、滑旱冰、玩滑板等。

（4）通过路口或者横过马路时，应当走人行横道、过街天桥或地下通道；通过有交通信号灯的人行横道时，应当按照交通信号灯的指示通行；通过没有交通信号灯和人行横道的路口，或者在没有过街设施的路段横过道路时，应当在确认安全后通过。

（5）不得跨越、倚坐道路隔离设施，不得扒车、强行拦车或者实施妨碍道路交通安全的其他行为。

（6）通过铁路道口时，应当按照交通信号灯的指示或者管理人员的指挥通行；没有交通信号灯和管理人员时，应当在确认无火车驶临后，迅速通过。

（7）不要在机动车行驶的立交桥上行走，不要在高速公路上行走。

（8）雨天出行，尽量远离路边的高大树木或变压器、高压线路等；夜间出行尽量选择有路灯的道路行走，最好携带照明用具；注意观察路边是否有无盖窨井；通过路口时注意查看及避让来往车辆。

第七章 学习生活安全（二）

人行道上"十不要"
（1）不要在道路上嬉笑打闹或玩耍。 （2）不要在车前车后突然横穿。 （3）不要翻越隔离栏或穿越隔离带。 （4）不要在道路上边走边看书。 （5）不要在道路上招呼出租车。 （6）不要在道路上扒车、追车或强行拦车。 （7）不要进入机动车专用道。 （8）不要在道路上使用滑板、旱冰鞋等滑行工具。 （9）不要在交通道口与机动车抢道。 （10）不要借道妨碍在本车道正常通行的车辆和行人。

（二）行路安全危机的应对

（1）当路遇机动车向自己所在的方向飞驰而来时，应立即向路边躲避，避免与其发生正面碰撞及被其他机动车碰撞。

（2）在车祸发生后，应立即拨打"122"报警，如果伤势严重，还应赶快拨打"120"求助。在医护人员没有到来之前，应采取初步的急救措施，如止血、包扎等。

（3）如果机动车肇事者逃逸，需记下肇事车辆的车牌号、车型、颜色及逃逸的方向，并迅速报警，请求警方协助追查肇事车辆。

（4）有时从居民楼下经过，会遇到高空掉落物品的情况，如放在阳台上的花盆掉落等，此时应观察是否还有其他物品掉落，同时向安全处躲避。如果被砸且伤势较重，可拨打报警电话和急救电话求助。

乱穿马路丢性命

2015年5月1日11时许，五一劳动节放假期间，在四川成都某职业技术学院校门口，一名女生嫌走100米外的人行过街天桥过马路麻烦,在翻越马路中间的隔离栏横过马路时,一辆满载沙石的大货车疾驰而来,由于大货车刹车不及时,该女生被撞倒,不幸当场死亡。同行的同学泣不成声:"刚才我们还在说笑呢,怎么说没就没了……"

案例点评

校门口明明有人行过街天桥,仅仅100米,该女生贪图方便,不肯多走几步路,终于酿成大祸。这起事故是该女生道路安全意识淡薄,不遵守交通规则,横穿马路引起的。当然,大货车也存在路过学校不减速、超速行驶的行为,但该生在本次交通事故中应该负主要责任。每个人的生命只有一次,应该对宝贵的生命格外珍惜,大学生是社会的栋梁,是知识的传承者,更应该遵守交通法规,学会"走路"。

二、乘坐交通工具安全危机的预防与应对

由于节假日增多,同学们有了许多出行的机会,在乘坐城市公共交通工具(不含出租车,下同)、出租车、火车和飞机时,安全问题成为头等大事。

(一)乘坐城市公共交通工具的安全危机预防与应对

1. 乘坐城市公共交通工具的安全危机预防

在乘坐公共汽车、公共电车及地铁时,须在站台或指定地点等候,不可在站台下或安全线外候车,待车停稳后排队上车,先下后上,不要拥挤。乘车时不得携带易燃易爆等危险物品。上车后如果发现没有空座,应紧抓扶手或椅背,避免因车体在行进时发生的晃动给自身带来损伤。下车时注意脚下台阶,下车后不要在车前猛跑,注意来往行人和车辆。

2. 乘坐城市公共交通工具的安全危机应对

在乘坐城市公共交通工具时,如果车辆在行驶过程中起火,乘客应立即使用衣物捂住鼻孔,打开车窗跳车逃生,并迅速撤离着火车辆,不要围观,如身上起火而此时又没有水源,可使用衣物拍打或迅速就地打滚灭火;如果遇到险情,应双手紧紧抓住前排座位或扶杆、把手,低下头,利用前排座椅靠背或手臂保护头部。要保持镇定,不要大声喊叫,不要指挥司机,不要在高车速时跳车。出现伤亡情况时,应及时施救并拨打急救电话。

若遇到地铁停电,被关在列车内的乘客不要自己动手打开门,而应等待工作人员将指定的车门打开,按照工作人员的指引从指定的车门有序下车。不要直接跳向隧道,因为列车距离地面有一米多高,且地面情况复杂,直接跳下容易崴脚并造成局面的混乱。在隧道内行走要小心脚下,以免摔伤或者被障碍物碰伤。

若遇到地铁着火,应立即拨打119火警,也可以按动列车车厢内的紧急报警按钮。在两节车厢连接处,均贴有红底黄字的"报警开关"标志,箭头指向位置即紧急报警按钮所

在的位置,将紧急报警按钮向上扳动即可通知列车司机。与此同时,可利用车厢内的干粉灭火器进行扑火自救。干粉灭火器一般位于每节车厢两个内侧车门的中间座位之下,上面贴有红色字"灭火器"标志。如果扑救失败,应及时关闭车厢门,防止火势蔓延以赢取逃生时间,然后安全逃离。

(二)乘坐出租车的安全危机预防与应对

1. 乘坐出租车的安全危机预防

乘坐出租车时,注意不要乘坐无营运许可证的"黑车"。如果坐在前排副驾驶位置,则应系好安全带。早间或夜间搭车,要记住车牌号、运营公司标志、运营证号码等信息。上车后,注意车门及车窗开关是否正常,若发现有异状或司机有喝酒、衣着不整、言语不正常等情形时,应尽可能想办法下车。乘车途中不要睡觉,留心沿路景物,如果发现有异状,应随时准备应对。若与司机交谈,勿谈个人生活作息、家中财产状况等。下车时按计价器显示金额付费并索要发票,以便在物品遗忘于出租车上时联系车主寻找。下车开门时注意避让来往的行人和车辆。

2. 乘坐出租车的安全危机应对

单人乘坐出租车时(尤其在晚上),即使是正规出租车,也要提高警惕,尽量坐在后排,还要随时注意行车路线,一旦发现异常,马上下车,或者呼救。此外,可以在上车后,马上打电话联系家人或朋友,并大声地告诉对方所乘车辆的车牌号、目的地及预计到达时间。如果乘坐出租车发生车祸,应立即拨打"122"报警,如果伤势严重,还应赶快拨打"120"求救。如果乘坐出租车遇到抢劫时,应保持冷静,不要盲目抵抗,以自己的安全为重,不要激怒对方,以免受到伤害。

(三)乘坐火车的安全危机预防与应对

1. 乘坐火车的安全危机预防

在乘坐火车时,如果有贵重物品,应随身携带,不能将其放在行李架上或不随身穿的衣服口袋内。如果发生失窃现象,应快速与列车乘警联系。不要长期滞留在车厢的连接处。列车中途停靠站的时间较短,尽量不要下车走动或买东西,以免漏乘。

2. 乘坐火车的安全危机应对

如果所在的火车车厢意外失火，此时不要打开车门车窗，以免火借风势扩大蔓延，应用湿毛巾或衣服捂住口鼻，奋力向列车前部转移，因为火车运行时火是向后蔓延的。若情况紧急必须紧急撤离车厢时，工作人员会立即采取紧急制动措施紧急停车，应待列车停稳后再迅速打开车门、车窗撤离。当车门、车窗不能正常开启时，可使用消防锤或锐器砸碎车门或车窗玻璃逃生。

当遭遇火车脱轨、相撞等重大事故时，可趴下并牢牢抓住座椅等牢固物体，低头，下巴贴紧前胸，最大限度地保护好自己的头和胸部。

遇有特殊情况乘客必须下车时，要注意相邻线路上是否有列车通过。列车在桥梁上、隧道内因故停车时，要听从列车工作人员的指挥，沿着安全通道到达安全地点，桥梁上或隧道内的铁路两侧每间隔30米错落设置有避车台（洞），其中可停留5~10人。

当车厢内遇有突发治安事件时，应首先保护好自身的人身财产安全，不要轻举妄动。然后想方设法传递信息给列车工作人员，协助列车工作人员抓获歹徒。

（四）乘坐飞机的安全危机预防与应对

1. 乘坐飞机的安全危机预防

在乘坐飞机时，应认真听取乘务人员的讲解和安全示范，了解应急设备的使用方法，系好安全带，在遇到紧急情况时，听从乘务人员的安排，不私自乱动救生设备。

2. 乘坐飞机的安全危机应对

当意外发生时，机上乘客应保持冷静，一定要听从乘务人员的指示，乘务人员均受过严格的训练，善于应付紧急事故。乘客应配合乘务人员竖直椅背，并收起其他障碍物，以免卡住后方乘客的逃生通道；收回小桌板，保证自己所在这一排逃生通道畅通；打开遮阳板，保持良好的视线；摘下眼镜，取出口袋里的尖锐物件，如手机、钢笔等，以免不小心弄伤自己。如果有人受伤，应尽快通知乘务人员。

知识链接

> **校园安全教育歌诀——交通出行安全**
>
> 人生平安万里行，道路坎坷伴风云，狂犬毒蛇多防备，建筑场所莫留停。
> 三无车船莫搭乘，上下车船待停稳，横穿公路观左右，斑马标志要看清。
> 登高攀爬头眼晕，呼喊怪叫易忘形，探洞测秘多危险，骨折丧命悔终身。
> 过桥先后不要争，水库深潭莫靠近，游泳冲凉浅水边，自古水火都无情。

三、发生交通事故的应对

如果发生交通事故或者发现交通事故，一定要保持头脑清醒，迅速对事故作出判断，采取合理的措施。

（一）及时报案

发生交通事故后，要及时报案，这样做不仅有利于事故的公证处理，而且可以避免与肇事者私了时可能产生的各种冲突。如果在校外发生交通事故，除了及时向相关部门报案外，还应及时与学校取得联系，由学校出面处理相关事宜。

（二）保护现场，协助调查

相关部门对事故现场的勘查结论是划分责任的主要依据之一。如果没有保护好事故现场，不仅会给交通事故的处理带来困难，而且还会导致学生在交通事故的处理中不能依法维护自己的合法权益，同时也给了肇事人逃脱处罚的机会。切记发生交通事故后要保护好事故现场，防止肇事人故意破坏，伪造现场，毁灭证据。

（三）控制肇事者

如果肇事者想要逃脱，一定要设法加以控制，自己不能制止的，可以发动周围的人帮忙，如果实在无法控制，就必须记住肇事车辆的车牌号、车辆特征及肇事者的个人特征。

（四）及时救助伤员，做好自救与互救

交通事故中发现有伤员，要及时拨打"120"进行救助，救助的同时要保护好现场，防止因救助破坏了原始现场。为了抢救伤员，有时必须要移动肇事车辆、伤者等，故必须在原地做好标记，同时要特别注意伤情处理，做好自救与互救，防止造成其他损伤。

（五）做好交通事故认定，依据法律进行处理

交通事故发生时，当事人最好不要自行协商处理，要根据法律条文要求进行妥善处理，报警之后要协助交通警察收集各种现场证据，协助做好交通事故认定。当事人收到交通事故认定书后，要对交通事故进行赔偿，如有争议，可请求交通管理部门协调处理，也可直接向人民法院提起民事诉讼。

知识链接

交通事故的等级划分

交通事故按事故的严重程度通常分为轻微事故、一般事故、重大事故和特大事故四个等级。

（1）轻微事故是指一次造成轻伤1至2人或者财产损失机动车事故不足1000元，非机动车事故不足200元的事故。

（2）一般事故是指一次造成重伤1至2人，或者轻伤3人以上，或者财产损失不足3万元的事故。

（3）重大事故是指一次造成死亡1至2人，或者重伤3人以上10人以下，或者财产损失3万元以上不足6万元的事故。

（4）特大事故是指一次造成死亡三人以上，或者重伤11人以上，或者死亡一人同时重伤8人以上，或者死亡2人同时重伤5人以上，或者财产损失6万元以上的事故。

第二节　勤工俭学、求职择业安全

勤工俭学、求职择业是高职学生走出校园参加社会实践、接触社会、提高自身社会适应能力的重要途径，学生充分利用上课之余，进行勤工俭学等社会实践，已成为学习生活的一个重要组成部分。但是，学生在参与社会实践、获得锻炼的同时，必然会面对社会中的各种安全风险，如求职择业陷阱、上下班途中的交通安全、生产安全及个人人身安全等。

外出社会实践的学生普遍缺乏社会经验，思想也比较单纯，安全意识不强，往往难以避免求职择业陷阱和安全风险。因此，充分了解求职择业、勤工俭学等社会实践中的安全问题和注意事项，不断提高应对和处置能力，确保人身和财务安全，防止在求职择业、社会实践中误入传销组织，对高职学生来说意义重大。

一、勤工俭学安全危机的类型和预防

（一）勤工俭学安全危机的常见类型

1. 虚假信息

一些不规范的中介机构利用学生急于在假期打工的心理，夸大事实，无中生有，以"急招"的幌子引诱学生前来报名登记，并向学生收取中介费。一旦中介费到手，便将登记的学生搁置一边，或找几个关系单位让登记的学生前去"应聘"（其实只是做个样子）。

结果，这些学生要么在这些"单位"的应聘中被指不合格，要么根本就没有合适的工作。

2. 预交押金

一些用人单位在招聘时会收取不同金额的抵押金，或者要求学生将身份证、学生证作为抵押物。这类招聘往往是骗局。在这类骗局中，"用人单位"通常会在招聘广告中写上文秘、打字员、公关等比较轻松的职位，并表明求职者只需交一定的押金即可上班。然而实际情况往往是学生上交押金后，"用人单位"就推说职位暂时已满并让学生回家等消息。接下来，"消息"便如石沉大海，押金自然也不会退还。

3. 不付报酬

一些个人或流动服务的公司在假期雇佣学生时，谈好以月为单位领取工资，但在结算工资时往往找各种借口拖延时间，拖到 9 月份学校开学后就消失得无影无踪，令学生白白辛苦一个假期。另外，有些个人或公司在雇佣学生时口头承诺按月结算工资，但是当学生辛辛苦苦为其工作一个月以后，却迟迟不给学生结算工资。对此，学生要么因开学急于上课而无时间讨要工资，要么因不想麻烦而放弃诉讼，因此白白放弃了自己的劳动报酬。

4. 临时廉价苦工

一些学生只是想利用假期临时赚些"零花钱"，因此对所从事工作的内容和报酬往往不太计较。而个别企业正是利用了学生的这一点心理，平日积攒下员工不愿从事的一些脏活、累活，待假期一到，便找一些学生突击完成，然后用十分低廉的价格打发了事。

5. "高薪"招工

有些娱乐场所以高薪来吸引学生从事所谓的"公关"工作，包括陪客人唱歌、喝茶，甚至从事不正当交易。学生在这些场所打工时，很容易上当受骗，甚至误入歧途。

（二）勤工俭学常见安全危机的预防

学生可采取以下措施来避免或减少勤工俭学安全危机的发生。

1. 谨防中介的诈骗

对于中介，学生应注意查看或上网查询其是否具有劳动部门颁发的《职业介绍许可证》，查看其营业执照正本，并了解其经营范围是否与执照所载内容相符。通过中介找工作时，最好选择有资质、信誉好的中介，而不要选择无照经营或信誉差的小中介。

2. 确认用人单位的合法性

学生在找到自己满意的工作之后、正式工作之前，一定要确认用人单位是否具备法人资格，是否具有工商管理部门颁发的营业执照，是否拥有固定的营业场所。若用人单位不具备法人资格，没有合法的执照、固定的营业场所等，则一定不能同意为其工作。

3. 不轻易交纳押金

当用人单位以管理或其他因素为由收取一定数额的押金或保证金时，一定要谨慎行事，以防交纳押金后，用人单位以各种理由扣留而不予返还。若因工作需要一定要交纳押金，则应将押金的用途、性质、返还时间等相关内容明确写入劳动协议，以免被用人单位随意克扣。

4. 谨防陷入传销陷阱

在传销陷阱中，应聘者本来以销售人员的名义上岗工作，之后才发现是受骗上岗。陷入传销陷阱的人，有的被迫去如法炮制地哄骗同学、老师或亲友，而有的则在高回扣的诱惑之下，欺骗自己的同学、老师、亲人和朋友。二者的结果都是骑虎难下，最终还得白搭上一笔钱和一份情感，使自己和他人的身心受到巨大伤害。因此，学生在通过同学或朋友介绍工作时，应提高警惕，注意从多方面了解介绍人和所介绍工作的情况，并勇敢地维护自己的合法权益，以防陷入传销陷阱。

5. 不抵押任何证件

学生在找工作时，若遇到用人单位要求以本人的有关证件作抵押的情况，一定要严词拒绝，以防证件落入不法分子手中，成为非法活动的工具。此外，个人证件的复印件也应谨慎使用。

6. 要签订劳务协议

有些用人单位在学生工作结束时以各种理由克扣学生工资，侵害学生利益。为了避免此类现象发生，学生应在工作开始前与用人单位签订劳务协议，在协议中详细写明工资额度、发放时间、安全保障等关系到学生切身利益的内容，并明确双方权责。

提 示

《关于贯彻执行〈中华人民共和国劳动法〉若干问题的意见》规定，在校大学生利用课余时间勤工助学，不视为就业，未建立劳动关系，可以不签订劳动合同，但有权利要求用工单位与自己签订劳务合同或者雇用合同。在毕业后求职择业时，被用人单位录用、通过试用期后，就须签订劳动合同；签订了劳动合同的，如有违约，应依据相关民事法、经济法寻求法律保护。

7. 不单独外出约见

有的同学自我保护和防范意识比较差，在找工作过程中不加考虑，单独与用人方约见，这样有时会遇到危险。因此，建议同学们不要单独外出约见，且尽量不要在夜间出去面试。如果可能的话，可以和同学结伴外出工作；若确实需要一个人外出工作，则应随时和老师、同学保持联系。

二、求职择业安全危机的类型和预防

（一）求职择业安全危机的类型

1. 树上开花

这种求职陷阱一般有以下三种情况：一是用人单位为了打响企业的知名度或者因为其他一些目的，大张旗鼓地做广告、发信息，声称要招聘"高级主管""业务经理"，年薪若干，待遇优厚等，应聘者如云；二是一些面临倒闭的企业为了躲避债权人的追债而大量做广告、发招聘信息，给人一种不断发展壮大的错觉，来掩盖实际上的财务危机；三是一些企业利用高薪吸引别人的注意，借以达到炒作的效果。因此，毕业生在求职的过程中，遇到这些情况不要信以为真，而应该多方考证后再作决定。

2. 偷梁换柱

像业务员等非常辛苦、薪水又低的工作，通常是学生不愿意从事的工作，也因此成为许多公司招聘的难题。为了解决这些难题，有些公司就用招聘文秘、会计、行政人员、计算机操作人员等为由向社会招聘。等到进入工作岗位后，才发现所有员工都要从业务员干起，这让许多刚毕业的学生直呼上当。

3. 浑水摸鱼

浑水摸鱼的公司一般都是实力比较差的企业，他们没有足够的财力聘请专业设计人员设计产品，而以招聘企划或设计人员为名，要求求职者必须依照公司的要求做一份方案或设计图，然后再推说人员已经招满或作品不合乎要求等。这样就采用欺骗性的手段获得了众多求职者的作品，而不需要花费高额的设计费用。高校毕业生在求职时一定要谨防被这类公司浑水摸鱼，窃取了自己的劳动果实。

4. 瞒天过海

这种求职陷阱通常有以下两种情况：一是用人单位近期将有大项目启动或有新产品试制等，急需大批人才，而这些人才在项目完成或市场成熟后又完全失去作用，这就促使企业大量招聘，并采用试用期内以各种理由裁员的方式来减少开支，又保证人员的充分利用；二是一些非法犯罪团伙利用高校毕业生求职心切的心理，打出"名企"招聘的招牌吸引学生加入，等到学生发现上当受骗时，想要逃出已经非常困难了。因此，高校毕业生在求职时一定要加强法律意识和自我防范意识，用法律武器来保护自身的安全和合法权益。

5. 金蝉脱壳

某些非法机构或犯罪分子在某一地方临时租用一间办公室，然后到处张贴或发放虚假招聘信息。待有求职者前来面试时，再以收取报名费、押金、服装费、培训费、办证费等手段，非法收取求职者的钱财，然后告知几天后来正式上班。当求职者前来报到时发现已经人去楼空。再有就是一些中介机构先用高薪信息吸引学生前去面试，然后再收取一定的费用。这种情况要不就是中介在求职者交钱后就没有了音信，要不就是求职者去上班几天后就会被辞退。

求职不成反被骗

赵磊在2017年6月份毕业后，自恃有才，并没有急于找工作，玩了两个月后才到北京，准备在北京大展拳脚。通过家人和朋友的帮忙，他很快联系了几份工作，简单尝试后，赵磊嫌这些工作要么没意思，要么待遇太低，都是干几天就离开了。

无所事事的赵磊，一边玩着网络游戏，一边想找个更有前途的工作。据他事后回忆，当时自己也不知道所谓有前途的工作到底是什么。看着早出晚归的同学，他已经陷入迷茫中。到了11月份，赵磊已经身无分文，靠朋友和同学的接济勉强度日。可是要交房租了，倔强的赵磊也不想再麻烦朋友和同学，离家几个月工作也没有眉目，自觉不好意思再求助家人，心里的焦急可想而知。

终于，赵磊在网上看到了一条招聘消息，职位是"游戏测试员"，喜爱玩游戏的赵磊单纯地幻想：在开心地玩游戏的同时还有不菲的收入，这个工作很适合我。但是去应聘时对方表示，要先交300元的报名费，一个星期后会有通知。赵磊咬牙拿出了刚从同学那借来吃饭的300元钱交给对方，然后满怀希望地走了。

当晚，兴高采烈的赵磊和刚下班回家的同学说起了这事，他的同学当即表示他可能上当了。同学的话如晴天霹雳，但赵磊还是抱有幻想。赵磊在忐忑中等了一个星期，对方一直没有打电话通知。忍耐不住的赵磊打电话询问，但是电话打不通，再次跑到招聘的公司，却已经人去屋空。愤怒的赵磊随后选择了报警。

警方表示因为被骗金额太小，很难立案，而且偌大的北京，去哪里找那个骗子？此事只好不了了之。受到严重打击的赵磊没多久便回到了老家再谋出路，走的时候自觉没脸面，甚至都没有向亲密的同学和朋友们告别。

案例点评

> 目前社会上实习和就业的陷阱很多，对缺乏社会经验又急于就业的学生来说，可以说是防不胜防。在求职过程中，求职者往往处在相对弱势的地位，一旦发生劳动纠纷，通过法律途径寻求解决办法的成本和费用又十分昂贵。因此，求职者要树立正确的实习、择业、就业观，尽量少走弯路。

6. 威胁诱骗

某些公司以招聘歌星、影星、模特为诱饵，在"试镜"中大量拍摄应聘者的暴露照，以此为威胁榨取钱财；也有一些娱乐场所用高薪聘请歌手、舞者为诱饵，吸引女学生上钩，之后逼迫她们从事色情交易等。

（二）求职择业安全危机的预防

1. 保持平衡的心态，提高警惕

在求职的过程中应当保持平衡的心态，不急躁、不虚荣，面对待遇优厚但招聘要求却很低的用人单位要特别地加以防范，应充分了解其背景和运营情况，在不了解真实情况的前提下，万不可盲目地前往应聘。

2. 多了解、多打听、多思考

学生在求职的过程中，应充分利用网络资源、媒体资源及其他一切可利用的途径，多方面、多层次地了解招聘单位的运营情况、规模、公司性质、信誉度等内容，防止用人单位利用招聘信息制造骗局。

知识链接

勤工俭学、求职择业时的注意事项

（1）用人单位的准确全称、单位地址、网页及法人代表情况等基本信息。

（2）用人单位的联系方式，如人力资源部门联系人、联系电话、电子邮箱、QQ、微信、通信地址和邮政编码等。

（3）用人单位的所有制性质（全民所有制企业、合资企业和民营企业等）。

（4）用人单位主要生产产品种类或是否是服务业，是否需要学生具备对口专业，招聘意图、具体工作岗位等。

（5）用人单位的规模、发展前景、地理环境、经营范围和种类等。

（6）用人单位对所需人才的具体要求情况。

（7）用人单位的福利待遇（包括工资、福利、奖金和住房等）。

---

3. 谨慎应聘

如果发现招聘单位有异常举动，如安排的招聘地点非常隐蔽或只在夜间招聘等，都要加倍小心，绝对不可贸然前去；应聘前后应与亲人、同学保持联系；应聘中，发现用人单位一开始就要收取押金、培训费等费用时，应当提高警惕，拖延时间暂缓缴费；还应向用人单位的正式员工详细咨询关于公司的管理制度、用人制度等信息，以确保就业安全。

4. 注意自身信息安全

一些居心叵测的用人单位有可能利用应聘者提供的个人信息进行一些违法活动。因此，学生在求职的过程中，应当特别留心自身的信息安全。一般情况下，应聘者不要填写过分详细的信息资料，如家庭详细地址、家人联系电话等；上交证件也要尽量避免交出原件。

5. 及时寻求法律保护

求职者一旦发现上当受骗,要及时向招聘单位所在地投诉和报案。若被投诉对象为合法机构,求职者可以找劳动部门;若被投诉对象是无证无照经营的职介公司,求职者可以同时投诉到工商、劳动部门;若求职受骗情况特别严重、诈骗金额较大,可以直接到公安部门报案。

第三节 拒绝"黄赌毒"

一、认识"黄赌毒"

所谓"黄赌毒",是指卖淫嫖娼、贩卖或者传播黄色信息、赌博、买卖或者吸食毒品的违法犯罪行为。

"黄"即淫秽物品,是指具体描绘性行为或者露骨宣扬色情淫秽内容的书刊、影片、录像带、录音带、图片、电子游戏及其他淫秽物品;"赌"即赌博,是指设赌者为了侵占他人利益或者财物,利用各种赌具,以钱财或者物品作为赌注,通过各种方式诱导参与者下注,从而使参与者利益和财物受到损失的违法犯罪行为;"毒"即毒品,是指鸦片、海洛因、吗啡、大麻、可卡因,以及国家规定管制的其他能够使人形成瘾癖的麻醉药品和精神药品。

"黄赌毒"相关法律法规

(1)《全国人民代表大会常务委员会关于惩治走私、制作、贩卖、传播淫秽物品的犯罪分子的决定》第二条规定:以牟利为目的,制作、复制、出版、贩卖、传播淫秽物品的,处三年以下有期徒刑或者拘役,并处罚金;情节严重的,处三年以上十年以下有期徒刑,并处罚金;情节特别严重的,处十年以上有期徒刑或者无期徒刑,并处罚金或者没收财产。

(2)《中华人民共和国治安管理处罚法》第六十八条规定:制作、运输、复制、出售、出租淫秽的书刊、图片、影片、音像制品等淫秽物品或者利用计算机信息网络、电话以及其他通讯工具传播淫秽信息的，处十日以上十五日以下拘留，可以并处三千元以下罚款；情节较轻的，处五日以下拘留或者五百元以下罚款。

（3）《中华人民共和国治安管理处罚法》第七十条规定：以营利为目的，为赌博提供条件的，或者参与赌博赌资较大的，处五日以下拘留或者五百元以下罚款；情节严重的，处十日以上十五日以下拘留，并处五百元以上三千元以下罚款。

（4）《中华人民共和国禁毒法》第三条规定：禁毒是全社会的共同责任。国家机关、社会团体、企业事业单位以及其他组织和公民，应当依照本法和有关法律的规定，履行禁毒职责或者义务。

（5）《中华人民共和国刑法》第三百四十七条第一款规定：走私、贩卖、运输、制造毒品，无论数量多少，都应当追究刑事责任，予以刑事处罚。第三百四十八条规定：非法持有鸦片一千克以上、海洛因或者甲基苯丙胺五十克以上或者其他毒品数量大的，处七年以上有期徒刑或者无期徒刑，并处罚金；非法持有鸦片二百克以上不满一千克、海洛因或者甲基苯丙胺十克以上不满五十克或者其他毒品数量较大的，处三年以下有期徒刑、拘役或者管制，并处罚金；情节严重的，处三年以上七年以下有期徒刑，并处罚金。

二、学生陷入"黄赌毒"的原因

（一）家庭方面的原因

家庭方面的原因主要包括：家庭不和，父母不经常与子女联系；家庭成员中有人做出了错误的示范，误导了学生；家庭从事不法经营活动等。

（二）学校方面的原因

进入大学校园的学生处于青春期，对校外的很多事情都有强烈的好奇心理。而不少高校单纯追求就业率，放松了对学生的法制教育和德育，使学生缺乏必要的法律和道德知识。在这种环境中，学生很容易误入歧途，沾染上"黄赌毒"。

（三）社会方面的原因

从大量青少年违法犯罪的案例中可以看出，受不良文化影响并导致违法犯罪的情况不在少数。受淫秽影视和网站内容的刺激，不少学生因为无知而刻意模仿一些影视镜头，最终导致犯罪。

（四）学生自身的原因

学生自身的原因主要包括：没有树立正确的世界观、人生观和价值观，缺乏明辨是非的能力和基本判断力；法律意识淡薄，抵挡不住诱惑；交友不慎，误入歧途；贪图享受，好逸恶劳等。

三、"黄赌毒"的危害

学生一旦和"黄赌毒"沾上边,轻则违反校规校纪,重则触犯法律,对自己、他人、家庭、社会都将造成严重的危害。

(一) 违反校规校纪,败坏道德素质

不少学生沾染上"黄赌毒"以后,往往表现为:出入娱乐会所,或参与赌博,或成群结队吸食毒品等;他们不遵守日常作息制度,有的逃课、迟到或者早退,有的则因为赌博输红了眼而大打出手,甚至雇凶杀人。这些都是严重违反校规校纪,甚至违犯《中华人民共和国治安管理处罚法》或《中华人民共和国刑法》的现象和行为,这些现象和行为的存在,不仅严重败坏了学生的思想道德素质,同时也给学校的声誉造成极坏的影响。

(二) 耽误学习,影响个人前程

学生是祖国的未来、民族的希望,是我国社会主义事业的建设者和接班人,是现代先进科学知识和技术的载体,他们怀揣美好的梦想和立志成才的愿望,通过高考跨进了梦寐以求的大学校园,他们的到来使大学殿堂充满昂扬向上的朝气。但是,学生一旦误入"黄赌毒",理想和理智的防线就会崩塌,轻者不思进取、想入非非,终日心神不宁、萎靡不振,课堂上不能认真听讲,课后不及时复习、完成作业;重者不听劝告、酗酒、吸食毒品、打架斗殴,整日沉湎其中而不能自拔,完全放弃学业,从而影响自己的美好前程。

(三) 败坏社会风气,引发各种犯罪

自古以来,万恶淫为首,"黄赌毒"会引起各种各样的社会犯罪,让沾染上的人们不顾廉耻,道德败坏,欺瞒拐骗,影响社会安定团结,更是影响民风民俗,导致社会风气败坏,成为影响社会不稳定的重要因素,滋生出一系列社会问题。"黄赌毒"不仅会对学生造成肉体和精神上的伤害,使他们陷于难以解脱的痛苦之中,还会诱发多种犯罪,从而在更大程度上危害国家和社会。涉黄者需要黄资,好赌者需要赌资,吸毒者需要毒资,而学生是消费者,大多需要父母供给来维持学习和生活,如果与"黄赌毒"沾上边,就会置学习、亲情、老师的教诲于不顾,铤而走险,极易引发犯罪,如盗窃罪、抢劫罪、杀人罪等。

(四) 损害身心健康,破坏家庭和谐

学生进入大学学习阶段,身体发育已趋于成熟,性意识已经觉醒,如果不积极参加有利于身心发展的文体活动,整日只知寻求欲望的满足,势必要大大消耗身体,极不利于健康成长;在欲望得不到满足的情况下,又容易造成心理障碍或心理疾病。经常赌博者往往嗜赌成瘾,一旦进入那种长时间保持精神高度集中的紧张状态,就会呈现出一种病态心理,极易导致心理疾病。毒品在危害吸食者身体的同时,还对他们的精神造成极大伤害。涉黄者道德沦丧,赌博让参与者倾家荡产,吸食毒品让人泯灭人性、家破人亡,所以"黄赌毒"

既损害学生的身心健康,又破坏家庭和谐,也影响学校的声誉。

四、追求文明、健康、高尚的人生,坚决抵制"黄赌毒"

家庭、学校和社会是学生必须接触的三大环境。因此,优化家庭环境、学校环境和社会环境,构建家庭、学校、社会三位一体的教育体系对学生远离"黄赌毒"具有重要意义。此外,学生自身树立良好的价值观,对于免受"黄赌毒"的毒害也大有裨益。

(一)优化家庭环境

家长作为孩子的监护人,要充分认识到家庭教育的重要性,要树立正确的教育观、亲子观、成长观,营造良好的家庭氛围,增强家庭的凝聚力;做到要求上宽严适度、目标上难易适当、方法上循序渐进,不要给学生太大的压力,但也不要对其不管不顾、任其"自由发展"。

(二)创造良好的学校环境

学校和教师应牢固树立"以人为本"的教育思想,充分发挥学校对学生教育的主导作用。具体来讲,学校可开展多样化的心理健康活动和文娱活动,让学生保持该有的年轻活力,同时要针对当前学生的思想道德水平和法律知识水平适当开班授课,使学生树立正确的世界观、人生观、价值观。学校管理部门也要优化学校周边环境,确保学生的健康学习和生活。

(三)建立和谐的社会环境

在优化社会环境方面,要做到严肃管理和严肃处置相结合,动之以情与严惩不贷相结合。所谓严肃管理,就是公安、工商、文化等部门要充分发挥职能,对涉及"黄赌毒"的场所施以严厉打击;所谓严肃处置,就是要深入开展"扫黄打非"行动,加强文化市场监管,坚决查处有关淫秽、暴力和赌博的出版物,坚决查处宣扬色情、暴力的玩具或饰品,坚决截断色情书籍、淫秽光盘的销售渠道。所谓动之以情与严惩不贷相结合,就是要一手抓教育,一手抓惩处。

(四)学生树立正确的价值观

新时代的大学生要认真学习新时代中国特色社会主义思想,树立社会主义核心价值观,养成健康、文明、安全、高尚的生活方式,充分认识到"黄赌毒"的危害性,远离各种色情书刊及音像制品，用健康的活动来充实自己的业余生活。此外，学生还应坚决抵制任何形式的赌博活动，提高对毒品的防御能力，并主动向亲属、朋友讲解染上这些恶习的危害，敢于向有关部门揭露存在不法行为的场所或个人，为构建和谐社会贡献自己的力量。

 问题思考

1. 如何成为遵守交通安全的模范？
2. 在实际工作中，学生应如何规避勤工俭学和求职择业中的安全陷阱？
3. "黄赌毒"的危害是什么？为什么要坚决拒绝"黄赌毒"？应如何拒绝？

 推荐阅读

1. 悦读坊．交通安全常识［M］．湖北科学技术出版社．
2. 李明．明哥聊求职［M］．电子工业出版社．
3. 周立，陆林森．远离赌博这玩意［M］．湖北科学技术出版社．

 案例纪实

模仿色情电影引发的犯罪

张某某是四川某学校的学生，有天他在网上浏览信息时，无意间发现了一个色情网站，于是偷偷从该网站下载了几部色情电影观看。之后，张某某每天都想着色情电影里的画面，逐渐变得精神恍惚，学习成绩也一落千丈。之后，张某某越看越上瘾，竟然萌发了模仿色情电影中情节的想法。很快他便盯上了同系的女同学小丽，没多久就和小丽拉近了距离。

随后，张某某约小丽到公园游玩，小丽答应了，与张某某一同前往公园，他带着小丽走向公园深处。在一个树丛茂密的地方，他突然露出了凶相，在小丽不愿意的情况下对她做出性侵犯行为。之后，受害者小丽在母亲的陪同下到公安机关报案。张某某很快被抓获，等待他的是法律的严惩。

 案例分析

现在网络日益发达，再加上学生的自我约束和分辨是非的能力还比较弱，容易受到诱惑从而走向犯罪。因此，学校应加强对学生的教育，帮助其培养正确的人生观和价值观。

第八章 人身财产安全（一）

 学习目标

- 了解大学校园盗窃案件的特点和常见的盗窃现象。
- 掌握盗窃危机的预防和应对。
- 熟悉大学生易受骗的原因和常见的诈骗行为。
- 掌握诈骗危机的预防和应对。
- 熟悉抢劫、抢夺案件的特点。
- 掌握劫夺危机的预防和应对。

当前高职院校管理方式社会化，办学形式多样化，学生结构复杂化，校园与社会相互交叉、相互渗透，校园治安形势日趋复杂、严峻，校园盗窃、诈骗、抢劫、抢夺等案件时有发生，给学生的人身财产安全带来了很大威胁。因此，加强高职学生安全教育，增强学生对人身财产安全进行自我防范的意识和能力是非常有必要的。

第一节　防盗窃

盗窃案件在高职院校发生的各类案件中占 80%以上，预防和打击盗窃是每个在校学生应尽的责任和义务。增强防盗意识，了解盗窃案件的规律和特点，掌握防盗的基本常识，是做好防盗、保证财产安全的基础。

一、大学校园盗窃案件的特点

由于大学校园的客观场所和作案主体的特殊性，大学校园盗窃案件具有以下特点。

（一）盗窃目标的准确性

盗窃目标的准确性是指大学校园盗窃的成功率比较高，盗贼得手的机会较大，原因有两个方面：一方面，大学校园中各类人员出入频繁，门卫宽松，不法之徒可以轻松地出入校园，所以作案者往往对盗窃环境比较熟悉，对盗窃物品的位置掌握得很清楚，对学生的作息规律把握得也很好，致使作案能够屡屡得手；另一方面，大学校园中很多盗窃案件都属于内盗性质，作案者甚至就是本班、本宿舍的同学，受害者没有戒备之心，给了作案者可乘之机。

（二）作案时间的规律性

作案时间的规律性是指大学校园盗窃案件的发生时间相对比较集中。高校有明确的时间安排，有系统的学习、活动和生活的规律，这些规律直接影响和制约着学生某些行为的具体实施。一般来说，作案分子主要选择以下时间：① 师生员工上班、上课、晚自习时间；② 校内举办各种大型活动期间；③ 新生入学期间；④ 期末复习考试期间。

（三）作案技术的智能性

作案技术的智能性是指大学校园盗窃案件的行窃手段高明，技术含量相对较高。大学校园盗窃的作案主体多是高学历、高智商的人,甚至有的本身就是本校学生。这类盗窃分子在作案前一般都经过周密的谋划和精心的准备,会选择适当的作案手段和作案时机。

(四)作案人员的特定性

作案人员的特定性是指大学校园盗窃案件的作案人员具有相对的特定性。作案人员基本上可以分为周边无业人员、来校务工人员和本校学生三类。其中,周边无业人员和来校务工人员大多把校内家属宿舍区和办公室作为盗窃的主要目标,而本校学生则选择自己比较熟悉的宿舍下手。

二、校内外常见的盗窃现象

(一)校内常见的盗窃现象

(1)撬门破锁,指盗贼用多种手段撬开门锁,盗窃师生宿舍内的手机、计算机、照相机、衣服、高级运动鞋等值钱的物品和现金。

(2)溜门行窃,指夏秋季节一些学生图凉快,在午休或夜间睡觉时不关门,小偷乘同学们入睡时入室盗窃。

(3)爬窗入室,指一些学生宿舍门窗没有结实的护栏,小偷借助阳台、水管翻窗入室进行偷盗。

(4)竹竿钩盗,指盗贼用竹竿将晒在窗外的衣服钩走,有的把纱窗戳破,钩走在室内桌上、凳上的衣服、挂包、手袋等。

(5)顺手牵羊,指盗贼以上门服务、送东西、做推销、找人等借口混入宿舍,趁学生上厕所、洗澡或到隔壁宿舍去玩时,顺手将室内的贵重物品盗走。

(6)寝室内盗,指个别学生思想不端正,或对同学有意见、有矛盾,或虚荣心强、盲目攀比,而蓄意盗窃他人财物。有的利用同学白天上课或自习时间,以请假、看病等为由,潜回宿舍行窃;有的趁晚上同学入睡时盗窃同学的手机、计算机、现金等。

(7)内外勾结,指个别学生勾结社会上的不法分子进行盗窃。例如,事先配置钥匙交给别人,内外串通,利用上课或学校放假期间进行盗窃。

(8)引狼入室,指个别警惕性不高、纪律性不强的学生,擅自留宿别有用心的外来人员,外来人员便趁同学上课或外出活动时,盗窃学生宿舍的手机、现金、照相机、计算机等。

(9)乘虚而入,指盗贼趁学生在食堂排队打饭,在运动场参加运动,在图书馆、教室看书,在计算机室上网,在实验室作实验时,把学生随意放在一边的书包、衣服、手机、现金等盗走。

(二)校外常见的盗窃现象

校外盗窃主要是指学生上街购物、外出实习或求职时被盗的现象。

（1）一些学生在公共汽车上、商场、人才市场、火车站、汽车站、码头等公共场所等车、购物、应聘时，由于人员密集、个人警惕性不高，而被盗贼趁机盗走笔记本电脑、手机、钱包、银行卡、手表、身份证等物品。

（2）一些学生在网吧上网时，随意把手机、书包等物品放在身侧或身后，被盗贼趁机盗走。

（3）一些学生在实习单位参加文艺、体育活动时，盗贼趁机盗窃学生留在工位的现金、手机、衣服等物品。

（4）一些学生去游乐场、公园等地游玩时，盗贼趁学生不注意盗走钱包、手机等贵重物品。

寝室内盗

某年10月份的一天，夜里12点某辅导员接到A女生电话，说自己的笔记本电脑在宿舍内被盗。辅导员和警察赶到宿舍，发现宿舍内没有被翻动的迹象。学生反映宿舍门一直不太好开，这次被盗门没有被损坏撬锁现象，于是警察推断是内盗。当时警察要求每个学生配合检查，将每个人的行李及橱柜挨个打开检查，结果未发现笔记本电脑。接下来辅导员找宿舍内每个成员谈话，未发现任何可疑现象，警察也调取了学校的监控，未发现任何可疑线索，此案件就此搁置。

同年12月的一天晚上9点，该宿舍B女生打电话说自己的笔记本电脑也被盗了，警察和辅导员到宿舍，发现放在这位女生床头的笔记本电脑不见了，有人用她床头的剪刀剪断了固定着笔记本电脑和床的一根绳子，屋内一个凳子倒在地上，无其他异常。警察推断是内盗，让学校保卫处和辅导员想办法做工作找出内盗，保卫处处长和辅导员分别找宿舍内每个成员谈话，发现只有上次丢笔记本电脑的A女生有作案时间，后来查看监控无果，此案件再次搁置。

同年寒假前10天，辅导员接到宿舍内B女生的电话说A女生这两天拿回一台旧笔记本电脑，外面包了外壳，但被B女生认出是自己丢的那台。辅导员找A学生来做工作。开始A女生一口咬定笔记本电脑是她自己朋友借给她玩几天的，后来在辅导员耐心的劝导下，该女生终于说出这台笔记本电脑就是B女生的。原来，她自己的笔记本电脑是在外面不小心自己弄丢了，怕父母责怪，就想到了一个办法——报假案，这就是第一次未发现任何可疑现象的原因。后来，她发现没有笔记本电脑用很难打发时间，就萌生了偷宿舍同学笔记本电脑的想法，第二次她自己趁回宿舍洗澡的时间把B同学的笔记本电脑精心包

第八章　人身财产安全（一）

好藏在了自己被单里。B女生报案时，包括警察在内所有人都以为笔记本电脑肯定和第一次一样被转移了，就没有搜每个人的物品，后来A女生趁周末把笔记本电脑带出学校包了个不同色的外壳，又带回学校使用，被B女生识破。

案例点评

这是一起典型的内盗案件，主要原因是学生平时没有相应的防范意识。学生宿舍盗窃案件中，内盗占有相当大的比例，在侦破和处理方面往往有一定的难度，但是只要大家共同维护，增强自身保护意识，做好防范工作，就可尽量减少或杜绝内盗现象的发生。平时，学生应注意以下几点。

（1）不在寝室存放贵重物品和大量现金。

（2）把重要物品锁在柜子或箱子里。

（3）妥善保管存折和银行卡，不要将密码告诉他人。

（4）保管好寝室钥匙，不得借与他人使用。

（5）在宿舍洗澡前，先将现金、银行卡手表、手机、钥匙等重要和贵重物品放在安全地方。

（6）不要显露自己的手机、现金等贵重物品。

（7）出入寝室一定要收拾好物品，关好门窗，锁好门。

辅导员在日常的教育管理工作中，要加强对学生的法纪教育，引导学生树立正确的人生观、价值观等，增强学生对财产安全的防范意识和防范能力；同时，引导同学之间一定要多交流沟通，增强信任，相互关心帮助。

三、盗窃危机的预防

（一）宿舍防盗

在宿舍里，同学们应注意以下几点防盗措施：

（1）不要随手将手机、钱包、笔记本电脑、相机等贵重且容易拿走的物品放在桌面上或床上，尽量放在比较隐蔽的地方或者锁在抽屉里。有笔记本电脑的同学最好安装专门的笔记本电脑防盗锁。

（2）长时间离开宿舍时应锁好门、关好窗户。若寝室门锁为挂锁，最好能更换为比较安全的暗锁。不要将钥匙或其他证件乱放，更不要将钥匙借给他人。

（3）短时间离开宿舍，如上厕所、去洗漱或到其他寝室串门时，也要养成随手锁门的好习惯。

（4）大额的现金不要放在寝室，应及时存入银行，随用随取。

（5）陌生人来访时，应加倍小心，随时注意其行踪；见到形迹可疑人员，如在宿舍楼里四处走动、窥探张望者，要主动多问问，使盗窃分子心生畏惧，无机可乘。

（二）在食堂、教室、操场防盗

有些学生在食堂就餐或在教室学习时，习惯用随身物品（如背包、钥匙、伞等）占位子，从而给了小偷以可乘之机。因此，在食堂就餐或在教室学习时，应注意以下几点：

（1）如果需要用书包占座位，应将包内的贵重物品（如手机、现金、相机等）取出随身携带，或找同学帮忙看管；如果和同学一起就餐，可以轮流打饭。

（2）食堂用餐排队时，不要将手机、钱包等放在长裤后兜里，应将随身背包、挎包移到身前。

（3）在教室午睡、去厕所或外出接打电话时，应携带自己的贵重物品，或找同学帮忙看管，以防一觉醒来或外出归来贵重物品丢失。

（4）在操场上运动时，最好把手机和钱包集中放在一起，找专人看管；在相对封闭的场馆运动时，应将物品锁在配备的柜子里。

（三）外出时防盗

外出游玩时，应注意以下几点防盗措施：

（1）外出游玩或采购时尽量不要携带大量现金或贵重物品，若必须带数量较多的现金，应分散放在内衣口袋中，外衣口袋只放少量现金以供购买车票或零星物品时使用。

（2）不要将钱夹放在身后的口袋里；乘电梯、自动扶梯时，不要把钱或贵重物品置于包的底部或边缘，以免盗贼将包割开，进行盗窃；在公共场所，应将包放在身前，不应使其脱离视线。

（3）在人多杂乱的地方，不要数现金，以免被盗贼盯上。同时也不要因为不放心而经常摸放钱的口袋或背包，这同样会引起狡猾盗贼的注意。

（4）离开饭店、商场时，要注意清点自己随身携带的物品，以免因与同学聊天或匆忙离开而把物品遗落。另外，乘出租车时应索要小票，万一丢失物品也便于查找。

（四）乘车时防盗

1. 乘公交车、地铁时防盗

（1）等车时应注意身边的人，特别是那些见车就挤而又不上车的人；对手拿报纸、雨伞、塑料袋等物品，且多次重复上下车、行动反常的人也要小心；在上下车时，一定要按顺序排队，不要为争抢座位而使劲推搡，造成站台和车厢秩序混乱，给盗贼可乘之机。

（2）乘车前准备好公交卡或零钱，并检查手提包拉链是否拉好，系好衣扣，不给扒手作案的机会。不要在站台上清点财物，不要在车上翻钱包。

（3）上车后，尽量往车厢中间走，在乘车过程中将手提包等物品放在胸前，并用双手护住，不要放在左、右两侧和背上。如有乘客故意紧贴你，尤其要加倍小心，防止划包行窃。

（4）有的犯罪团伙会设计情节在乘客面前表演，吸引乘客注意力来配合团伙作案。例如，有的团伙成员假装争吵，甚至大打出手，在公交车厢里推来推去，使乘客放松警惕，此时团伙其他成员则开始实施盗窃。

（5）乘客还要注意司机的提醒，如当司机说"车厢里人多拥挤，请大家保管好自己的随身物品""请大家往里走，不要挡在门口"等类似的话时，要领会到这些可能是防盗暗语，应提高警惕，保护好自己的物品。

（6）发现盗贼要立即呼喊，让车内人员共同抓贼。

2. 乘火车时防盗

（1）进站上车时要有序排队，严防扒手趁乱浑水摸鱼，上车后要及时将自己的行李物品放好，避免因随手乱放而丢失。

（2）列车到站停车时，要特别注意看管好自己的行李物品，以防扒手假扮乘客趁乱行窃。

（3）不要吃陌生人的食品、饮料，一旦发现可疑人、可疑事要注意观察并及时向列车乘警报告。

（4）多人一起旅行时，应轮换睡觉，轮流看管行李物品；若一个人旅行，尽量避免睡得太沉，应加强警惕，因为盗贼常常在后半夜趁乘客熟睡时伺机行窃。

四、盗窃危机的应对

（一）发现可疑人员怎么办

在宿舍发现可疑人员时，应主动上前询问或秘密观察。询问时态度应和气，来人如果支支吾吾什么也说不出，或是回答疑点较多，可将其带到宿舍门卫或保卫部门，由值班人员出面询问。

询问时要注意以下几个方面：一是态度始终要和气，即使嫌疑人气愤争吵，也应按宿舍管理规定与之说理，切不可动手；二是不能随意进行搜查，必要时可请嫌疑人自己将口袋或包中物品拿出来看一下；三是如果嫌疑人真是盗窃分子，还要防止其突然行凶或逃跑。

（二）遇到盗贼怎样对付

俗话说，做贼心虚。遇到盗贼时，要保持冷静的头脑，采取果断、有效的措施阻止盗窃的发生。

1. 团结一心，以多胜少

如果在宿舍发现盗贼，要及时采取有效措施防止盗贼逃跑。在没有惊动盗贼的情况下，应一边守住门或通道，一边就近喊同学帮忙。如果盗贼已经被惊动，就应大声呼叫，找来同学一起围堵。

2. 勇于斗争，大胆缉贼

在大学宿舍这种寡不敌众的特定环境中，绝大多数盗贼不敢轻举妄动。如果撞见盗贼正在作案，不要害怕，应拿起身边可以自卫的工具，如凳子、棍子等，以防其逃窜，并保护自己，同时，大喊同学前来援助。一般情况下，几分钟内其他同学或门卫值班人员就会赶到。如果盗贼行凶，可进行正当防卫。

3. 要随机应变，注意安全

在援兵未到之前，要和盗贼保持一定距离，谨防盗贼狗急跳墙行凶伤人，以能监控盗贼为目的。万一盗贼夺路而逃，应紧追其后盯住目标，同时大喊"抓贼"！校园里师生众多，只要盗贼不脱离视线，就有机会抓住他。如遇两个以上的盗贼结伙作案，在他们分头逃跑时，要集中力量抓住其中一个。注意团伙作案被发现后，行凶伤人夺路而逃的可能性更大，应随机应变，注意安全。

4. 抓住盗贼，妥善处理

一旦抓住盗贼，应采取强制措施将其控制住，并尽快通知学校保卫部门。必要时可直接扭送至学校保卫部门，但要预防盗贼趁机逃走或伤人；强制程度要适当，不能随意殴打辱骂，若将盗贼打伤致残或致死是要负法律责任的。

5. 盗贼逃脱，记住特征

在盗贼无法被当场抓获的情况下，应记住其特征，如年龄、性别、身高、胖瘦、相貌、衣着、口音，有无佩戴戒指、手镯以及能辨别其身份的特征，以便公安、保卫部门破案。

（三）被盗后应如何处置

（1）盗窃案件发生后，注意保护现场，立即报案。先报给辅导员，同时报保卫部门。若现场在室内，注意保留盗贼在门、柜子、窗等处留下的痕迹。

（2）主动向保卫人员提供线索，如宿舍内的过道、楼梯、窗户等布局，寝室的人员、物品等基本情况，以及可疑人员的基本特征等，以便保卫人员及时拟定相应的处理方案和实施办法。

（3）如果发现存折或银行卡等被盗，应尽快到银行挂失，修改相关密码，以免银行卡被盗刷。

（4）如果发现手机被盗，应该及时修改QQ、微信、支付宝等账号的密码，以免被不法人员盗用，而造成财产损失。

第二节　防敲诈勒索

一、敲诈勒索的基本含义

敲诈勒索罪是指以非法占有为目的，对他人实行威胁、恐吓，索取公私财物数额较大或者多次敲诈勒索的行为。

根据《中华人民共和国刑法》第二百七十四条规定，敲诈勒索公私财物，数额较大或者多次敲诈勒索的，处三年以下有期徒刑、拘役或者管制，并处或者单处罚金；数额巨大或者有其他严重情节的，处三年以上十年以下有期徒刑，并处罚金；数额特别巨大或者有其他特别严重情节的，处十年以上有期徒刑，并处罚金。

二、敲诈勒索的预防

近年来，敲诈勒索案件的犯罪率一直居高不下，并且逐渐成为侵犯财产类犯罪中的多发性罪名。学生在平时的生活、学习中一定要多加注意。

（1）尽量避免单独行动，注意识别敲诈勒索者所设的圈套，不给坏人可乘之机。

（2）不要和陌生人搭讪，不要轻信陌生人的巧言哄骗；尽量避免与陌生人单独相处，对行迹可疑的陌生人更要敬而远之；如果发现有人跟踪和尾随，要及时求助。

（3）敲诈勒索者多是抓住了他人的把柄，或以其弱点相威胁，从而达到索要钱财或物品的目的。为避免落入其圈套，应做到平时不贪图小名小利，不接受小恩小惠，以免让人抓住把柄。

三、敲诈勒索的应对

（一）沉着冷静，随机应变

遭遇陌生人敲诈时要沉着冷静，并想方设法与歹徒周旋和拖延时间，看清楚对方的相貌特征和周围的环境情况，以便寻找脱离险境的有利时机。如果附近有人，可以大声呼救，向周边的群众寻求帮助，此时一般来说歹徒会闻声而逃。如果四周无人，呼喊或逃跑都无济于事，这时要先答应其要求或交出部分钱物，然后及时向学校老师或司法机关报案。

（二）敢于斗争

遭遇敲诈勒索时，应勇于同敲诈勒索者作斗争。受害人多怀有破财免灾思想，尤其是那些有把柄在敲诈勒索者手中的受害人更是如此。但事实上，这样做只会促使敲诈勒索者更加肆无忌惮地继续进行敲诈。犯罪分子屡屡得逞也多是由于把握了人们的这种思想。

（三）注意保护自身安全

需要提醒的是：在未脱离险境的情况下，切不可当着歹徒的面声称要报警，以免遭到杀人灭口之祸。因此，从自身安全角度考虑，一定不要鲁莽行事，要沉着冷静，寻找机会脱离险境，尽量避免或减少不必要的伤亡。

（四）及时报案

遭到敲诈勒索后，要立即向学校、公安机关报告，越怕事、越不敢声张，不法之徒就越嚣张。及时报案，就会使不法分子及时受到应有的惩处，就会及时制止不法分子的继续侵害，从而最大限度地挽回经济损失。

典型案例

"碰瓷"勒索

某市某出租车公司向公安分局刑侦大队报警称，最近该公司多台出租车被人骑摩托车或电动车故意撞车"碰瓷"，以此进行敲诈，涉案金额达万余元。

通过侦查，民警了解到该团伙经常利用出租车倒车、违章掉头或减速靠边的机会，驾驶摩托车或者电动车造成车辆刮擦事故，然后以受伤要住院检查为借口，要求拨打"122"，请求交警过来按正常程序处理事故。

由于交警到达事故现场后,双方的车辆均要按程序扣留,然后通过调查后再行处理。出租车司机因为车辆被扣1天,经济损失就有数百元,因此出租车司机多要求私下协商处理。该团伙成员就趁机进行敲诈,要求出租车司机赔偿医药费、修理费等费用,敲诈金额从数百元到几千元不等。

经过近一个星期的缜密侦查,专案组逐步掌握了该犯罪团伙的犯罪规律及成员基本情况,遂成功将团伙成员一一抓获。

案例点评

> 法网恢恢,疏而不漏。企图不劳而获,一夜致富的犯罪分子终于为自以为高明的"碰瓷"勒索行为付出了代价,受到了法律的惩处。我们在乘车出行时,也应提醒司机在开车的时候一定要遵章驾驶,尤其在倒车、掉头的时候多加注意,以免让犯罪分子有可乘之机。

第三节 防劫夺

针对学生的抢劫和抢夺案件(简称"两抢"案件)中,抢劫是指以非法占有为目的,以学生为侵害目标,使用暴力、胁迫或其他方法强行劫取财物的行为;抢夺是指乘人不备公然夺取学生财物的行为。这两类案件在一定情况下往往容易转化为凶杀、伤害、强奸等恶性案件,造成被害人身体和精神伤害,甚至危及生命安全。广大学生只有充分认识其危害性,不断提高自我保护能力,才能有效地防止人身伤害和财产损失,才能在遇到危险时采取恰当的防范措施,减少不必要的伤害。

一、"两抢"案件的特点

"两抢"案件的特点主要包括以下几个方面。

(一)作案时间规律

"两抢"案件发生的时间有一定的规律,犯罪分子一般选择新生入学期间、校内举办各种大型活动期间、午休或夜深人少之时等时间来作案。例如,开学时,很多学生携带不少现金,很容易引起不法分子的注意;午休或夜深人少之时,行人稀少,同学们往往孤立无援,而犯罪分子人多势众,易于得手且能快速逃离现场。

（二）作案地点隐蔽

犯罪分子一般选择校园内较为偏僻或地形复杂、人少及夜间无路灯的地段，实施抢夺或抢劫，因为这些地方易于藏身，且易于逃脱。

（三）作案目标特定

犯罪分子往往专门盯梢穿着时尚、携带贵重物品、单人行走的学生，在无人地带谈恋爱的学生情侣，以及在学校周边租房居住或兼职、具有一定活动规律的学生。很多学生喜欢边走路边看手机，难以发觉有人靠近或跟踪自己，这也给犯罪分子提供了机会。

（四）作案人员结伴

从抢劫的作案人员看，除了个别是流窜作案外，多数是学校及其周边的暂住人员、不务正业人员或有劣迹的社会青年。犯罪分子往往拉帮结伙，共同作案，在实施抢劫前往往有周密的计划，团伙内部还有明确的分工，如有的专门负责物色抢劫对象，有的专门充当打手。

（五）作案手段多样

"两抢"案件中犯罪分子的作案手段多样，通常有以下几种：一是对被抢对象进行暴力威胁或言语恐吓，实施胁迫式抢劫；二是设计诱骗学生上当，实施诱骗式抢劫；采用殴打、捆绑等暴力行为，实施暴力式抢劫；三是冒充老乡或朋友骗取学生信任，继而将其麻醉，实施麻醉式抢劫；四是采用摩托车等交通工具，一人骑车，一人抢夺，快速逃脱，实施袭击式抢夺；等等。从对学生的伤害看，不单单是学生财物遭受侵害，虽然犯罪分子开始的动机是财物，但是在实施抢夺、抢劫的过程中往往转化为人身伤害。

案例1：福建省某学校女生小林途经市图书馆大门口时，突然遭遇两名青年男子持刀抢劫，两名男子抢走小林的随身背包和一部手机并将小林捅成重伤。

案例2：西南某学校女生杨某在车站附近准备乘车回家时，突然有人从后面拖拽其钱包，杨某立马转身与歹徒进行拉扯，但力量不及歹徒大，被歹徒推倒在地。歹徒在抢走900元后迅速逃离现场。

 案例点评

> 歹徒通常利用女性体质弱、不易反抗的特点实施抢夺。因此，外出时最好将背包斜背，这样不易成为抢夺目标。另外，平时最好靠人行道的右侧、离快车道稍远点的位置行走，这样歹徒也不易接近。

二、抢劫危机的预防和应对

（一）抢劫危机的预防

1. 遵守校纪校规

为确保学生的安全，高校都制定了相应的规章制度，如不得擅自在外租房，按时就寝不得晚归等，但总有一部分学生会晚归或夜不归宿，这样就给不法分子作案提供了机会。

2. 外出结伴不独行

不法分子对学生实施抢劫，被抢对象多为单行者。因此，为了保护自身安全，学生外出务必须结伴而行，晚上最好不要外出。散步游玩时，不要随身携带贵重物品。如果独自外出或活动，最好是避开人员稀少、偏僻、视线不良、遭劫无援的时间和地点。

3. 不要携带过多贵重物品

手机、笔记本电脑、相机和现金等贵重物品是抢劫的最主要目标，学生务必高度警惕和注意。一定要将多余现金及时存入银行，学费最好通过银行汇兑，平时只带少量的零花钱。如果携带较多现金和贵重物品归校，则应尽量避开偏僻、人少的路径和时间；如果乘车，则最好乘公交车或正规出租车。

4. 偏僻小道不能走

为避免受不法侵害，同学们应该选择校园内的大道走，特别是在夜间，莫贪近路走一些偏僻小道。尤其是正在恋爱的同学，不要在光线不好的僻静处行走和逗留，即使是光线好的地方，如果路面已无人，也不要逗留。如果独立在外租房或经常在外打工兼职，晚出、早归或早出、晚归的行动规律要警惕被有不良企图者所掌握，以免发生抢劫行为。

5. 校外网吧要少进

学生不要光顾校外网吧等娱乐场所，因为一些不法分子往往会对经常出入网吧等娱乐场所的学生实施抢劫，这类案件在高校周围常有发生。

（二）抢劫危机的应对

学生若遭遇抢劫，要冷静分析自己所处的环境，针对当时的具体情况，灵活采取不同的对策，总的原则是：在能保证人身不受伤害的前提下，设法保住财物，同时制伏歹徒；在不能保证人身不受伤害的前提下，应舍弃财物，保住人身免受损害；在财物及人身均受到伤害时，要设法掌握不法分子的证据，为以后破案、打击犯罪奠定基础。

1. 沉着冷静不恐慌

学生遭遇抢劫时，首先要保持镇定，克服畏惧、恐慌的情绪。其次要有正义必然战胜邪恶的信念，从精神上压倒对方，继而以灵活的方式战胜对方。

2. 快速撤离不犹豫

犯罪分子实施抢劫作案时，一般都做了相应的准备，要么人多势众，要么携带有凶器。有的学生性情刚烈，往往鲁莽行事，很容易被犯罪分子伤害。俗话说"三十六计，走为上策"，学生在遭遇抢劫、对比双方力量感到无法抗衡时，应看准时机向有灯光或人员集中的地方快速奔跑，犯罪分子由于心虚，一般不会穷追不舍，从而可有效避免劫案的发生。

3. 巧妙周旋不畏缩

学生在遭遇抢劫、处于犯罪分子的控制之下而无法反抗时，可先交出部分财物缓和气氛，再理直气壮地向犯罪人员进行法制宣传教育或晓以利害，造成犯罪分子心理上的恐慌，或在犯罪分子心理开始动摇、放松警惕时，看准机会反抗或逃脱。

4. 大声呼救不胆怯

犯罪分子有其胆大妄为、凶悍的一面，更有其心虚的一面。学生应把握机会，及时呼救。这样，一些抢劫案也许就能得到有效的控制。

5. 留下印记不放过

一旦遭遇抢劫，应注意观察作案人，尽量准确地记下其特征，如身高、年龄、发型、体态、衣着、特殊疤痕、语言及行为特征等，还可趁其不备在其身上留下记号，以便为公安机关侦破案件提供宝贵的线索。

三、抢夺危机的预防和应对

抢夺的特点是作案人较少使用暴力、胁迫等手段，但作案人在实施抢夺行为时，极有可能造成对攻击目标的人身损害。

（一）抢夺危机的预防

为了有效预防抢夺行为的发生，学生在平时的学习和生活中要注意以下几个方面：

（1）外出时不要携带过多的现金和贵重物品，对于少量的现金或贵重物品最好贴身携带，不要将其置于手提包或挎包内，更不要炫耀或显露。

（2）尽量避免在午休、深夜或人少的时候单独外出，不要单独滞留或行走在偏僻、阴暗处。

（3）发现有人尾随或窥视，不要紧张露出胆怯神态，可回头多盯对方几眼或哼首歌曲并改变原定路线，朝有人、有灯的地方走。

（4）手机最好不要挂在胸前，要放在口袋里，打电话时要注意身边是否有可疑的陌生人，以防手机被抢夺。

（5）骑自行车时，不要将随身所带的包或贵重物品不加固定地放置自行车前面的车篮里，以防止不法分子抢夺。

（6）走路要走人行横道，不要离机动车道太近，更不要走车行道，拎包要放在胸前，背包最好靠右侧斜背。对于周围可疑车辆、人员要提高警惕，特别是对驾驶摩托车行使速度慢、骑车人东张西望、故意遮盖车牌等异样情况，要加强防范以免遭到骑车歹徒袭击。

（二）抢夺危机的应对

抢夺分子作案后一般急于逃跑，利用这种心理，同学们在遭遇抢夺时应大声呼叫，并追赶作案人，迫使作案人放弃所抢的财物。若无能力制服作案人，可保持距离紧追不舍并大声呼救，引来援助者；或趁其不注意时在其身上留下记号，也可在作案人得逞后悄悄尾随掌握其去向，以便公安机关侦破。

遭遇抢夺后，要迅速报警，并向警方详细提供案发地点、时间、歹徒的身高、体态、发型、脸型特征，犯罪嫌疑人作案用车的颜色、型号、牌照号码以及逃跑方向，这有利于有关部门及时组织力量布控、抓获作案人。

 问题思考

1. 结合自身情况，说说应如何预防和应对盗窃危机。
2. 在高度发达的互联网时代，该如何保护个人信息（电话号码、社交账号和密码等）不泄露？
3. 说说日常生活中常见的诈骗手段及应对措施。
4. 说说抢劫、抢夺案件的特点及应对措施。

 推荐阅读

1. 罗永正．新编防盗手册［M］．辽宁科学技术出版社．
2. 杨文忠．防骗自助 100 招［M］．广西人民出版社．
3. 教育部人事司、教育部基础教育司组织编写．校园安全［M］．北京师范大学出版社．

  案例纪实

上门推销行骗

2017 年 4 月 15 日中午，某女生宿舍大门敞开，宿舍内四名学生正在热烈地讨论男明星的绯闻，一名推销化妆品的陌生人张某（女）走了进来，张某称自己是××医学院大四快要毕业的学生，现在在实习，想多积累些工作经验，好好写毕业论文。张某口才很好，说得天花乱坠，一直在跟四名学生传授美容知识，教学生如何保护视力，怎样保养皮肤等等，继而就说可以免费给那四名学生做护理，试用她带来的产品。后来又说要做

保健，但是要用到她带来的产品（排毒液）——（价格 99.5 元一瓶）。四名学生想看她身份证，她说没带，只是拿出工作证并留下了电话号码，但是四名学生却信以为真，并没有意识到这是骗局。推销者又称身上没那么多货，要她们先付钱，过几天再帮送货进来。就这样四名学生轻信了她，并付了 398 元现金。然而时隔多日此人并没有送货过来，也没有再来给她们做护理，所留的电话号码也打不通，她们这才意识到上当了。她们说后来也想到骗子当时也有很多漏洞，但是当时就是没能及时发现，以后会引以为戒，并把自己的教训讲给同学们，不再让骗子有可乘之机。

案例分析

　　大学校园里的各种推销大家再熟悉不过了，这些上门服务看似方便，价格也便宜，但真伪难辨，质量无法保障，一旦发生质量问题，投诉无门，只能吃哑巴亏。其实防范上门推销骗局很简单，任你说得天花乱坠，我就是不买。这个案例反映出这四名学生缺乏对上门推销的认识，耳软心活，缺乏应对策略，明明推销者漏洞百出，而她们却轻信陌生人之言，没有勇气或碍于面子，没有及时验证推销者的身份，更不会拒绝，最终导致了上当受骗。因此，当遭遇推销时，应注意以下几点。

　　（1）直接谢绝推销，不给推销者任何机会。

　　（2）任凭推销者说得天花乱坠，只要你不图便宜，不图懒省事。任凭推销者如何"巧舌如簧"，你就是不买，骗子就不能得逞。

　　（3）老生大多对宿舍推销比较了解，也不会轻易上当，新生则容易被"好心""热心"的大哥、大姐忽悠，缺乏防御能力。因此，辅导员要对新生做谢绝推销的宣传，让学生了解宿舍推销产品的危害和后果，并掌握相关防范技巧。

　　（4）加强对学生的安全教育，提高学生防骗防盗意识。妥善保管好自己的财物，随手关门和锁门，格外留意陌生人的进入。

　　辅导员只要在每年新生入学的第一次班会中告诉学生宿舍推销的危害和后果，告诫学生不要贪图小便宜，明令学生谢绝推销，避免上当。

第九章
人身财产安全（二）

 学习目标

- 了解暴力侵害的基本含义。
- 掌握暴力侵害危机的预防和应对。
- 熟悉性侵害的基本含义和主要形式。
- 掌握性侵害危机的预防和应对。
- 熟悉传销的基本含义、特征和常用手段。
- 掌握传销危机的预防和应对。
- 掌握校园贷危机的预防和应对。

近年来，发生在校园中、针对学生的人身伤害案件屡见不鲜，包括暴力侵害、性侵害、传销等。究其原因，多是由于学生缺乏安全意识及安全防范知识，以致在危险发生时束手无策，从而为自己带来不必要的身心伤害及财产损失。因此，了解这些侵害的预防及应对措施，对保障学生的人身及财产利益不受损害显得尤为重要。

第一节　防暴力侵害

一、暴力侵害的基本含义

校园暴力是由个体或群体实施的一种侵犯性行为，是一种基于恶意、任性或是故意的有目的的行为，目的是让受害者产生心理上的恐惧、痛苦或身体受到伤害。近年来，校园内的欺凌事件频发，不仅给当事学生造成身体及精神损害，也给广大学生的学习和生活带来了很大的负面影响。

恶性滋扰，终受制裁

社会青年刘某等一行三人驾驶一辆暗红色的桑塔纳轿车进入某高校内，声称来校办理业务。刘某在学生公寓区无视校内规定，随意行车，险些将正要回宿舍的学生徐某撞倒，刘某不仅没有下车道歉之意，反而瞪着白眼，嘴里骂骂咧咧。好好地走路，却反遭如此谩骂，徐某特别生气，喊来路过的几名同学执意要向刘某讨个说法。车内一穿白色衬衣的男子随即冲上前来，二话不说便给徐某一个耳光，双方便扭打了起来。

保卫处人员赶到现场后进行制止，并警告他们不要在校内滋事，否则报警，刘某称自己就是"110"。不久后警察赶到一看，原来是几个有前科的社会青年，遂将其带走。

第九章　人身财产安全（二）

案例点评

> 刘某等人目无法纪，口出狂言，一副"老子天下第一"的恶霸嘴脸，连最基本的社会公德都没有，"办理业务"只是他们的幌子，寻找刺激、伺机滋事才是他们的真正目的。遇到此类情况时，一定要保持清醒的头脑，通过正当途径解决问题。

二、暴力侵害危机的预防

为避免暴力侵害危机的发生，学生应着重从以下几个方面加以预防。

（一）和善待人，团结同学

在日常生活中，学生应注意和善待人，不欺负人，不侮辱人，不随便占人便宜，以免因与人结仇遭到暴力性报复；另一方面，应团结同学，友谊不但可以减少同学之间的摩擦，化解矛盾，而且在危害来临时，同学们往往会提供更直接的帮助。

（二）慎重交友，简化社会关系

古人云："近朱者赤，近墨者黑。"学生在结交朋友时，一定要有辨别能力，应注意与校外人员交往适度，更应避免结交一些不三不四的人。

（三）树立安全意识，远离是非

学生应牢固树立安全意识，在公共场所，要远离寻衅滋事人员，不因小事与他人纠纷，更不应过于注重哥们义气，参与社会团伙事件，以免给自己带来不必要的麻烦。

（四）遵守纪律，不入复杂场所

学生应遵守校规校纪，不在施工工地、树林等人员稀少的地方逗留。同时，尽量少涉足游戏厅、台球厅、网吧等公共娱乐场所。这些场所情况复杂，是伤害危机的多发地。

三、暴力侵害危机的应对

在暴力侵害危机发生时，学生应采取以下措施沉着应对。

（一）尽快避险

当伤害即将发生时，首先应想到的是在短时间内尽快脱离险境，这样才能最大限度地避免危害伤及自身。必要时尽量满足对方提出的要求，及时逃离，与此同时一定要记住对方的体貌特征，及时报警寻求帮助。

（二）正当防卫

如果危机已无可避免，则应采取必要的自卫手段，保护自身不受更为强烈的伤害，注意运用智慧和策略。

（三）向老师、同学及警方求助

在学校里，老师和同学是最值得信赖的，在遭遇暴力侵害时，应向老师或同学求助，他们会帮助你化解危机。如果暴力侵害危机事件已经造成了严重的后果或情况变得复杂，如受害人重伤、加害人畏罪潜逃等，则应向当地公安机关报案，请求援助。

（四）增强法律意识

学生要增强法制意识，在侵害发生后，要勇敢地站出来，用法律武器维护自己的正当权益。

第二节　防性侵害

一、性侵害的基本含义

性侵害泛指一切与性相关且违反他人意愿，对他人做与性有关的行为。这种行为不限于异性之间，也不限于发生性关系。强奸、性骚扰都可算是一种性侵害，露体、窥淫等也可算是性侵害的一种。性侵害不仅使被害人的身心受到重创，而且还会使被害人的人格尊严受到侮辱，可能导致学生精神崩溃，甚至导致其自残、自杀抑或危害公共安全等严重后果。

二、性侵害的主要形式

性侵害的表现形式主要有暴力型性侵害、胁迫型性侵害、网恋型性侵害、社交型性侵害和流氓滋扰型性侵害。

（一）暴力型性侵害

暴力型性侵害的主体大多是校外人员，他们在与学生的交往过程中，采用欺骗手段获取她们的信任。一旦学生处于孤立无援的状态，他们便会采用殴打，甚至使用凶器以暴力方式胁迫被侵害对象就范。如果在性侵害的过程中被侵害人强烈反抗，或者犯罪分子害怕事情败露，他们还可能会危及被侵害人的性命。

（二）胁迫型性侵害

胁迫型性侵害主要是指作案主体利用自己的权势、地位、职务之便，对有求于自己的受害人加以利诱、威胁、恐吓。例如，犯罪分子采用曝光隐私、毁坏名誉等手段，对被侵害人实行精神控制，使他们不能反抗；或者在对方有求于自己的情况下，给被侵害人以某种许诺，迫使其就范。

（三）网恋型性侵害

网络技术的不断更新，拓展了在校学生与陌生人交往的空间。上网聊天、结识网友已成为学生日常生活中的一部分，同时也成为大学校园安全的隐患。作案人在网络聊天中往往隐瞒自己的真实身份，利用花言巧语诱惑那些正处于青春萌动、感情迷茫时期的学生。

（四）社交型性侵害

社交型性侵害的主体大多是熟人，是指在自己的生活圈子里发生的性侵害，侵害人一般是同学、同乡、朋友，有的甚至是老师。社交型性侵害多为"熟人骚扰""沉默侵犯""酒后强奸"等。受害人受到伤害后，往往出于各种顾虑而不敢报案。

（五）流氓滋扰型性侵害

流氓滋扰型性侵害是指社会上的流氓结伙闯入校园，寻衅滋事、无理纠缠，用污言秽语进行挑逗，或下流地调戏、侮辱女生。一般情况下，校园的治安管理良好的话，是不易发生这种性侵害的。

三、性侵害危机的预防

（一）在思想上树立预防性侵害意识

当学生身处校内校外各种活动场合时，要注意防范遭受性侵害的可能性，提高自我保护的警觉性。例如，在社会交往中对朋友、同伴那些肮脏下流的笑话、淫秽暧昧的语言、挑逗暗示的动作果断表明强烈的排斥态度，一定程度上能及时打消他们的侵害念头，从而将性侵害意识扼杀在萌芽状态。

（二）在防范上关注所处周围环境

性侵害犯罪是一种特殊的犯罪行为。犯罪分子作案前往往注重作案环境的选择以求作案的"成功率"。要降低作案风险，学生应对自己的生活、居住环境倍加关注。晚上尽量不要外出，有事外出也要尽早返回，夜间外出或在校园内行走时最好结伴而行，行走时要选择行人较多、路灯较亮的明亮道路，经过树林、建筑工地、废旧房屋、桥梁涵洞等僻静之处时要特别小心。在学校公寓或校外出租房就寝时要避免独处，特别是节假日期间，晚上睡觉时要关好门窗、拉上窗帘。

（三）谨慎结交新朋友

根据调查表明，有63%的性侵害发生在相互认识的熟人之间。因此，学生在与同学、老乡、朋友、网友的交往过程中要注意了解对方交往的目的，留意对方日常言行中表现出来的人品、道德修养。如发现对方时常有过分亲昵、挑逗等预兆性言行时，要及时果断地终止与其来往。在结交新朋友时，应时刻注意观察和提醒自己，不要轻信任何人，不要单独跟新朋友去陌生的地方；控制感情，不要在交往中表现轻浮；控制约会环境和时间，不要到偏僻人少的地方，不要夜半不归；不要过量饮酒；不随便接受超过友谊的馈赠；对过分的言行持反对态度；等等。

（四）有选择地适当参加社会活动

学生应慎重参加校外社会实践或社交活动，如果须要参加，也要通过学校及有关部门去联系，切忌自己通过小广告或者他人推荐而随意选择服务对象。在参加之前，要对活动性质、活动对象等基本情况有大致的了解，不要只图报酬而贸然前往。

第九章　人身财产安全（二）

四、性侵害危机的应对

遭到性侵害时，能否正确对待、妥善处置，其产生的结果也大不一样。因此，学生必须正确对待，妥善处置，力争把损失降到最低程度。

（一）头脑清醒，控制情绪

学生在遭受性侵害时，保持头脑清醒、情绪稳定是最重要的。无论何种方式的性侵害，只有沉着镇定、冷静分析当时的情况，方可及时想到脱身和对付不法之徒的办法。

（二）明确意愿，态度坚决

有时性侵害行为是性侵害者错误地理解了被害人的意图后发生的。因此，学生遇到别人对自己要强行进行性侵害时，应当适当而且坚定地表明自己的态度，阻止性侵害行为的发生。

（三）采用暴力，正当防卫

学生在遭受性侵害时，条件允许的情况下，可采取一定的暴力防卫措施，特别是对犯罪分子身体薄弱部位进行有效的攻击，如脸部、腹部、下身等部位，使侵害人的身体遭受突如其来的伤痛，从而迫使其终止性侵害行为，同时为自己逃脱或获救创造条件。

（四）及时报案，不拖延

学生遭遇性侵害事件后，要打消顾虑，及时向有关部门报案，不能因为害怕名誉受损，而独自咽下苦果，这样会使犯罪分子逍遥法外，侥幸逃脱制裁也可能会带来更多的伤害。

（五）心态调整，不极端

学生被侵害后，常表现出意志消沉、精神萎靡、心理负担加重等现象，要注意调整心态，正确认识，必要时进行心理咨询，尽快从阴影中走出来。

正确应对，及时呼救

2015年4月20日中午，四川某高校女生张某一人去学生会办公室学习途中，遭遇社会青年齐某尾随，当齐某确认办公室没有其他人后，马上用随身带的手绢蒙面，手持啤酒瓶闯入室内，将正在学习的张某按住，威胁"把钱拿出来，别出声，出声整死你！"，张某慌忙将书包中仅有的十几元现金交给齐某，齐某见势遂生歹意，将张某摁倒在地，并解下张某的鞋带欲捆住张某，张见状乘其不备，夺下啤酒瓶砸在齐某头部，并大声呼救。齐某受伤慌忙逃跑。案发后，张某及时到学校保卫部门报案，并为公安机关提供线索和证据，2014年5月，齐某被抓获归案，处以有期徒刑三年。

> 案例中张某去学生会办公室学习，首先选择了错误地点，应当去教室、图书馆人员相对集中的地方学习，其次张某没有及时发现被人尾随，说明张某平时缺乏防范意识和观察能力，如果及时采取措施则可能避免。但幸运的是，张某在遇到侵害时，能冷静对待，奋力反抗，致使犯罪分子未能得逞，之后又能及时到公安机关报案，运用法律维护了自己的权益。

第三节 防传销

一、传销的基本含义

传销，是指组织者或者经营者发展人员，通过对被发展人员以其直接或者间接发展的人员数量或者销售业绩为依据计算和给付报酬，或者要求被发展人员以交纳一定费用为条件取得加入资格等方式牟取非法利益，扰乱经济秩序，影响社会稳定的行为。也就是说，传销组织没有实际产品，或者产品的价格远远高出其成本和合理价格，有高额的入门费用或者变相的入门费用，采用人员发展上线、下线、金字塔式，限制人权、自由的非法经营模式。

受当前就业形势严峻的影响，面临毕业压力的学生求职心切，而传销组织就利用这一点，宣扬"好工作""高收入"等，使学生很容易丧失辨别能力和抵制诱惑的能力。有些学生被骗入传销网络中，成为传销的牺牲品，给他们的身心健康和个人成长带来了严重的危害。

二、传销的特征

（一）组织严密，行动诡秘

传销一般把人员骗到异地参与活动，其组织严密，等级森严，行动诡秘。因为我国政府全面禁止在中国境内从事传销活动，所以传销组织者、骨干分子就把传销活动转入地下和半地下，而且往往采取异地传销的形式；还有将基地转到国外的。传销一般实行上下线人员单独联系，而组织者异地遥控指挥。

（二）名目繁杂，价格虚高

传销组织除"拉人头"以外，现在又出现了"传商品""加盟店"的形式。商品在传销组织中已经道具化，商品的价格与价值严重背离，很多是难以衡量价格的化妆品、营养品、保健器材、服装等，部分商品是"三无"商品。

（三）编造神话，反复洗脑

不法分子针对当前部分群众（包括一些大学生）急于成功却又找不到合适渠道的特点，同时抓住部分人想快速挣钱的心理，利用一套貌似科学合理的奖金分配制度和一些歪理邪说，鼓吹迅速暴富，鼓动人员加入。受骗者一旦加入团队之后，就会在人身和心理两方面受到严密控制，在被集中授课、交流谈心等方式不间断地反复灌输下，最终对谎言深信不疑。

（四）发展下线，重在"杀熟"

传销是多层的，有上线，有下线，而在发展下线时，最容易上当的就是传销人员的亲戚、战友或同学等。由于是自己关系密切的人员介绍，出于信任受骗群众往往放松了应有的警惕。

三、传销组织的常用手段

传销组织通常会在封闭的环境里对新人反复"洗脑"，最终达到精神控制的目的，传销组织的常用手段包括以下几种。

（一）断绝受害人与外界的通信联系

受害人被传销人员"接站"后，传销组织会主动要求受害人给家里打一个电话报平安，告知一切都好，请家人放心。然后马上就面临一个星期左右的洗脑过程，在这期间一般不允许受害人与外界接触，因为刚来的每一位受害人几乎都对传销抱着排斥和怀疑的态度。为了防止受害人报警或受害人通过电话、短信、微信等将真实情况告诉家人和朋友，传销组织会找借口"借"走受害人的手机，让受害人无法与家人朋友联系；当受害人外出想与外界联系时，他们就极力阻拦，或者一旁监视，让受害人不方便讲话。

（二）控制受害人的钱财

受害人来之前，有的传销组织会以安全为由叫受害人不要带太多的现金，只带足够的路费即可；如果受害人是传销组织以做生意为名骗来的，则受害人在到达目的地之后，传销组织也会以"代为保管"为由拿走受害人的财物；有的传销组织以让受害人请客为名，花光受害人身上的余钱——传销组织就是这样利用各种卑劣的手段，使受害人因没有返乡的路费，而被迫留下来接受他们的"洗脑"，参与传销活动。

（三）24小时贴身看护，防止受害人逃离

受害人到达传销地点后，外出上课、上厕所都有人跟随，甚至晚上睡觉，都被"照顾"得无微不至。如果受害人是推荐人的亲人或非常要好的同学、朋友，他们会相对放心一些，看得不那么紧。如果受害人不配合，还要遭受皮肉之苦。传销组织会以类似绑架的形式逼着受害人向家里要钱。

（四）亲情感化，使受害人产生依恋

传销组织除了上述强硬做法外，还会采用"怀柔政策"来迷惑受害人，极力营造"家"的温暖。从"接站"那一刻起，"家"里人就无微不至地"关注、关心"受害人，大家争

相跟受害人握手，陪受害人打扑克、做游戏，甚至给受害人打洗脸水、洗脚、洗衣服，在头几天不会向受害人要伙食费。在这充满"人情味"的家庭氛围中，受害人逐渐放松警惕，不由自主地接纳这个环境，增强了对团队的认同感。

（五）以"亲情""友情"相要挟

传销组织欺骗一切可以欺骗的人，利用一切可以利用的手段，"亲情""友情"便是可以充分加以利用的"工具"。在传销组织里，浓浓的"亲情""友情"成为传销骗子们用来"绑架"受害人的手段，受害人留下来才对得起"亲情""友情"，反之，则愧对亲朋好友。传销组织为达目的可以不择手段，甚至还会使用"美人计"。

四、传销危机的预防

（一）不要相信天上掉馅饼

不要相信天上掉馅饼。如果你频繁接到久未谋面的某位亲友热情而有分寸的电话，邀请你到外地考察、旅游、聚会、帮忙；如果你接到某家"知名企业"的通知，要求你到外地进行面试；如果对方不断强调他们的口才很好，能迅速暴富，鼓励你不要"满足现状"、要有"事业心"、要有"胆量"；如果有网友热情地邀你到外地见面，如果对方所在的城市恰好是传销的"重灾区"，那么你一定要小心，有可能你已经被传销组织盯上了。

（二）务必审查资质，签正规合同

传销是很难辨别的，从事传销的不法分子在动员他人加入时往往以"直销""网络连锁"等名词作掩饰，混淆是非。所以学生在加入一家公司之前，一定要注意审查公司资质，签正规合同。首先应了解这家公司的资质、信用和通信方式。一般可以采用以下方式来证实：

（1）登录国家企业信用信息公示系统（http://www.gsxt.gov.cn/index.html）查询。
（2）去其营业场所所在地的工商部门查询。
（3）要求对方出示营业执照和组织机构代码证书。
（4）要求对方出示税务登记证书和代理授权书。

同时，还应签订正规合同，保证双方平等互利。如果对方不谈合同，甚至拒绝签合同，就应多加留意，以免上当。

（三）不要感情用事

传销一般是熟人找熟人，有的人误入传销组织后，碍于情面就什么都不问，不明不白地跟着走，结果落入陷阱，不能自拔。因此，当陷入传销时，务必要保持理智、克服恐惧心理，想方设法逃离传销组织，并向有关部门进行举报。

五、传销危机的应对

（一）克服恐惧心理，沉着冷静

误入传销后，不能做一些过激的行为，如跳楼、拿刀伤人等，这样非但不能解决问题，反而让自己陷入更危险的境地。只有沉着冷静，才能与传销组织斗智斗勇、巧妙周旋，最终化险为夷。

（二）保持清醒的头脑

传销组织会对人进行洗脑，这是传销组织控制参加者的最有力手段，如果接受了洗脑，后果不堪设想。因此，头脑必须保持足够清醒，任他吹得天花乱坠，绝对不能上当。

（三）记住地址，伺机报警

一旦误入传销组织，首先要想办法偷偷报警，或者告知自己的亲人朋友帮助报警。但要掌握自己所处的具体位置，或者观察附近有没有标志性建筑，以待救援。

（四）找住机会逃跑

传销组织每天都有一些户外活动，在这个过程中随行的人可能相对较少，此时如果有机会，可迅速逃离。

（五）向别人寻求帮助

如果可以接近一些机关单位、企事业单位，可以找机会跑过去向保安或工作人员求助；或者跑向人多的地方高声向路人求救；也可以在上厕所时偷偷写好求救纸条，然后找机会悄悄递出去，让拿到纸条的人帮忙报警。

（六）骗取信任，寻机逃离

如果暂时跑不掉，在敌强我弱的情况下，就要想办法伪装，骗取他们的信任，等他们放松警惕后再寻找机会逃离。

（七）坚决报警

一旦脱离传销组织，为人为己，都要马上报警。

第四节　防校园贷

近年来，不断有网贷机构针对在校学生开展借贷业务，突破了校园贷的范畴和底线，一些地方"求职贷""培训贷""创业贷"等不良借贷问题突出，给校园安全和学生合法权益带来严重损害。2017年9月，教育部发布文件，鼓励正规的商业银行开办针对大学生的小额信用贷款，强调禁止任何网络贷款机构向在校大学生发放贷款。

一、校园贷的基本含义

校园贷是指各类借贷平台向学生提供贷款的行为。严格来讲，校园贷平台可以分为以下四类：

（1）电商背景的电商平台，包括淘宝、京东等传统电商平台提供的信贷服务，如蚂蚁花呗借呗、京东校园白条等。

（2）P2P贷款平台（网贷平台），网络贷款较为方便，但利息和手续费很高，一些放贷人还会要求学生提供一定价值的物品进行抵押，并且收取学生的学生证、身份证复印件，对学生个人信息进行全面掌握。一旦学生不能按时还贷，放贷人就会采取各种手段向学生讨债，由此带来许多恶劣的后果。因国家监管要求，目前多数正规网贷平台已暂停校园贷业务，但还有部分不良网贷平台通过虚假宣传的方式和降低贷款门槛等手段，诱导学生过度消费、超前消费甚至为此背上高利贷。

（3）线下私贷，指民间放贷机构和放贷人，俗称"高利贷"，高利贷通常会进行虚假宣传、线下签约、做非法中介、收取超高利息，同时存在暴力催收等问题，受害者通常会遭受巨大财产损失，甚至威胁自身安全。

（4）银行机构，指银行面向大学生提供校园产品，如招商银行的"大学生闪电贷"、中国建设银行的"金蜜蜂校园快贷"、青岛银行的"学e贷"等。

校园贷让小敏悔不当初

为了买苹果手机,某校女生小敏从某网贷平台借了 12 500 元,到手 8 000 元。为了还钱,她不得不从另一个网贷平台借款……8 个月过后,这笔钱"滚"成了 23 万元。据小敏说,她前后贷款总额有 11 万多元,但实际拿到手的只有 7 万多元。借钱给她的人整天打电话逼债,甚至还有人将 PS 后的裸照发给她的同学和亲友,并扬言要告诉老师,这让她感到非常害怕。面对众多催债人的逼债和裸照威胁,小敏更是有过以死躲债的想法。

案例点评

> 近年来,服务于大学生的网贷平台层出不穷,但由于缺乏监管导致乱象频出。部分"校园贷"因其极高的利率和违约金成了名副其实的"高利贷";更有部分不良网贷平台诱导学生过度消费,进而暴力逼债,导致很多学生陷入网贷无法自拔甚至走上不归路。

二、校园贷危机的预防

为避免陷入校园贷的泥潭,在日常生活和消费中应注意以下几点。

(1)树立正确的消费观念。学生的主要任务是学习,不要片面追求物质享受,不和同学攀比,在自己能够承受的范围内消费。

(2)制订消费计划,合理安排生活支出。自觉抵制超前消费和过度消费,适度参加各种聚会或团体活动。

(3)勤工俭学解决生活费。如果生活费无法满足正常的生活开支,可以通过校园兼职赚取生活费,如在食堂、图书馆打工,还可以在校外做家教、服务员等。

(4)在正规平台申请贷款。申请贷款时,不要轻易相信"低门槛发放贷款"的小平台,应通过正规的学生信贷平台进行贷款。

(5)了解金融、信贷相关知识。了解基本的金融知识,对贷款利息、违约金、滞纳金等收费项目的计算方式和金额有一定的认识。

(6)学会通过法律手段维权。办理贷款之前先了解信贷、网络安全相关的法律常识,避免上当受骗。如果受骗,学会用法律手段进行维权。

第九章 人身财产安全（二）

三、校园贷危机的应对

除了自己不要轻易贷款外，也要防范周边的人利用自己的身份信息贷款，"被动"背上沉重的债务。为避免被动贷款危机，同学们应注意以下几点。

（1）不要轻易透露自己的私人信息，如家庭住址、父母工作及生活费用等。

（2）不要轻易将自己的身份证、学生证、银行卡等各类证件原件或复印件转借他人。

（3）不要轻易通过学生贷款平台帮助同学借贷，包括最信任的同学。

（4）如果发现自己被骗，及时通知老师、学校，必要时报警或通过法律途径解决问题。

 问题思考

1. 结合自身情况，说说应如何预防和应对暴力侵害危机。
2. 说说常见的性侵害形式及应对措施。
3. 说说传销组织的常用手段。
4. 应如何防止在择业过程中被骗入非法传销组织？
5. 应如何防止陷入校园贷的泥潭？

 推荐阅读

1. 陈红玉. 少女必备私房书［M］. 河北科技出版社.
2. 浙江省现代科普宣传研究中心编. 踩踏事故的预防与自救［M］. 科学普及出版社.
3. 慕容雪村. 中国，少了一味药［M］. 中国和平出版社.

 案例纪实

以大学生创业为幌子的非法传销

根据群众举报，2015年5月12日，江苏省工商局、南京市工商局对南京鼎盛商贸有限公司（以下简称鼎盛公司）涉嫌传销行为进行立案调查。同年7月22日，南京市公安局以涉嫌非法经营罪对传销组织者余某、梁某予以刑事拘留；同年8月7日，余某和梁某被南京市检察院正式批准逮捕。经过调查发现，鼎盛公司名义上是由南京高校在校生梁

某开办的,实际上为余某所控制。自 2012 年开始,余某在南京推销 IP 电话卡期间,了解到一些大学生急于打工赚钱的情况,遂与在推销 IP 卡过程中结识的大学生刘某打着"南京大学生创业联合会"(未经登记注册)的幌子,发展在校学生传销电话卡。为了便于欺骗学生,进一步扩大传销网络,2013 年 9 月 18 日,余某与一起从事传销的大学生梁某等人一起,登记注册成立了鼎盛公司,打着创信俱乐部发展会员、销售会员"KING 卡"和项目合作等名义,收取 150~1 000 元不等的"入门费",发展人员从事传销活动。先后在南京多所高校发展在校学生从事传销活动。至案发时,公司先后骗取"入门费"等费用 535 024 元,涉及在校学生 800 余人。江苏省工商局、南京市工商局依法对鼎盛公司的传销行为做出罚款、吊销营业执照的处罚。2015 年 12 月 2 日,南京市中级人民法院以非法经营罪判处余某有期徒刑 5 年、梁某有期徒刑 3 年。

案例分析

学生虽然通过媒体知道传销的危害,但是他们对传销本身运作方式的认知却非常有限,只有少数人能够说出传销的主要特点,大多数人不能分辨传销和直销的区别,更有少部分学生认为传销就是上门推销商品。

第十章 身心健康安全

 学习目标

- 了解常见流行疾病的类型及预防措施。
- 了解心理健康状态的等级、影响心理健康的主要原因。
- 掌握常用的心理调适技巧。

高职学生的身心发展处于重要时期，人生观、世界观还未完全形成，其行为习惯、生活方式、健康理念、心理承受能力也正处于日趋成熟的重要阶段，他们的身心健康越来越引起人们的重视。如何引导他们成为身心健康、情智协调、全面发展的高素质技能型人才，是当前高职教育面临的重要课题。

第一节　关注身体健康，预防流行疾病

学生社会活动频繁、集体住宿，接触和感染传染病的机会相对较多，是突发公共卫生事件的高发场所。因此，学习一些常见传染病的防治知识对学生在校学习乃至进入社会后的传染病预防都十分有益。

一、高职院校常见流行疾病

（一）细菌性痢疾

细菌性痢疾简称菌痢，是由痢疾杆菌引起的常见急性肠道传染病。细菌性痢疾主要通过污染病菌的食物、饮水和手等经口部传染。该病主要症状为畏寒、发热、腹痛、腹泻、脓血便，腹泻次数多而量少，每日数次至十数次。如出现上述症状并确诊为菌痢，应进行隔离。饮食以流汁或半流汁为宜，忌食多渣多油或有刺激性食物。有脱水者应口服或静脉补充生理盐水或葡萄糖盐水，及时、合理使用抗菌药物。

有效预防细菌性痢疾的方法为：① 加强饮食、饮水卫生，消灭苍蝇，养成饭前便后洗手的习惯；② 不吃生菜和不洁瓜果；③ 熟食不要在冰箱中放置过久，并且从冰箱中取出后先加热消毒再食用。

（二）肺结核

我国是全球 22 个结核病高负担国家之一，普通肺结核患者人数位居全球第三位。肺结核是由结核分枝杆菌引起的呼吸道慢性传染病，一旦发病，人体就会出现持续咳嗽、痰中带血、体重下降、夜间出汗及持续发热等症状。

结核病的传播途径为空气飞沫传播——病人咳出的痰干燥后，病菌随尘土等飞扬，可造成他人吸入感染，不知不觉中把疾病传染给他人。建议学生定期进行健康体检，及早发现，及早治疗；宿舍、教室等场所要注意通风，常晒衣物，利用太阳光中的紫外线消毒；加强身体锻炼，提高自身免疫能力。

（三）病毒性肝炎

病毒性肝炎是由多种肝炎病毒引起的常见传染病。病毒性肝炎具有传染性强、传播途径复杂、流行面广、发病率较高的特点，主要危害为损害肝脏。按病原体类型的不同，肝炎分为甲型、乙型、丙型、丁型和戊型5种，其中以甲型及乙型肝炎较为常见。

知识链接

肝炎病毒

病毒性肝炎的传染源是肝炎病人或未发病的"病毒携带者"。甲型肝炎主要经消化道传播，苍蝇叮咬食物也是主要传播途径之一。乙型肝炎通过非消化道途经传播，其中血液传播是最主要的途径，如注射、针刺、使用血液及血制品等，唾液、精液等分泌物也是重要传播途径。

人体感染了肝炎病毒后，部分人并不发病。例如，人体感染乙型肝炎病毒后，大部分人会成为"健康的病毒携带者"，再将病毒传染给他人。

不同类型病毒性肝炎的潜伏期长短不一，甲型肝炎病毒在感染后2~8周发病，乙型肝炎在感染后1~6个月发病。发病后有乏力、食欲不振、恶心、呕吐、厌油腻、肝肿大、肝功能异常等症状。

肝炎的预防要点是：① 加强饮食和饮水卫生；② 在公共聚餐时要用分食制或使用公筷、公勺；③ 及时注射疫苗。

（四）流行性感冒

流行性感冒（简称流感）是一种由流感病毒引起的急性呼吸道传染病。流感的症状与感冒非常类似的，常见症状有高热、鼻塞、流鼻涕、胸骨后不适等。流感病人在患病后1~7天均有传染性，其中第2~3天传染性最强。流感病毒存在于病人的鼻涕、口水、痰液中，并随咳嗽、喷嚏排出体外，能在空气中存活30分钟。

流行性感冒的预防措施为：① 室内经常通风换气；② 加强体育锻炼；③ 季节交替时及时增减衣服；④ 流感流行期间减少聚会；⑤ 讲究个人卫生；⑥ 接种流感疫苗等。此外，少吃油腻、高盐、高糖食物，也是预防流行性感冒的有效方法。

二、倡导健康生活方式，有效预防流行疾病

（一）常见传染病预防措施

（1）室内经常通风换气，保持空气新鲜。

（2）养成良好的个人卫生习惯，勤洗手，勤晒衣被。

（3）均衡饮食、加强营养、合理作息，增强抵抗力。

（4）在传染病流行高发期尽量避免到拥挤、空气污浊的公共场所，不到病人家走动，减少患病机会。

（5）可服用板蓝根冲剂、玉叶冲剂等具有清热解毒作用的中成药进行药物预防，若有身体不适，应及时到正规医院就医治疗。

（6）预防接种是预防传染病最直接、有效的方法。上文所述的常见传染病大部分均有相应疫苗。

（二）预防重在平时，倡导健康生活方式

1. 合理膳食

膳食结构要合理，努力做到：食物多样，多吃蔬菜水果和薯类，每天吃奶类、大豆或其制品。常吃适量的鱼、禽、蛋和瘦肉，宜清淡少盐，每天足量饮水，吃新鲜卫生的食物。部分同学由于时间或个人习惯而不吃早餐，也有同学长期用餐不规律，这些都不是科学合理的膳食习惯，应该尽量避免。

2. 坚持适当锻炼

锻炼身体贵在坚持，循序渐进，运动量要适宜。建议学生参加两种以上体育运动，并尽量坚持每天锻炼1~2个小时，以增强身体素质，同时还能培养自己的兴趣爱好，结识更多的同学和朋友，提升自己的交际水平，促进心理健康。

3. 戒烟、限酒

吸烟不但危害自身健康，而且影响他人。有部分学生有吸烟的习惯，同宿舍的同学可以相互提醒、监督，共同营造空气清新的生活、学习环境。

酒精对肝脏的伤害极大，一次大量饮酒会杀伤大量的肝细胞，长期饮酒还容易导致酒精性脂肪肝、酒精性肝炎，甚至酒精性肝硬化。酒精对食管和胃黏膜的损害也很大，会引起黏膜充血、肿胀和糜烂，导致食管炎、胃炎、溃疡等。因此，饮酒应适量，绝不酗酒。

4. 保持心情舒畅

愉快而平稳的情绪能使人的大脑处于最佳活动状态，保证体内各器官系统的活动协调

一致，使人食欲旺盛、睡眠安稳、精力充沛，能够充分发挥有机体的潜能，提高脑力和体力劳动的效率。

第二节　关注心理健康，预防精神疾病

随着教育改革的深化和社会竞争的加剧，部分学生面临着严重的心理问题，并引发了一系列的安全问题，严重影响了学生的正常学习和生活。学生应从安全的角度认识心理健康，接受正面的心理健康教育，提高心理健康水平。

一、正确认识心理健康标准及心理状态

（一）心理健康标准

《大众医学》创刊于 1948 年，是我国办刊历史悠久的医学科普杂志。它给出了心理健康的标准。

（1）充分的安全感。安全感是人的基本需要之一，有自尊、有自信，对自我的成就有价值感。

（2）充分了解自己。对自己的能力做出恰如其分的判断，不奢望不切实际的追求。

（3）适度开展自我批评。能主动接纳别人好的意见和建议，不过分夸耀自己，也不苛责自己。

（4）与外界环境保持接触。人的精神需要是多层次的，与外界接触，一方面可以丰富自己的精神生活，另一方面可以及时调整自己的行为，以便更好地适应环境。

（5）保持个性的完整与和谐。个性中的能力、兴趣、性格与气质等各种心理特征必须和谐统一。

（6）具有一定的学习能力。不断学习新的知识，丰富自己的精神生活。

（7）保持良好的人际关系。能与周围的人正常交流，处理好相互之间的关系。

（8）能适度地表达和控制自己的情绪。

（9）有限度地发挥自己的才能与兴趣爱好。

（二）动态变化的心理健康状态

学生的心理健康状态是相对的，没有绝对的健康和不健康之分，而是一个动态的连续变化的过程。通常情况下，人的心理状态都在健康与不健康之间动态变化，这表明，学生在学习和生活过程中面临心理问题是正常的，只要积极应对，都能够很好地得到矫正。

从心理发展的角度看，不健康的心理可能是人的发展过程中不可回避的问题，但它会随着个体的逐渐调适而趋于健康。心理健康是一个理想的状态，它为我们提供了提高健康

水平的努力方向。若每个人都在自己现有心理状态的基础上，不断调整，追求更高的心理健康水平，就能不断发挥出自身的潜能。

（三）心理健康状态的等级

目前，比较公认的心理疾病状态分为4个等级：健康状态、不良状态、心理障碍、心理疾病，可以通过本人自我评价、他人评价和社会功能状况三个方面来判断。

1．健康状态

（1）本人不觉得痛苦，即在一个时间段（如一周、一月、一季或一年）中快乐的感觉大于痛苦的感觉。

（2）他人感觉不到异常，即心理活动与周围环境相协调。

（3）社会功能良好，即能胜任学习和社会角色，能在一般社会环境下充分发挥自身能力，利用现有条件（或创造条件）实现自我价值。

2．不良状态

不良状态又称亚健康状态，是介于健康状态与疾病状态之间的状态，它是由于个人心理素质（如过于好胜、孤僻、敏感等）、生活事件（如学习压力大、感情挫折等）、身体不良状况（如长时间加班劳累、身体疾病）等因素引起的。不良状态有如下特点。

（1）时间短暂，此状态持续时间较短，一般在一周以内能得到缓解。

（2）损害轻微，此状态对其社会功能影响比较小。处于此类状态的人一般都能完成日常工作学习和生活，只是愉悦感小于痛苦感，"很累""没劲""不高兴"是他们常说的词汇。

（3）能自己调整，此状态者大部分可通过自我调整的方式，如休息、聊天、运动、旅游、娱乐等，使自己的心理状态得到改善。

3．心理障碍

心理障碍是因为个人或外界因素造成心理状态的某一方面（或几方面）发展的超前、停滞、延迟、退缩或偏离，总体来说有如下特点。

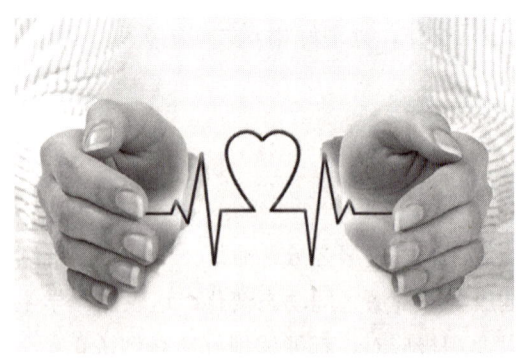

（1）不协调性。其心理活动的外在表现与其生理年龄不相符，或反应方式与常人不同。

（2）针对性。处于此类状态的人往往对障碍对象（如敏感的事、物及环境等）有强烈的心理反应，而对非障碍对象表现得可能很正常。

（3）损害较大。例如，社交焦虑（又名社交恐惧）者不能进行正常的社交活动，尖锐恐惧者不敢使用刀、剪。

（4）需求助于心理医生。大部分心理障碍者不能通过自我调整和非专业人员的帮助而解决根本问题，必须寻求心理医生的指导。

4. 心理疾病

心理疾病是指一个人由于精神上的紧张、干扰，而使自己思维上、情感上和行为上，发生了偏离社会生活规范的现象。心理和行为上偏离社会生活规范的程度越厉害，心理疾病也就愈严重。长期处于这种状态可能使人产生精神病变。具有心理疾病的人常表现出如下特点。

（1）强烈的心理反应，包括思维判断上的失误，思维敏捷性下降，记忆力下降，产生强烈的自卑感及痛苦感，缺乏精力、情绪低落、紧张焦虑，行为失常（如动作重复、动作减少等），意志减退等。

（2）明显的躯体不适感。例如，影响消化系统，出现食欲不振、腹部胀满、便秘或腹泻（或便秘、腹泻交替）等症状；影响心血管系统，出现心慌、胸闷、头晕等症状。

（3）损害大。此状态的患者不能或勉强能完成其社会功能，且过程缺乏轻松、愉快的体验，痛苦感极为强烈。

（4）需要接受心理医生的治疗。

典型案例

打架引发强迫症

王某是某高校数学系的一名学生，平时性格内向，与同学交往不多。一次，王某因为一件小事和同宿舍的朱某发生冲突，朱某打了王某。从此，王某总觉得同宿舍的人在背后害自己，多次怀疑同学往自己的水杯里吐口水。王某随后展开了报复，多次将菜汤、口水洒在几个同学的被子里，老师多次批评王某，而王某始终坚持自己是无辜的。后来，学校通知王某的家长，王某被带到医院检查并被诊断为患有强迫症，王某不得不休学治疗。

案例点评

> 王某由于和朱某发生冲突而总是怀疑被同学陷害，属于典型的强迫观念。同宿舍的同学应该及时向老师报告，并主动和王某交流，说明情况，以免刺激王某做出极端行为。同学之间应珍惜难得的同学情，相互多理解；遇到小摩擦要及时沟通，通过沟通建立起良好的人际关系；如果自身不能调整好心态和关系，就要主动向辅导员或心理老师求助，避免出现过激行为。

二、异常心理的表象及形成原因

（一）异常心理的表象

学生要高度重视心理健康的状态，客观理解各类异常心理。学生出现抑郁、焦虑、恐惧、自卑、过分依赖、神经衰弱等心理问题的概率要高于一般社会青年，由此引发的休学、退学甚至自杀、凶杀事件也高于社会平均值。高职院校中部分学生认为自己属于大学生中的"差生"，这种消极的自我意识不断受到"强化"和"暗示"，使自己努力学习的动机屡屡受挫，没有形成良好的学习习惯，进而出现自卑心理。

另外，部分学生会因认知能力缺乏而产生认知偏差，具体表现为：以往的恋爱问题以失恋或单相思居多，而今出现了网恋及性行为引发的其他心理问题；以往的学习问题主要表现为学习方法不恰当，如今更多的是学习动机不足和不知该学什么；此外，还有人际关系紧张、社会适应不良、自我意识模糊、价值取向迷茫等问题。不同领域、不同层次的问题交织在一起，形成高职学生心理问题的新特点。

（二）心理问题形成原因

调查发现，引起学生心理问题的原因主要有以下几种：

1. 难以适应环境的转变

进入大学后，无论是自然环境、生活环境还是学习环境，都发生了迅速而巨大的变化，学生需要在自我认知、人际交往、吃穿住行等各个方面做出心态调整，以便快速适应新环境。但是，由于学生的调节能力、自理能力和适应能力普遍较弱，所以面临环境的快速变化，以及现实和理想之间的巨大差距，很多学生会出现一系列的心理问题。

例如，有的学生不习惯住校，觉得住集体宿舍太挤，且不知如何处理与舍友之间的关系，从而流露出对家乡和亲人的思念之情，并产生难以消除的苦闷和忧虑；有的学生因自理能力较差，难以适应一切生活细节都需自主、独立地进行的现状（如自主打水、吃饭、洗衣等），从而感到迷茫和无所适从等；有的学生步入大学校园后，在脑海里设计自己美好的未来，然而现实中的种种客观原因总影响到其理想的顺利实现，这令这些学生感到悲观失望或心理失衡，从而产生消极颓废、排斥自我、逃避现实等心理问题。

2. 学习与考试压力造成心理负担过重

大学学习的内容和方式都发生了巨大变化，一些学生对于新的学习内容无从下手或者无法克服学习过程中的困难，找不到适合自己的学习方式，从而致使学习效率低下、学习任务不能完成、学习动力不足，久而久之便出现苦闷、焦虑等心理问题。此外，一些学生因进入了自己不感兴趣的专业，致使对本专业知识的学习产生抵触情绪，心理矛盾突出，

久而久之便出现各种心理问题。

3. 人际关系失调造成社交障碍

学生对关爱和尊重的需要非常强烈,这些需要突出表现在人际交往中。但由于学生来自于祖国各地,各自有着不同的生活习惯和行为标准,因此来自不同地区的学生在相互交往的过程中,往往不知道如何更好地相处,或者在交往的过程中容易产生矛盾,从而引发孤独、苦闷、自卑、无助等痛苦感受,进而形成心理障碍。此外,有一部分学生因性格方面的问题致使人际关系不良,从而使自己陷入苦闷、孤独之中。

无法克服的疲倦

某高校大一男生李某性格内向,很少与同学交往,学习认真但成绩不好。大一下学期开学后不久,李某时常感到身体很多部位疼痛,到医院检查却一切正常。后来,李某逐渐感觉很累,对什么都提不起兴趣;上课的时候注意力无法集中,记忆力也逐渐下降。李某觉得很痛苦,回家对父亲说:"我病得很厉害。"但其父亲并未重视,只是告诉他:"这些都是小问题,关键是成绩要好。坚持一下就能克服,要有毅力。"

李某回到学校后,努力地按照父亲说的去做,但还是感觉越来越疲倦,身体和心理的双重压力使他几乎无法忍受。后来,李某休学到专业的心理机构进行治疗,症状改善了很多。

 案例点评

> 李某表现出典型的抑郁症症状,如疲倦无力、躯体疼痛、记忆力下降、失眠等。病情最后发展到无法忍受的地步,不得不通过心理治疗来缓解症状。如果他能在一开始意识到这一问题,多参加社交活动,情况就会好得多。

4. 恋爱和性心理出现问题

学生大都处于生理发育的成熟期,他们情感丰富,对恋爱充满向往。但由于心理尚未发育成熟,以及缺乏生活经验,一些学生在处理感情问题时,往往会因为理想与现实之间的巨大落差而产生心理困扰,如因单相思、恋爱受挫等引起的失落感、挫败感、抑郁、报复心理等。同时,由于性心理尚未完全成熟以及性知识缺乏,一些学生会因性冲动及性自慰等行为而感到焦虑、自责,或者因未婚先孕等而感到后悔、悲观、绝望,并由此引发各种心理问题。

5. 竞争和就业压力造成心理障碍

自高校扩招以来，大学生的就业形势日益严峻，高职学生的竞争压力也日益加大。很多学生为了能在毕业时脱颖而出，找到一份好工作，便盲目考证，这在无形中加大了其心理压力，当压力大到无法承受时，便会出现一系列心理问题。而有的学生在面对激烈竞争时，认为自己没有过人的一技之长，从而感到一筹莫展、困惑不已，久而久之便演变为心理障碍，如择业恐惧、持续紧张、焦虑、抑郁等。

三、科学认识和运用心理健康策略，预防极端行为

（一）客观评价自身的心理状况

正确的自我认知是心理健康的重要前提。心理健康不仅可以促进学生全面发展健康的心理品质，也是将来走向社会，在工作岗位上发挥正常智力水平、积极从事社会活动和不断向更高层次发展的重要条件。

心理健康自我检测

人的心情在一生中必然会时好时坏。精神病学家和心理学家认为，当你觉得心情太坏以至于无法工作，或当你的心理问题开始干扰你的日常生活时，便应该考虑求助于心理咨询了，但如果你只是偶尔有这类感觉或行为，就不能以为出现了精神问题。那么，正常的心情好坏和需要治疗的精神问题究竟有何不同呢？下面的一些问题可帮助你进行判断，每一题都有"A．永远或大部分时间如此"和"B．从不如此"两个选项，请根据自身情况进行选择。

（1）在新环境中，如求职面谈时，是否会发生难堪或不顺利的事？

（2）在做决定时，如选购一件新上衣或决定周末如何消遣时，你是否会感到很困难？

（3）参与团体活动时，你是否犹豫不决？在宴会中你是否孤单地伫立一旁？

（4）你是否满意与你关系亲近而密切的人？

（5）在求职面谈或参加宴会之前，你是否须喝杯酒或服用镇静剂，以增加信心？

（6）你对不能控制的习惯，如吸烟或吃得太多，是否感到忧虑？

（7）你在空间狭小的地方，是否会有无法控制的恐惧或吓得不能动弹？

（8）你出门后，是否必须再回来一次，看看房门可曾锁好、炉子可曾熄灭，以及诸如此类的事情？

（9）你是否要一个多小时才能入睡，或醒得比你希望的早一个多小时？

（10）你是否非常注意清洁，或怕被你接触的东西弄脏了或怕弄脏了你所接触的东西？

（11）你是否觉得前途无望，或曾想伤害自己或自杀？

（12）你是否曾看到、听到或感觉到别人觉察不到的东西？

（13）你是否认为你有高超的能力，或认为别人用高超的能力来对付你？

（14）你做经常做的事，诸如学校的日常学习或做家务，是否请求别人的赞成或鼓励？

检测结果：

选择 A——1 分　　选择 B——0 分

分数为 5 分以下：心理正常，不需要治疗。

分数为 6~9 分：在表达感情上有问题或对自己缺乏信心，如果想改变这类感觉或行为，心理治疗可能有效。

分数为 10~14 分：精神问题已干扰了日常生活，应该立刻去请教专家，听听专家意见，若需治疗则趁早，越早越容易。

（二）科学管理情绪

人在接触客观世界时，并不是单纯的认识事情，而是对客观事物抱有一定的态度，同时在内心深处产生一种特殊的体验，这种态度和体验就是情绪。良好的情绪能促进人的身体健康，并有助于充分调动人的积极性，提高工作效率。不良的情绪则让人心烦意乱，且意志消沉、容易被激怒，对人的心理健康带来极大的危害。

学生自我控制力尚在发展阶段，有时会因为一件小事而生气、发怒。心情烦躁的时候，说话就会伤人伤己。因此，在平时的生活中，学生要学会克制自己的情绪，遇到事情要冷静、考虑周全，切莫图一时之快，逞一时之勇。

（三）充实日常生活

大量研究表明，适当的体育锻炼可以调节人的心境，使人的愉悦性提高，愤怒性和抑郁性降低。另外，平时多听听音乐，多到大自然中走走，这些方式都能排解心理问题。

（四）开展心理普查，建立心理健康档案，提供心理咨询服务

开展心理普查、建立心理健康档案是将学生心理健康教育工作落到实处的重要措施。高校可通过调查问卷、心理测试等科学方法，了解学生的个性状况、智力水平、心理健康水平、学习状况等，并记录其心理问题的历史或现状，建立学生心理健康档案，以便准确掌握每个学生的心理健康状况，从而提高心理健康教育的针对性。

对于已经存在心理问题或心理障碍的学生，应及时有效地对他们进行心理疏导或为其提供心理咨询服务，帮助他们缓解心理压力，或引导他们寻求处理各种事务的正确方法，以改善其适应能力、交际能力，最终帮其恢复健康的心理。

 **问题思考**

1. 如何有效防控流行性疾病？
2. 心理状态有哪几个等级，分别有何特征？
3. 高职学生要如何调试受挫心理？

 **推荐阅读**

1. 徐望红．流行病学案例分析［M］．复旦大学出版社．
2. 高平平，朱剑松．高校突发事件应急管理与案例评析［M］．西南交通大学出版社．
3. 周红五．心理援助：应对校园心理危机［M］．重庆出版社．

 **案例纪实**

两起极端的大学校园杀人案

案例一：2010年10月20日22时30分许，药家鑫驾驶红色雪弗兰小轿车从西安外国语大学长安校区返回市区途中，将前方在非机动车道上骑行电动车的被害人张妙撞倒。药家鑫恐张妙记住车牌号找其麻烦，就持尖刀在张妙胸、腹、背等处捅刺数刀，将张妙杀死。其在逃跑途中又撞伤二人。同月22日，公安机关找其询问张妙被害案是否系其所为，药家鑫矢口否认。同月23日，药家鑫在其父母的陪同下到公安机关投案。

第十章 身心健康安全

案例二： 林森浩与被害人黄洋分别系复旦大学上海医学院2010级硕士研究生，同住一间宿舍。林森浩因日常琐事对被害人黄洋不满，决意采用投放毒物的方式加害黄洋。

2013年3月31日下午，林森浩以取物为名，通过同学吕某进入中山医院的医学实验室，趁室内无人，取出其于2011年参与动物实验时剩余的装有剧毒化学品二甲基亚硝胺的试剂瓶和注射器。当日下午5时50分许，林森浩将前述物品带回421宿舍，趁无人之机，将二甲基亚硝胺投入该室的饮水机内，随后将试剂瓶丢弃。同年4月1日上午，黄洋从饮水机中接取并喝下已被投入二甲基亚硝胺的饮用水。之后，黄洋发生呕吐，于当日中午至中山医院就诊。次日下午，黄洋再次至中山医院就诊，4月3日下午，黄洋因病情严重被转至重症监护室。

4月11日，上海市公安局文化保卫分局接复旦大学保卫处对黄洋中毒事件的报案，上海警方接报后立即组织专案组开展侦查。林森浩在此前，包括在接受公安人员调查询问时，始终未说出实情。2013年4月12日零时许，公安机关确定林森浩有作案嫌疑并对其传唤后，林森浩才如实供述了其向421室饮水机投放二甲基亚硝胺的事实。被害人黄洋经抢救无效于4月16日死亡。

案例分析

这两个案例是近年来震惊全国的大学生杀人案，也是有关大学生心理健康的经典案例。从这两个案例中可以看出，导致药家鑫、林森浩犯罪的最终原因是他们人格的不健全，是他们扭曲的人生观及"以自我为中心"的性格缺陷。他们属于有人格障碍的一类人，遇事迁怒于别人，一旦受到外界的刺激就会爆发，从而做出有害于他人的事情。为防止这类悲剧在大学校园再次发生，一方面，学校要大力开展安全教育，开展心理健康教育及咨询工作；另一方面，在校学生应该高度重视自身的健康特别是心理健康问题，掌握必要的心理调适技能，出现心理疾病要主动咨询，积极就医。

第十一章 急救安全

 **学习目标**

- 了解学习急救知识的重要性。
- 掌握常用的急救方法。
- 掌握生活中常见急症的急救与处理方法。

红十字会与红新月会国际联合会将每年9月的第二个星期六定为"世界急救日",希望通过这个纪念日,呼吁世界各国重视急救知识的普及,让更多的人掌握急救技能,以便在事发现场能够挽救生命和降低伤害程度。

第一节　现场急救概述

一、现场急救的内涵

急救即紧急救治,是指当有任何意外或急病发生时,施救者在医护人员到达前,按医学护理的原则,利用现场适用物资临时且适当地为伤病员进行初步救援及护理,然后将伤病员从速送往医院。

事故发生后的几分钟、十几分钟是抢救危重伤病员最重要的时刻,医学上称之为"救命的黄金时刻"。此时,如果进行及时、正确的救护,能最大限度地挽救伤病员的生命,减轻伤残和痛苦,为医院救治创造条件。因此,在实际救援中,最有效的救援人员往往是第一目击者。然而,在现场救护中,人们常常将抢救危重急症、意外伤害伤员寄托于医院和专业的医护人员,缺乏对在现场救护伤病员的重要性和可实施性的认识。这种传统的观念,往往使处在生死边缘的伤病员丧失了最宝贵的"救命黄金时刻"。

二、现场急救的作用

现场急救的作用主要有以下几方面。

（1）挽救生命。通过及时有效的急救措施,如对心跳、呼吸停止的伤病员进行心肺复苏,以挽救生命。

（2）稳定病情。在现场对伤病员进行对症救治、医疗支持及相应的特殊治疗与处置,以使病情稳定,为下一步的抢救打下基础。

（3）减轻痛苦。通过一般及特殊的救护,稳定伤病员情绪,减轻伤病员的痛苦。

（4）减少伤残。发生事故,特别是发生重大或灾害事故时,当事人往往会受到各种外伤,及时、正确地对伤病员进行冲洗、包扎、复位、固定、搬运及其他相应处理,可以大大降低伤病员的伤残率。

三、现场急救的基本原则

现场急救应严格遵守以下5项基本原则,做到临危不乱,胸中有数,以提高救治效果。

（1）先复后固：当伤病员心跳、呼吸骤停同时又伴有骨折时,应首先施行心肺复苏术，直至心跳、呼吸恢复后，再固定折骨。

（2）先止后包：在出血又有伤口的情况下，首先应止血，然后再对伤口进行包扎。

（3）先重后轻：当有多个伤病员时，应优先抢救重伤病员，后处理轻轻伤病员。

（4）先救后送：对危重伤病员要先在现场抢救，待病情稳定后再送到医院进一步救治。切忌未经任何处理，抬起伤病员就跑。

（5）边救边呼：在遇到有大量伤病员的现场，在对呼吸、心搏骤停和大出血等伤病员进行救护的同时，要及时呼救周围的人来协助，并拨打120急救电话求助。

第二节　急救常用方法

一、医疗急救电话——"120"

"120"是医疗专用急救电话，24小时有专人接听，接到电话可立即派出救护车和急救人员，是最方便快捷的方法。另外，我国有不少城市已实行公安"110"与医疗"120"联网，拨打"110"也可得到救护帮助，特别是刑事案件、纠纷和意外事故。

为了使病人及时得到运送和救治，拨打急救电话时，语言必须精练、准确，一般要讲清楚以下几点：

（1）病人的性别、年龄，以及其所在的详细地址。

（2）病人的主要病情或症状，如神志不清、昏倒在地、大出血、呼吸困难等。

（3）告之自己或呼救者的姓名及电话号码，以便救护人员找不到病人时与相关人员联系。

（4）如果是意外灾害事故还需说明事故缘由，如房屋倒塌、列车出轨、毒气泄漏、食物中毒等，并说明受伤人数等情况，以便急救中心调集救护车辆，通知各医院救援人员集中到出事地点或向政府有关部门报告。

二、胸外心脏按压

当病人发生心脏骤停时，靠外力挤压心脏，可暂时维持心脏派送血液的功能。具体做法是：让患者仰卧于地上或硬板床上，急救者站立或跪在患者右侧，解开患者衣服，暴露胸部，左手掌根部放在患者胸骨体下段，右手掌重叠放在左手背上，双手十指分开并相扣，两手手指翘起，两臂伸直，利用上半身重力垂直向下按压，按压幅度至少5 cm，每分钟至少100次。按压时应用力均匀、有规律，不可中断按压。用力不能太大、太猛，放松时手不离开患者胸部。

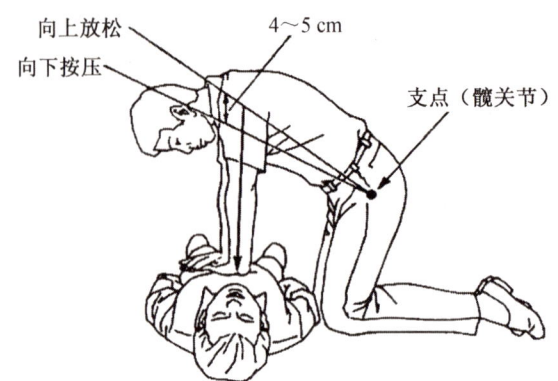

三、人工呼吸

人工呼吸是对呼吸停止的患者进行紧急呼吸复苏的方法，是现场急救的重要手段。人工呼吸的方法主要有口对口人工呼吸法和口对鼻人工呼吸法。

（一）口对口人工呼吸法

一手托起病人后颈部，使头后仰，口张开，保持呼吸道通畅，另一手捏住病人的鼻孔，急救者用口唇把患者的口唇全罩住，呈密封状，深吸一口气后快速吹气，每次吹气应持续大约 1 秒，每次吹入气体量 800～1 000 毫升。连续吹气 2 次，确保每次吹气时胸廓起伏，吹完后立即松开捏鼻孔的手，让气道通畅。单纯吹气时，频率为 10～12 次/分。

（二）口对鼻人工呼吸法

对于牙关紧闭、张口困难、口唇创伤的患者不能经口呼吸时，可采用此法。一手置于患者前额后推，另一只手抬下颌，使口唇紧闭。用嘴封罩住患者鼻子，深吹气后口离开患者鼻子，让气体自动排出。

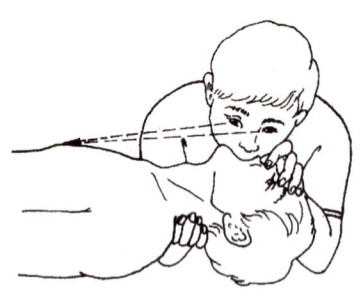

口对口人工呼吸法

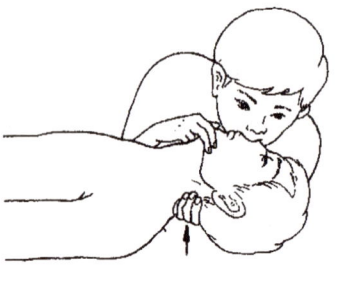

口对鼻人工呼吸法

四、止血

出血是创伤后的主要并发症之一,可分为外出血和内出血两类。一般来说,成年人出血量若达到全身总血量(4 000~5 000毫升)的20%,就会出现面色苍白、头晕乏力、口渴等急性贫血的症状;若超过全身总血量的30%,将危及生命。因此,对于外出血的伤员,尤其是大动脉出血者,必须立即止血;对于疑有内脏或颅内出血的伤员,应尽快送医院处理。外出血的止血方法主要有以下几种。

(一)指压止血法

用手指指腹压在出血动脉近心端相应的骨面上,以阻断血液的流动来达到止血的效果。这种止血方法常用于动脉出血,操作简便,止血迅速,是一种临时性止血的好方法。身体部位不同,止血方法也有所不同。

1. 头面部指压止血法

(1)一侧头面部出血时,在颈根部同侧气管与胸锁乳突肌之间摸到颈总动脉搏动,然后用拇指或其他四指将其压向第5颈椎横突。

(2)一侧头顶部出血时,在同侧外耳门的前上方、颧骨弓部摸到颞浅动脉搏动,然后用拇指或食指将其压向下颌关节面。

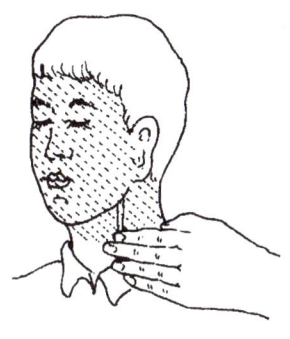
头面部出血止血法

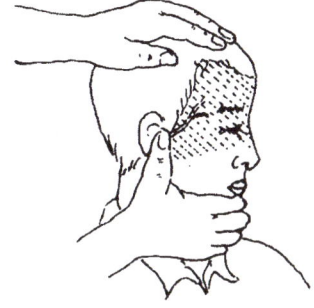
头顶部出血止血法

2. 上肢指压止血法

(1)肩、腋部及上臂出血:先在同侧锁骨中点上方的锁骨上窝处摸到该动脉的搏动,然后用拇指压向后下方的第一肋骨面。

(2)前臂出血:先在上臂内侧中部的肱二头肌内侧沟处摸到肱动脉的搏动,然后用拇指或其他四指将其压向肱骨干。

(3)手部出血:先在手腕横纹稍上处的内、外两侧摸到尺、桡动脉的搏动,然后用两手拇指分别将其压向尺、桡骨面。

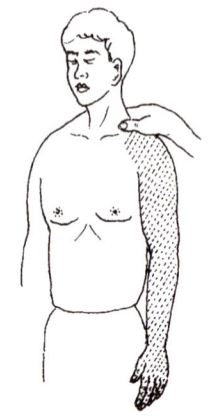 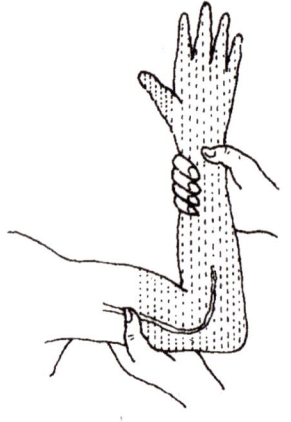 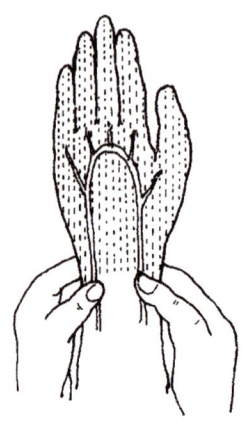

肩、腋部及上臂出血止血法　　前臂出血止血法　　手部出血止血法

3．下肢指压止血法

（1）大腿以下部位出血：在腹股沟韧带稍下方处摸到股动脉的搏动，然后用双手拇指重叠用力将其压向耻骨下支。

（2）足部出血：先摸到足背皮肤横纹中点的足背动脉和跟骨与内踝之间的胫后动脉，然后分别将其压向趾骨和跟骨。

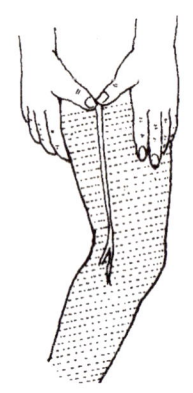 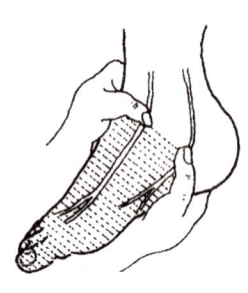

大腿以下部位出血止血法　　足部出血止血法

（二）加压包扎止血法

加压包扎止血法是指用无菌敷料覆盖伤口，然后用纱布、棉垫或绷带、布类做成垫子覆盖无菌敷料，再用绷带或三角巾加压包扎，主要用于一般伤口出血的止血。包扎的压力应以达到止血而又不影响肢体远端血液流动为度。

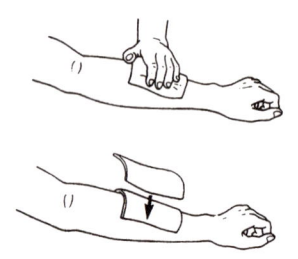

加压迫包扎止血法

（三）填塞止血法

填塞止血法是指用无菌绷带或纱布填入伤口内压紧，外面加上大块无菌敷料并加压包

扎,主要用于肌肉、骨端等渗血部位的止血。该方法的缺点是止血不彻底,且会增加感染的机会。

(四) 止血带止血法

用胶管或用绳子之类(宽布条、三角巾和毛巾均可)绑扎在伤口的近心端,主要用于采用其他止血方法暂不能控制的四肢动脉出血。

提 示

(1) 扎止血带的部位应尽可能地接近伤口,上肢扎在上臂的上 1/3 处,切忌扎在中部,以免损伤桡神经;下肢应扎在大腿的中下 1/3 处;前臂和小腿不宜扎止血带,因其动脉从两骨间通过,易使血液阻断。

(2) 上止血带前要用衣服、纱布、棉布或毛巾等物作为衬垫,以免勒伤皮肤。

(3) 止血带的松紧要适度,以扎紧后血止并摸不到动脉搏动为度。

(4) 止血带要有显著标志(如红色布条),其上应注明上止血带的时间。用止血带连续阻断血流时间不得超过 1 小时,且每 1 小时要慢慢松开 1~2 分钟。

五、包扎

包扎是外伤急救的基本技术之一。及时而正确的包扎,可以起到止血、减少感染、保护伤口、减少疼痛、固定敷料和夹板等作用。常用的包扎材料主要是三角巾和绷带,也可以用其他材料代替。包扎时应根据受伤部位的不同而采用不同的方法。

(一) 三角巾包扎法

1. 头部帽式包扎法

将三角巾的底边向内折叠约两指宽,放在前额眉上,顶角向后拉,盖住头顶,然后将两底边沿两耳上方往后拉至枕部下方,左右交叉并压住顶角,再绕至前额打结固定。

2. 头、耳部风帽式包扎法

将三角巾顶角打一个结,置于前额中央,然后将头部套入风帽内,并向下拉紧两底角,再将底边向外反扎 2~3 指宽的边,左右交叉包绕并兜住下颌,最后绕至枕后打结固定。

3. 眼部包扎法

包扎单眼时,将三角巾折叠成四指宽的带状,斜置于伤侧眼部,从伤侧耳下绕至枕后,然后经另一侧耳上拉至前额与三角巾的另一端交叉,并反折绕头一周,最后在无伤一侧的耳上端打结固定。包扎双眼时,将带状三角巾的中央置于枕部,两底角分别经耳下拉向眼部,然后在鼻梁处左右交叉并各包住一只眼,形成"8"字形,接着将两底角经两耳上方向后拉,在枕部交叉后,再绕至下颌处打结固定。

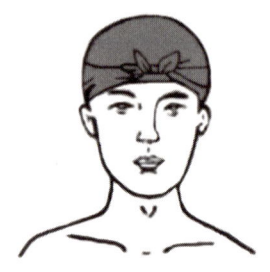

头部帽式包扎法

头、耳部风帽式包扎法

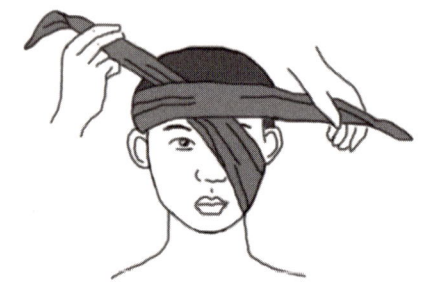

单眼包扎法

双眼包扎法

4. 胸部包扎法

将三角巾的顶角置于伤侧肩上,底边置于胸前,然后将两底角横拉至背部打结固定,最后再将底角与顶角打结固定。

5. 下腹部包扎法

将三角巾顶角朝下,底边横放在腹部,然后将两底角横拉至腰后打结固定,再将顶角从两腿间拉至腰后与底角打结固定。

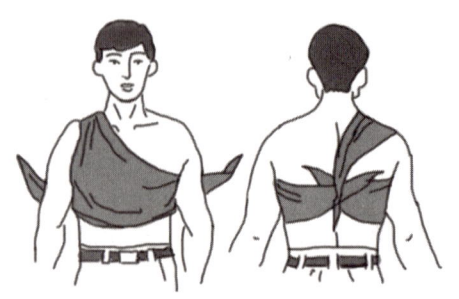

胸部包扎法

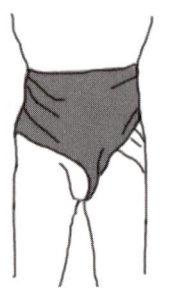

下腹部包扎法

6. 肩部包扎法

包扎单肩时，将三角巾折成夹角约 80°的燕尾巾，夹角朝上并放于伤侧肩部，向背部的底角压住向胸部的底角，然后将燕尾巾底边绕上臂在伤肩一侧的腋前方与顶角打结固定，再将燕尾两底角分别经胸部、背部拉到对侧腋下打结固定。包扎双肩时，则将三角巾底边放在两肩上，两侧底角向前下方绕腋下至背部打结，然后将顶角系带翻向胸前，在两侧肩前扎紧固定。

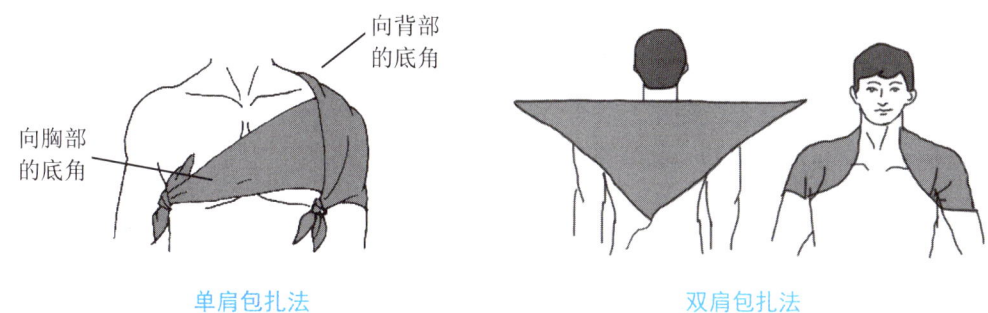

单肩包扎法　　　　　　　　　　双肩包扎法

7. 膝、肘部包扎法

包扎膝、肘部时，将三角巾折叠成比伤口稍宽的带状，斜放在伤口处，然后用三角巾压住膝、肘部上下两端，并各绕两边肢体一周，最后在肢体内侧或远离伤口的一侧打结固定。

8. 手、足部包扎法

将三角巾底边横放在腕（踝）部，手掌（足底）朝下并放在三角巾中央，然后将三角巾顶角向上翻折盖住手（足）背，再将两底角交叉压住顶角绕腕（踝）部肢体一周，最后反折顶角并与底角打结固定。

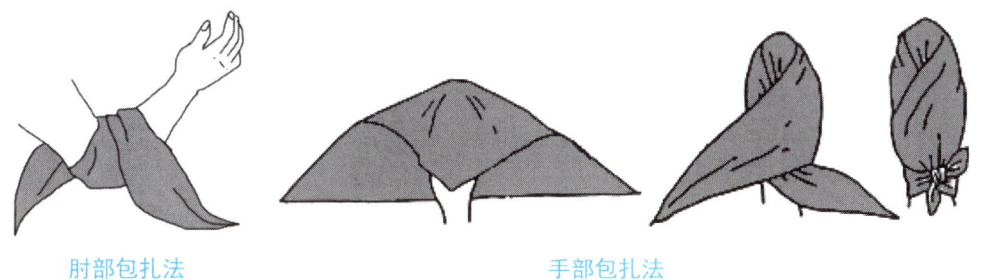

肘部包扎法　　　　　　　　　　手部包扎法

9. 臀部包扎法

将三角巾顶角朝下，底边放在伤侧臀部上方的腰部，然后将一底角向前包绕伤臀至大腿根部，将顶角从两腿间拉至大腿根部与该底角打结，再将另一底角提起绕腰与底边打结固定。

（二）绷带包扎法

1. 环形包扎法

该法用于包扎手腕、胸、腹部等粗细大致相等的部位。包扎时，将绷带作环形缠绕，第 1 圈稍呈斜形，第 2 圈将第 1 圈中斜出的一角压于环形圈内，最后环绕数周用胶布或别针固定。

2. 螺旋形包扎法

该法用于包扎前臂、手指等肢体粗细不等但相差不大的部位。包扎时，第 1 圈与第 2 圈同环形包扎法，从第 3 圈开始将绷带作螺旋形向上缠绕，每绕 1 圈重叠 1/2～1/3，绕成螺旋状。

3. 反折螺旋形包扎法

该法用于包扎小腿、大腿等粗细不等且相差较大的部位。包扎时，先用绷带作螺旋形缠绕，待到渐粗的地方就每缠绕 1 圈在同一部位把绷带反折一下，盖住前圈的 1/3～2/3，由下而上缠绕。需要注意的是，绷带反折处要避开伤口和骨突处。

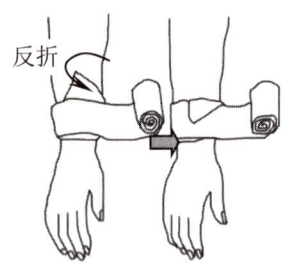  

环形包扎法　　　　　　螺旋形包扎法　　　　　　反折螺旋形包扎法

4. "8"字形包扎法

该法多用于包扎肩、肘、膝、踝等关节处。包扎时，将绷带一圈向上，一圈向下，每圈在正面和前一圈相交叉，并压盖前一圈的 1/2。

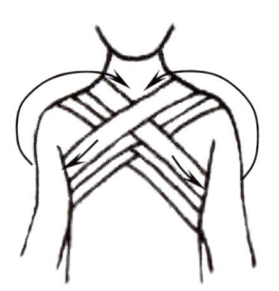 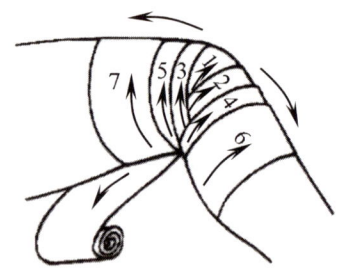 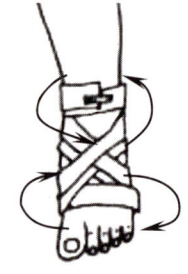

"8"字形包扎法

（1）包扎前，要弄清包扎的目的，以便选择适当的包扎方法，并先对伤口做初步的处理。

> （2）包扎时，动作要轻、快、准、牢，且包扎的松紧要适度，不可过紧，以免影响血液循环，也不可过松，以免纱布移动或脱落。
> （3）为骨折的四肢包扎时，应露出伤肢末端，以便观察肢体血液循环的情况。
> （4）包扎材料打结的位置要避开伤口和坐卧受压的位置。

第三节 常见急症的救护

一、心搏骤停的急救与处理

心搏骤停（Cardiac Arrest，CA）是指一种由各种原因引起的，在未能预计的情况和时间内，病人心脏突然停止搏动，从而导致有效心泵功能和有效循环突然中止，进而引起全身组织细胞严重缺血、缺氧和代谢障碍的急症。患者发生心搏骤停4～6分钟后大脑就会出现不可逆损伤，严重者则会发生脑死亡。

（一）心搏骤停的诊断

心搏骤停的最可靠且出现较早的临床表现是意识突然丧失和大动脉搏动消失。急救者可一手轻拍病人肩膀并大声呼喊以判断其意识是否存在，同时触摸其颈动脉以感觉有无搏动。如果二者均已消失，即可做出心搏骤停的诊断，必须立即实施急救。

（二）心搏骤停的现场急救与处理

1. 评估现场环境是否安全

急救者首先要对病人所处的环境状态进行评估，分清病情轻重缓急，做到安全救护、科学救护、智慧救护。

2. 判断病人意识是否丧失

急救者在确认现场安全的情况下轻拍患者的肩膀，并大声呼喊"你还好吗"，以判断病人意识是否丧失。如果没有任何反应，说明病情很危急。

3. 启动紧急医疗服务系统（EMSS）

及时拨打急救电话，启动紧急医疗服务系统。如果现场有多人，可一人拨打急救电话，一人对病人进行急救。如果现场有除颤器（AED），应找人立即取过来。

4. 检查呼吸和脉搏

迅速扫视病人的口鼻有无呼吸，将耳贴近病人口鼻，听口鼻处有无呼吸声，并侧头观察胸部有无起伏。同时，用食指和中指触摸病人颈动脉以感觉有无搏动，检查时间一般不能超过10秒。若病人无自主呼吸和脉搏，则应迅速进行急救。对于非专业急救人员，只要发现病人无反应、无自主呼吸就按心搏骤停处理，迅速实施急救。

5．实施心肺复苏程序

确保病人仰卧于坚硬的平地上,然后迅速进行胸外心脏按压、开放气道和人工呼吸。胸外心脏按压和人工呼吸的操作方法在第二节已进行了详细讲解,此处不再赘述。开放气道主要有以下两种方法。

（1）仰头抬/举颏法。救助者一手放在患者前额,用手掌尺侧把额头用力向后推,使头部向后仰,另一只手的中指和食指放在下颌骨处,将下颌向上抬动。

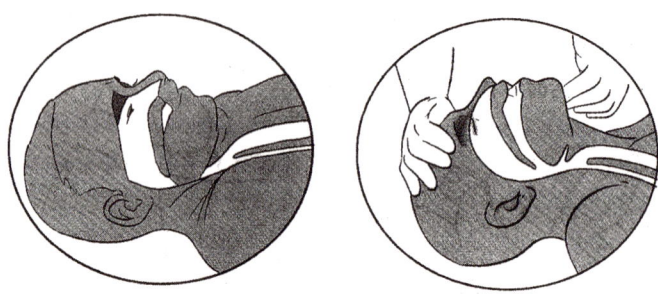

仰头抬/举颏法开放气道

（2）托颌法。把手放置在患者头部两侧,肘部支撑在患者所躺的平面上,握紧下颌角,用力向上托下颌,如患者紧闭双唇,可用拇指把口唇分开。怀疑有颈椎损伤时,需用此法开放气道。

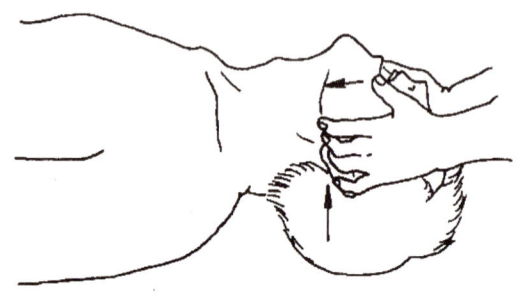

托颌法开放气道

6．心脏除颤

在高度怀疑病人为心室颤动时,可用除颤器进行电击除颤。如果现场无除颤器,可用心前区叩击法。操作方法为：将患者仰卧,急救者用握拳的尺侧距患者胸壁 20～30 厘米处迅速捶击胸骨中部 1～2 次,叩击结束后立即行 CAB 程序复苏,5 个周期后再判断叩击是否成功。

二、高血压急症的急救与处理

高血压急症是指高血压病人的血压显著或急骤升高,脑、心、肾、视网膜等重要器官的功能出现损害，严重危及生命的一种临床综合征。高血压急症的发病率占高血压人群的5%，常见的有高血压脑病、脑出血、急性左心衰竭、急性心肌梗死、急进型恶性高血压等。对高血压急症病人进行急救时，应根据症状的不同，采取不同的急救措施。

（1）如果病人突然心悸气短，呈端坐呼吸状态，口唇发绀，肢体活动失灵，伴咯粉红泡沫样痰，则要考虑病人有急性左心衰竭的可能，应让病人双腿下垂，采取坐位。如果备有氧气袋，应让病人及时吸入氧气，并迅速通知120急救中心。

（2）如果病人血压突然升高，且伴有恶心、呕吐、剧烈头痛、心慌、尿频，甚至视线模糊等症状，即已出现高血压脑病。此时应安慰病人别紧张，让其卧床休息，并及时服用降压药，还可另服利尿剂、镇静剂等，然后迅速通知120急救中心。

提　示

让病人平卧时，应将病人的头偏向一侧，以免病人呕吐时将呕吐物吸入呼吸道而引起窒息。

（3）病人在劳累或兴奋过后，如果出现胸闷，心前区疼痛并延伸至颈部、左肩背或上肢，面色苍白、出冷汗等症状，则可能发生心绞痛、心肌梗死或急性心力衰竭。此时应让病人安静休息，舌下含服一片硝酸甘油片或吸入一支亚硝酸戊酯吸入剂，并吸入氧气，然后迅速通知120急救中心。

三、气体中毒的急救与处理

气体中毒主要包括一些窒息性气体（如一氧化碳、硫化氢、氰化物等）和刺激性气体（如氯气、光气、二氧化碳等）引起的中毒。比较常见和严重的气体中毒是一氧化碳中毒、硫化氢中毒、氰化物中毒、氯气中毒。

（一）一氧化碳中毒

一氧化碳（CO）又称煤气或瓦斯，为无色、无臭、无味、无刺激性气体，比空气略轻。生产中的CO中毒多是由于在炼钢、炼焦、矿井放炮等过程中通风不良；生活中的CO中毒多是由于燃气泄漏，或者冬季取暖时，煤及其他燃料燃烧不完全或烟道堵塞，室内门窗紧闭而通风不良，使CO含量增高。由于人们很难察觉出CO，因而绝大多数人是在不知情的情况下发生急性中毒的，轻者影响健康，重者危及生命。CO中毒可导致全身组织缺氧，造成对氧最敏感的脑和心脏的损害。

1. 中毒表现

开始时出现头痛、头晕、乏力、恶心、呕吐等症状，之后面色潮红、口唇樱红、烦躁或昏睡，继之出现昏迷、大小便失禁、四肢厥冷、发绀、血压下降、四肢软瘫、强烈抽搐、呼吸困难等现象，严重者会因缺氧、呼吸循环衰竭而死亡。

2. 现场急救

当发现有人 CO 中毒时，救助者必须迅速按下列程序进行救助：

（1）因 CO 的比重比空气略轻，故浮于上层，救助者进入和撤离现场时，宜蹲位或俯卧位进出，打开门窗，使室内通风。

（2）迅速将中毒者转移出中毒现场，在通风保暖处平卧，解开中毒者衣领及腰带使其呼吸通畅。轻度中毒者会很快好转，有条件时可尽快给予高浓度的氧气。重度中毒者应同时呼叫救护车，随时准备送往有高压氧治疗的医院抢救。

（3）对昏迷的患者，将其头部偏向一侧，以防舌后坠或误将呕吐物吸入肺内导致窒息。为促其清醒，可用针刺或手指掐人中穴。

（4）若患者呼吸停止，则需立即进行口对口人工呼吸。

（5）在抢救中，应注意为患者保暖，防止发生肺炎等并发症。

（二）氯气中毒

氯气为黄绿色、有剧烈刺激性的气体，比空气重，常在造纸过程中产生。氯气中毒是经呼吸道吸入或皮肤黏膜接触，引起以呼吸系统损害为主的全身性损伤。中毒症状为眼、鼻、咽喉烧灼感，刺痛，流泪，流涕，刺激性咳嗽，咳大量白色或粉红色泡沫痰，胸闷，憋气，呼吸困难，口唇发绀，昏迷。若吸入极高浓度氯气则可反射性引起呼吸中枢抑制及心脏骤停，导致"闪电式"死亡。

（三）硫化氢中毒

硫化氢是一种刺激性、窒息性无色气体，呈"臭蛋样"气味，是在采矿、冶炼、制革等工业中和沼泽地、化粪池、下水道等有机物腐败场所产生的对人体有害的气体。中毒症状：轻度中毒者表现为流泪、眼刺痛、流涕或伴有头痛、头晕、恶心、呕吐等；中度中毒者表现为咳嗽、胸闷、心悸、呼吸困难；重度中毒者表现为昏迷、抽搐、呼吸循环衰竭。

（四）氰化物中毒

氰化物为含有氰基的化合物，多有剧毒。中毒症状有流泪、眼刺痛、刺激性干咳，进而出现呼吸困难、胸闷、头昏、心悸、心率增快、皮肤黏膜呈樱桃红色，随即出现身体强直、痉挛，甚至角弓反张等，严重者昏迷、发绀、呼吸停止。口服中毒者可表现为恶心呕吐、腹泻等。

氯气中毒、硫化氢中毒、氰化物中毒的现场急救与 CO 中毒的急救基本相同。

四、晕厥的急救与处理

晕厥又称昏厥,是由一过性脑缺血所致的一种突发而短暂的意识丧失症状。此症在老年人中较为常见,中年人也可发生。一般情况下,多数患者在病情发作后,随着机体血液循环功能的改善,脑部有了较多的血液供应后,仅数秒或数分钟其症状会自然消失。引起晕厥的原因很多,主要有心源性晕厥、脑源性晕厥、体位性低血压晕厥等。

病人发生晕厥时,急救者应立即将病人移至平卧或头部稍低于脚部的体位,以使脑部的供血得到改善。同时,要及时开窗使空气流通,及时解开病人衣领、腰带,以保持病人呼吸道畅通。还可用手指按压病人的人中穴,促使其苏醒。有低血糖者,可喂糖水或静脉注射葡萄糖溶液。

引起晕厥的原因

心源性晕厥:由疾病引起心排血量减少或排血暂停,进而导致脑部缺血,由此引发的晕厥。

脑源性晕厥:血压突然升高,脑血管强烈收缩、痉挛,导致脑缺氧而发生的晕厥。该症常见于患有高血压、脑动脉硬化、肾炎、妊娠中毒症等疾病的病人。

体位性低血压晕厥:突然改变体位,血管紧张度来不及调整,导致脑部血液供应不足而发生的晕厥,如平卧时突然从床上坐起或久蹲后突然站起时发生的晕厥。

血管神经性晕厥:由于情绪紧张、气候闷热、局部疼痛、疲劳、恐惧、饥饿等原因,反射性地引起病人全身小血管的广泛扩张,使回流到心脏的血液减少,心排血量也相应减少,从而引起脑部缺血、缺氧,由此引发的晕厥。

代谢性晕厥:由于血糖过低,干扰了脑细胞的代谢,由此引发的晕厥。常见于患有糖尿病、严重肝病、胰岛肿瘤等疾病的病人。

咳嗽性晕厥:由剧烈咳嗽引起胸腔和腹腔压力升高,影响静脉血液回流和心脏血液排出,或者间接产生颅内压升高而增加脑血管阻力,导致脑缺血、缺氧,由此引发的晕厥。

五、癫痫发作的急救与处理

癫痫是慢性反复发作性短暂脑功能失调综合征,以脑神经元异常放电引起反复痫性发作为特征。

(一)癫痫发作症状

1. 全身强直-阵挛发作

全身强直-阵挛发作又称癫痫大发作,约占癫痫发作病例的50%,一般可分为以下四个时期。

(1)先兆期:有头晕、胃部不适等症状。

(2)强直期:突然意识丧失、倒地、头后仰、肢体强直,由于膈肌痉挛,病人常发出"羊羔"样吼叫,面色青紫、瞳孔散大、呼吸暂停,一般持续数十秒。

(3)阵挛期:全身肌肉有节律性抽动,常咬破舌头、口吐白沫,可伴有大小便失禁,一般持续数分钟。

(4)恢复期:病人一般要数十分钟才能清醒,不能回忆起发作过程,全身疼痛、乏力。个别病人在恢复期有狂躁、乱跑乱叫、打人毁物等情况。

2. 失神发作

失神发作又称癫痫小发作,典型的表现为突发性精神活动中断,病人意识丧失,一般大多数意识完全丧失,偶尔意识障碍较浅,对周围有所了解,能听见问话,但不能回答。每次发作数秒至十余秒,每日数次至数十次。意识障碍短暂而频发为其特点。

(二)癫痫发作的现场急救与处理

癫痫发作最大的特点就是不可预期,在任何场合下发生。癫痫发作时十分危险,因此必须马上采取措施对病人进行急救。

1. 全身性癫痫发作

发作时,病人意识丧失,全身抽搐或不动。此时,应迅速让病人侧卧,不要垫枕头,把缠有纱布的压舌板垫在上下牙齿间,以防病人咬伤自己的舌头;将病人头偏向一侧,使口腔、鼻腔分泌物自行流出,防止口水误入气道,引起吸入性肺炎甚至窒息;同时,把病人下颌托起,解开病人的衣物,以防呼吸不畅;在肢体抽搐时,不能将肢体用力按压或屈曲,强力制止抽搐会对病人造成伤害;移开危险物品,以防发生意外。

2. 部分性癫痫发作(身体一部分抽动,神志未丧失)

发作时,病人的意识未丧失,身体部分抽搐。此时,可通过语言稳定病人情绪,引导病人离开危险环境,让病人慢慢复原。

提 示

癫痫发作时一般无须送病人去医院,但如果有以下情况应立刻将病人送往医院进行治疗。

(1)病人第一次抽搐。

（2）病人有受伤的情况。

（3）病人怀孕或患有糖尿病。

（4）病人出现呼吸障碍、连续发作等情况。

六、中暑的急救与处理

中暑是指在高温、高湿度和通风不良的环境下，人体体温调节功能失调，体内热量过度积蓄，从而引发神经器官受损。

（一）中暑症状

一般中暑的表现症状有：体温超过 39 ℃、脉搏快、瞳孔缩小、意识丧失、精神错乱。严重中暑也称热衰竭，症状表现为：皮肤凉、过度出汗、恶心、呕吐、瞳孔放大、腹部或肢体痉挛、眩晕、头痛、意识丧失。

（二）中暑的现场急救与处理

（1）迅速将病人移到通风阴凉处，或移到空调房，解开衣扣、皮带，平卧休息。

（2）用冷水毛巾敷头部，风油精涂太阳穴，或用温水擦身降温，或在 4 ℃水中浸浴降温。

（3）饮用凉开水、淡盐水、绿豆汤或清凉饮料，也可服用人丹、十滴水、藿香正气丸等。

（4）对于昏迷者，应用针刺其人中、合谷、十宣穴（位于 10 个手指尖端的正中，左右手共 10 个穴），并立即送医院就医。

提示

中暑后，忌过量饮水，特别是热水，正确的方法应是少量、多次饮水；忌过量进食，特别是不能吃油腻、带腥味的食物，应尽量吃一些清淡爽口的东西。

（三）中暑的预防

（1）盛夏期间做好防暑降温工作，教室应经常开窗使空气流通，地面经常洒水，向阳窗户应设遮阳窗帘等。

（2）合理安排作息时间，不宜在炎热的中午或强烈的日光下过多活动。

（3）穿单薄、浅色、宽松的衣服，以利散热，多饮凉开水、消暑饮料。

（4）有头痛、心慌等情况时应立即到阴凉处休息、饮水。

七、休克的急救与处理

休克是机体遭受强烈的致病因素（如大出血、剧烈疼痛、过敏等）侵袭后，由于有效循环血量锐减，组织血流灌注广泛、持续、显著减少，致全身微循环功能不良、生命重要器官严重功能障碍的综合征候群。休克可分为低血容量性休克、心源性休克和血液分布性休克。如果休克时间过长，则可能造成死亡，因此发生休克时必须及时抢救。

（一）休克的症状

休克发生时，病人往往出现心率加快，脉搏细弱，皮肤湿冷，面色苍白或青紫，表情冷漠，体温下降，烦躁不安，反应迟钝甚至昏迷等症状。

（二）休克的现场急救与处理

（1）立即拨打急救电话，尽量少搬动病人，保持其安静。
（2）让病人平卧，把双脚垫高，以增加脑部的血液供应，有条件时给病人吸氧。

（3）如果病人呼吸困难，可以将病人的头部和肩部垫高，以利于呼吸。如果病人呼吸停止，要立即对其进行人工呼吸。
（4）注意保暖，给病人盖上毯子或被子，但不能过热。
（5）如果病人有外伤出血，应立即为其止血。

八、骨折的急救与处理

骨折是指骨的完整性和连续性在外力的作用下遭到破坏的一种损伤。一旦出现骨折，切勿随意移动伤肢，应先用夹板或其他代用品固定伤肢。如病人出现休克，应先实施人工呼吸。若伴有伤口出血，应同时进行止血，并及时送往医院治疗。以下是几种常见骨折的固定方法。

（1）前臂骨折的固定方法：首先在骨折突出处加垫敷料，然后将长度超过肘关节和腕关节的两块夹板分别放置在前臂的掌侧和背侧，并用绷带或三角巾将伤肢与夹板打结固定，然后用绷带或三角巾等将固定好的前臂悬挂于胸前。

（2）上臂骨折的固定方法：首先在骨折突出处加垫敷料，然后将一块夹板放在伤臂外侧，并用两条绷带将夹板与伤肢的肘、肩两关节固定，再将前臂屈曲悬挂于胸前。

（3）小腿骨折的固定方法：首先在骨折突出处加垫敷料，然后将长度超过大腿中部和脚跟的夹板置于骨折小腿外侧，再用绷带分段固定伤口的上下两端和膝、踝关节，并使脚掌与小腿垂直。若无夹板，可在膝、踝部垫好敷料，然后将伤肢与健肢并列对齐固定。

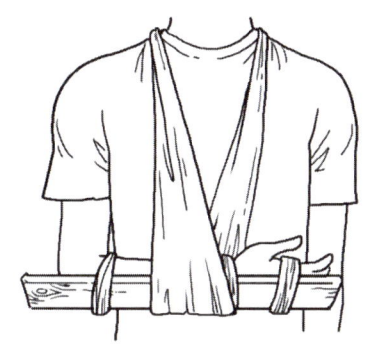
前臂骨折的固定方法

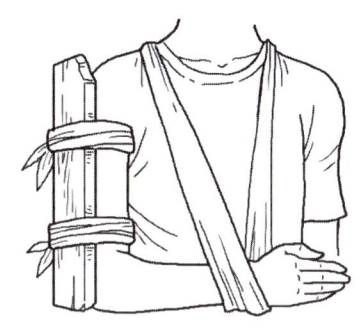
上臂骨折的固定方法

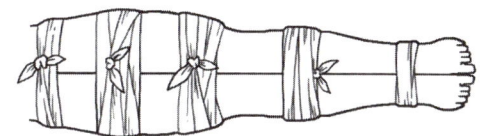

小腿骨折的固定方法

（4）大腿骨折的固定方法：首先在骨折突出处加垫敷料，然后将长度为从腋下至脚跟的夹板置于伤肢外侧并固定。

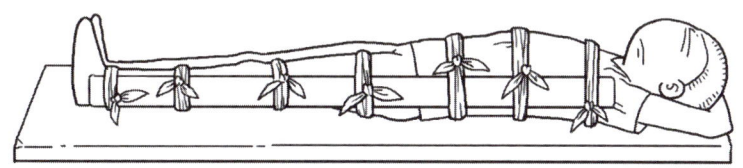

大腿骨折的固定方法

（5）脊椎骨折的固定方法：将伤员平托起来放到硬木板上，并使其仰卧，然后用绷带将伤员的胸、腹、髂、膝、踝部固定在木板上。在脊椎骨折急救过程中，千万不能使用软担架搬运或徒手搬运伤员，以免伤员的脊椎弯曲和扭转。

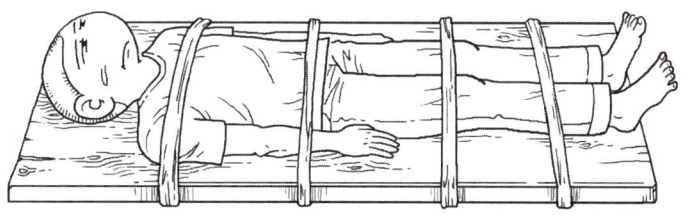

脊椎骨折的固定方法

（6）颈椎骨折的固定方法：让伤员仰卧在木板上，并尽快给伤员安上颈托，无颈托时可用沙袋、衣服或棉垫填塞住伤员头部两侧、颈下、肩部两侧，以防头部左右摇晃，然后用绷带或三角巾将伤员的额头、下巴尖、胸部固定于木板上。

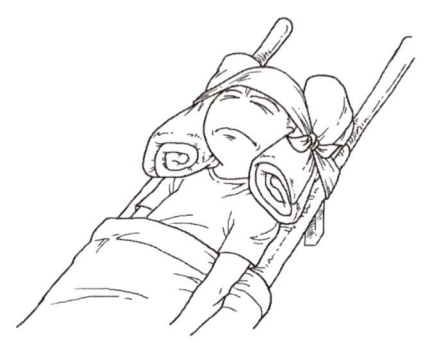

颈椎骨折的固定方法

九、烧伤、烫伤的急救与处理

对于小面积烫伤或烧伤，应立即用流动的清水冲洗，并在冷开水或干净凉水中浸泡20～30分钟，以减少创伤部位残余的热量，同时还可以缓解疼痛，减少组织水肿和水泡形成。另外，有些烧伤是由于化学物质引起的，及时有效的冲洗可以冲掉有毒的化学物质，减少伤害。

不要揉搓、按摩、挤压烫伤的皮肤，也不要急着用毛巾擦拭，伤处的衣裤应剪开取下，以免表皮剥脱使皮肤的烫伤变重。

不要在冲洗后的创面上自涂一些无效的药物，如酱油、香油、小苏打等，这些做法会污染创面，造成感染；也不要在创面上涂紫药水或汞溴红（也称红汞），因为这样做非但起不到作用，还会遮盖创面，为诊断带来麻烦，而且较大面积涂汞溴红会引起汞中毒。

不严重的轻度烫伤可在家中处理。对于发生在四肢和躯干上的创面，可涂上紫草油或烫伤药膏；不要包扎，而是使创面裸露，与空气接触，并使创面保持干燥，这样能加快创面复原。

如果伤面上出现了水疱，决不要自行将水疱弄破，以免造成感染。如果有较大的水疱或水疱已破，应到医院消毒处理。

对于严重的各种烫伤和烧伤，应尽快去正规烧伤专科治疗，千万不要延误治疗，以免造成不良后果。

十、咬伤与蜇伤的急救与处理

（一）毒蛇咬伤的急救与处理

参加户外活动或在野外游玩时，如果不慎被蛇咬伤，一定要保持镇静，第一时间进行急救处理。如果不知道咬伤人的蛇是否有毒，应按有毒处理。

（1）被蛇咬伤后要保持镇静，不可慌张奔跑，应限制患肢活动，患肢宜置于下垂位置，以免加速毒液扩散和吸收。

（2）立即就近用绳索、手帕、植物藤或布带等在伤口的近心端约 5 厘米处捆扎，以阻断静脉回流，减少毒素的吸收、扩散。每隔 15～30 分钟放松 1～2 分钟，松紧以远端肢体不出现青紫为度。

（3）用井水、泉水、茶水、自来水或 1∶5 000 高锰酸钾溶液反复冲洗伤口。

（4）用火罐、吸奶器、吸引器将毒汁吸出。紧急情况下，如急救者口腔无破损时，可直接用嘴吮出毒汁，注意要边吸边吐、边漱口。

（5）在牙痕之间作"一"字形或"十"字形小切口。用手由伤肢上部向下部、由四周向伤口挤压 10～20 分钟，促使毒液排出，也可用针刺排毒（肿胀的下端每隔 2～3 厘米刺一个针孔）。然后，尽快将伤者送往医院进行治疗。

（二）狗、猫咬伤的急救与处理

被狗、猫咬伤后的最大隐患是感染狂犬病毒。这种病毒的潜伏期长短不一，一般为 1～3 个月，一旦发病，死亡率为 100%。因此，一旦被狗、猫咬伤，应及时处理，切勿大意。

（1）被狗、猫咬伤（抓伤）后，应就地及时正确处理伤口，可用浓肥皂水反复清洗伤口，然后用清水冲洗，再用 3% 的碘酒或 75% 的酒精消毒。涂擦完毕后，不必包扎伤口，任其裸露。

（2）及时到医院进行处理，注射狂犬病疫苗或高效免疫血清。

（三）蜈蚣咬伤的急救与处理

被蜈蚣咬伤的临床症状主要有局部红肿、疼痛，出现水泡甚至局部坏死，同时伴有发热、恶心呕吐、头痛头晕，严重者出现昏迷、休克等。

（1）立即用肥皂水、小苏打水等碱性水溶液冲洗伤口，以中和蜈蚣的酸性毒液。

（2）冲洗后包扎，包扎伤口时不需要用碘酒或汞溴红涂抹伤口。

（3）若伤口处疼痛剧烈，可酌情口服止痛片，也可用蛇药外敷或口服。

（4）若伴有全身毒血症症状，如头痛、头晕、发热、呕吐等，应到医院进一步处理。

（5）如在野外被咬伤，可用鲜桑叶、鲜蒲公英或鱼腥草捣烂外敷。

（四）蝎子蜇伤的急救与处理

蝎毒毒性较大，受伤者症状多较严重，会出现局部剧痛、红肿、发麻，甚至失去感觉，伤口周围发黑、起水疱，还伴有头晕、心慌、恶心呕吐、口舌发硬、出虚汗等全身症状，严重者可引起休克，甚至死亡。

（1）若伤及四肢，应立即用绷带、止血带、布条等绑扎在伤口近心端，同时用镊子或针头小心挑去伤口中留下的毒刺，用吸引器或拔火罐吸出毒汁。

（2）用碱性液体如肥皂水或1∶5 000高锰酸钾溶液清洗伤口。伤口清洗干净后，用蛇药调成糊状，在距伤口2厘米处环敷一圈，勿使药物进入伤口内。或将明矾研碎，用浓茶或烧酒调成糊状，涂敷伤口。

（3）若伤口周围红肿，可进行冷敷。

（4）多喝水，以利排毒。若疼痛严重，可适当服用止痛片。

（5）尽早送往医院治疗。

问题思考

1. 学习现场急救知识有什么作用？
2. 应该掌握哪些现场急救的常用方法？
3. 对于常见的急症救护，应该掌握哪些基本常识？

推荐阅读

1. 张光武．现场急救及护理知识［M］．金盾出版社．
2. 邹晓平，杜国平，秦红．现场急救［M］．3版．苏州大学出版社．

案例纪实

凌晨惊魂　救父一命

2017年12月11日清晨6点半，市区怡安花苑某幢404室内，张红红（化名）睡得正香。突然，隔壁房间传来母亲的一声呼救。呼救声惊醒了她，她和丈夫连忙冲过去。只见父亲已不省人事，床上还有一摊鲜血。

见此情景，全家人都慌了神。想到在救护培训时学到急救知识，张红红深吸一口气，稳定住紧张的情绪，迅速检查父亲的情况，并熟练地操作起她所学到的急救技能。

她十指相扣，掌根重叠，借助上半身的力量垂直向下重重按压父亲的胸部，张红红的丈夫则赶紧拨打120。

一下，两下，三下……张红红丝毫不敢放松，一连用力按压了二十多下。父亲终于长舒一口气，眼睛缓缓睁开。

几分钟后，救护车赶到，老人被迅速送往南通大学附属医院进行抢救。经诊断，老人是由于慢性肝病引起胃静脉曲张突发胃部大出血，病情非常危急。医生告诉张红红，如果不是她及时采取措施，老人可能就救不回来了。

案例分析

本案例中张红红面对父亲突然患病、不省人事，实施了及时有效的急救措施，挽救了亲人的生命。一是她对于她父亲病情的判断基本准确，不省人事，意味着昏迷，极有可能是心搏骤停，急需进行心脏复苏急救；二是她平时通过急救培训，掌握了急救的基本知识与技能，在关键时刻能够运用于实践；三是她遇到紧急情况能够沉着冷静对待，理智地实施急救；四是她的丈夫同时拨打了120急救电话，为进一步救护赢得了宝贵的时间。

附 录

附录 1　普通高等学校学生管理规定

中华人民共和国教育部令第 41 号

2017 年 2 月 4 日修订发布

第一章　总　则

第一条　为规范普通高等学校学生管理行为，维护普通高等学校正常的教育教学秩序和生活秩序，保障学生合法权益，培养德、智、体、美等方面全面发展的社会主义建设者和接班人，依据教育法、高等教育法以及有关法律、法规，制定本规定。

第二条　本规定适用于普通高等学校、承担研究生教育任务的科学研究机构（以下称学校）对接受普通高等学历教育的研究生和本科、专科（高职）学生（以下称学生）的管理。

第三条　学校要坚持社会主义办学方向，坚持马克思主义的指导地位，全面贯彻国家教育方针；要坚持以立德树人为根本，以理想信念教育为核心，培育和践行社会主义核心价值观，弘扬中华优秀传统文化和革命文化、社会主义先进文化，培养学生的社会责任感、创新精神和实践能力；要坚持依法治校，科学管理，健全和完善管理制度，规范管理行为，将管理与育人相结合，不断提高管理和服务水平。

第四条　学生应当拥护中国共产党领导，努力学习马克思列宁主义、毛泽东思想、中国特色社会主义理论体系，深入学习习近平总书记系列重要讲话精神和治国理政新理念新思想新战略，坚定中国特色社会主义道路自信、理论自信、制度自信、文化自信，树立中国特色社会主义共同理想；应当树立爱国主义思想，具有团结统一、爱好和平、勤劳勇敢、自强不息的精神；应当增强法治观念，遵守宪法、法律、法规，遵守公民道德规范，遵守学校管理制度，具有良好的道德品质和行为习惯；应当刻苦学习，勇于探索，积极实践，努力掌握现代科学文化知识和专业技能；应当积极锻炼身体，增进身心健康，提高个人修养，培养审美情趣。

第五条　实施学生管理，应当尊重和保护学生的合法权利，教育和引导学生承担应尽的义务与责任，鼓励和支持学生实行自我管理、自我服务、自我教育、自我监督。

第二章　学生的权利与义务

第六条　学生在校期间依法享有下列权利：

（一）参加学校教育教学计划安排的各项活动，使用学校提供的教育教学资源；

（二）参加社会实践、志愿服务、勤工助学、文娱体育及科技文化创新等活动，获得就业创业指导和服务；

（三）申请奖学金、助学金及助学贷款；

（四）在思想品德、学业成绩等方面获得科学、公正评价，完成学校规定学业后获得相应的学历证书、学位证书；

（五）在校内组织、参加学生团体，以适当方式参与学校管理，对学校与学生权益相关事务享有知情权、参与权、表达权和监督权；

（六）对学校给予的处理或者处分有异议，向学校、教育行政部门提出申诉，对学校、教职员工侵犯其人身权、财产权等合法权益的行为，提出申诉或者依法提起诉讼；

（七）法律、法规及学校章程规定的其他权利。

第七条　学生在校期间依法履行下列义务：

（一）遵守宪法和法律、法规；

（二）遵守学校章程和规章制度；

（三）恪守学术道德，完成规定学业；

（四）按规定缴纳学费及有关费用，履行获得贷学金及助学金的相应义务；

（五）遵守学生行为规范，尊敬师长，养成良好的思想品德和行为习惯；

（六）法律、法规及学校章程规定的其他义务。

第三章　学籍管理

第一节　入学与注册

第八条　按国家招生规定录取的新生，持录取通知书，按学校有关要求和规定的期限到校办理入学手续。因故不能按期入学的，应当向学校请假。未请假或者请假逾期的，除因不可抗力等正当事由以外，视为放弃入学资格。

第九条　学校应当在报到时对新生入学资格进行初步审查，审查合格的办理入学手续，予以注册学籍；审查发现新生的录取通知、考生信息等证明材料，与本人实际情况不符，或者有其他违反国家招生考试规定情形的，取消入学资格。

第十条　新生可以申请保留入学资格。保留入学资格期间不具有学籍。保留入学资格的条件、期限等由学校规定。

新生保留入学资格期满前应向学校申请入学，经学校审查合格后，办理入学手续。审查不合格的，取消入学资格；逾期不办理入学手续且未有因不可抗力延迟等正当理由的，视为放弃入学资格。

第十一条　学生入学后，学校应当在 3 个月内按照国家招生规定进行复查。复查内容主要包括以下方面：

（一）录取手续及程序等是否合乎国家招生规定；

（二）所获得的录取资格是否真实、合乎相关规定；

（三）本人及身份证明与录取通知、考生档案等是否一致；

（四）身心健康状况是否符合报考专业或者专业类别体检要求，能否保证在校正常学习、生活；

（五）艺术、体育等特殊类型录取学生的专业水平是否符合录取要求。

复查中发现学生存在弄虚作假、徇私舞弊等情形的，确定为复查不合格，应当取消学籍；情节严重的，学校应当移交有关部门调查处理。

复查中发现学生身心状况不适宜在校学习，经学校指定的二级甲等以上医院诊断，需要在家休养的，可以按照第十条的规定保留入学资格。

复查的程序和办法，由学校规定。

第十二条　每学期开学时，学生应当按学校规定办理注册手续。不能如期注册的，应当履行暂缓注册手续。未按学校规定缴纳学费或者有其他不符合注册条件的，不予注册。

家庭经济困难的学生可以申请助学贷款或者其他形式资助，办理有关手续后注册。

学校应当按照国家有关规定为家庭经济困难学生提供教育救助，完善学生资助体系，保证学生不因家庭经济困难而放弃学业。

第二节　考核与成绩记载

第十三条　学生应当参加学校教育教学计划规定的课程和各种教育教学环节（以下统称课程）的考核，考核成绩记入成绩册，并归入学籍档案。

考核分为考试和考查两种。考核和成绩评定方式，以及考核不合格的课程是否重修或者补考，由学校规定。

第十四条　学生思想品德的考核、鉴定，以本规定第四条为主要依据，采取个人小结、师生民主评议等形式进行。

学生体育成绩评定要突出过程管理，可以根据考勤、课内教学、课外锻炼活动和体质健康等情况综合评定。

第十五条　学生每学期或者每学年所修课程或者应修学分数以及升级、跳级、留级、降级等要求，由学校规定。

第十六条　学生根据学校有关规定，可以申请辅修校内其他专业或者选修其他专业课程；可以申请跨校辅修专业或者修读课程，参加学校认可的开放式网络课程学习。学生修读的课程成绩（学分），学校审核同意后，予以承认。

第十七条　学生参加创新创业、社会实践等活动以及发表论文、获得专利授权等与专业学习、学业要求相关的经历、成果，可以折算为学分，计入学业成绩。具体办法由学校规定。

学校应当鼓励、支持和指导学生参加社会实践、创新创业活动，可以建立创新创业档案、设置创新创业学分。

第十八条 学校应当健全学生学业成绩和学籍档案管理制度，真实、完整地记载、出具学生学业成绩，对通过补考、重修获得的成绩，应当予以标注。

学生严重违反考核纪律或者作弊的，该课程考核成绩记为无效，并应视其违纪或者作弊情节，给予相应的纪律处分。给予警告、严重警告、记过及留校察看处分的，经教育表现较好，可以对该课程给予补考或者重修机会。

学生因退学等情况中止学业，其在校学习期间所修课程及已获得学分，应当予以记录。学生重新参加入学考试、符合录取条件，再次入学的，其已获得学分，经录取学校认定，可以予以承认。具体办法由学校规定。

第十九条 学生应当按时参加教育教学计划规定的活动。不能按时参加的，应当事先请假并获得批准。无故缺席的，根据学校有关规定给予批评教育，情节严重的，给予相应的纪律处分。

第二十条 学校应当开展学生诚信教育，以适当方式记录学生学业、学术、品行等方面的诚信信息，建立对失信行为的约束和惩戒机制；对有严重失信行为的，可以规定给予相应的纪律处分，对违背学术诚信的，可以对其获得学位及学术称号、荣誉等作出限制。

第三节 转专业与转学

第二十一条 学生在学习期间对其他专业有兴趣和专长的，可以申请转专业；以特殊招生形式录取的学生，国家有相关规定或者录取前与学校有明确约定的，不得转专业。

学校应当制定学生转专业的具体办法，建立公平、公正的标准和程序，健全公示制度。学校根据社会对人才需求情况的发展变化，需要适当调整专业的，应当允许在读学生转到其他相关专业就读。

休学创业或退役后复学的学生，因自身情况需要转专业的，学校应当优先考虑。

第二十二条 学生一般应当在被录取学校完成学业。因患病或者有特殊困难、特别需要，无法继续在本校学习或者不适应本校学习要求的，可以申请转学。有下列情形之一，不得转学：

（一）入学未满一学期或者毕业前一年的；

（二）高考成绩低于拟转入学校相关专业同一生源地相应年份录取成绩的；

（三）由低学历层次转为高学历层次的；

（四）以定向就业招生录取的；

（五）研究生拟转入学校、专业的录取控制标准高于其所在学校、专业的；

（六）无正当转学理由的。

学生因学校培养条件改变等非本人原因需要转学的，学校应当出具证明，由所在地省级教育行政部门协调转学到同层次学校。

第二十三条　学生转学由学生本人提出申请，说明理由，经所在学校和拟转入学校同意，由转入学校负责审核转学条件及相关证明，认为符合本校培养要求且学校有培养能力的，经学校校长办公会或者专题会议研究决定，可以转入。研究生转学还应当经拟转入专业导师同意。

跨省转学的，由转出地省级教育行政部门商转入地省级教育行政部门，按转学条件确认后办理转学手续。须转户口的由转入地省级教育行政部门将有关文件抄送转入学校所在地的公安机关。

第二十四条　学校应当按照国家有关规定，建立健全学生转学的具体办法；对转学情况应当及时进行公示，并在转学完成后3个月内，由转入学校报所在地省级教育行政部门备案。

省级教育行政部门应当加强对区域内学校转学行为的监督和管理，及时纠正违规转学行为。

第四节　休学与复学

第二十五条　学生可以分阶段完成学业，除另有规定外，应当在学校规定的最长学习年限（含休学和保留学籍）内完成学业。

学生申请休学或者学校认为应当休学的，经学校批准，可以休学。休学次数和期限由学校规定。

第二十六条　学校可以根据情况建立并实行灵活的学习制度。对休学创业的学生，可以单独规定最长学习年限，并简化休学批准程序。

第二十七条　新生和在校学生应征参加中国人民解放军（含中国人民武装警察部队），学校应当保留其入学资格或者学籍至退役后2年。

学生参加学校组织的跨校联合培养项目，在联合培养学校学习期间，学校同时为其保留学籍。

学生保留学籍期间，与其实际所在的部队、学校等组织建立管理关系。

第二十八条　休学学生应当办理手续离校。学生休学期间，学校应为其保留学籍，但不享受在校学习学生待遇。因病休学学生的医疗费按国家及当地的有关规定处理。

第二十九条　学生休学期满前应当在学校规定的期限内提出复学申请，经学校复查合格，方可复学。

第五节　退学

第三十条　学生有下列情形之一，学校可予退学处理：

（一）学业成绩未达到学校要求或者在学校规定的学习年限内未完成学业的；

（二）休学、保留学籍期满，在学校规定期限内未提出复学申请或者申请复学经复查不合格的；

（三）根据学校指定医院诊断，患有疾病或者意外伤残不能继续在校学习的；

（四）未经批准连续两周未参加学校规定的教学活动的；

（五）超过学校规定期限未注册而又未履行暂缓注册手续的；

（六）学校规定的不能完成学业、应予退学的其他情形。

学生本人申请退学的，经学校审核同意后，办理退学手续。

第三十一条 退学学生，应当按学校规定期限办理退学手续离校。退学的研究生，按已有毕业学历和就业政策可以就业的，由学校报所在地省级毕业生就业部门办理相关手续；在学校规定期限内没有聘用单位的，应当办理退学手续离校。

退学学生的档案由学校退回其家庭所在地，户口应当按照国家相关规定迁回原户籍地或者家庭户籍所在地。

第六节 毕业与结业

第三十二条 学生在学校规定学习年限内，修完教育教学计划规定内容，成绩合格，达到学校毕业要求的，学校应当准予毕业，并在学生离校前发给毕业证书。

符合学位授予条件的，学位授予单位应当颁发学位证书。

学生提前完成教育教学计划规定内容，获得毕业所要求的学分，可以申请提前毕业。学生提前毕业的条件，由学校规定。

第三十三条 学生在学校规定学习年限内，修完教育教学计划规定内容，但未达到学校毕业要求的，学校可以准予结业，发给结业证书。

结业后是否可以补考、重修或者补作毕业设计、论文、答辩，以及是否颁发毕业证书、学位证书，由学校规定。合格后颁发的毕业证书、学位证书，毕业时间、获得学位时间按发证日期填写。

对退学学生，学校应当发给肄业证书或者写实性学习证明。

第七节 学业证书管理

第三十四条 学校应当严格按照招生时确定的办学类型和学习形式，以及学生招生录取时填报的个人信息，填写、颁发学历证书、学位证书及其他学业证书。

学生在校期间变更姓名、出生日期等证书需填写的个人信息的，应当有合理、充分的理由，并提供有法定效力的相应证明文件。学校进行审查，需要学生生源地省级教育行政部门及有关部门协助核查的，有关部门应当予以配合。

第三十五条 学校应当执行高等教育学籍学历电子注册管理制度，完善学籍学历信息管理办法，按相关规定及时完成学生学籍学历电子注册。

第三十六条 对完成本专业学业同时辅修其他专业并达到该专业辅修要求的学生，由学校发给辅修专业证书。

第三十七条 对违反国家招生规定取得入学资格或者学籍的，学校应当取消其学籍，不得发给学历证书、学位证书；已发的学历证书、学位证书，学校应当依法予以撤销。对以作弊、剽窃、抄袭等学术不端行为或者其他不正当手段获得学历证书、学位证书的，学校应当依法予以撤销。

被撤销的学历证书、学位证书已注册的,学校应当予以注销并报教育行政部门宣布无效。

第三十八条 学历证书和学位证书遗失或者损坏,经本人申请,学校核实后应当出具相应的证明书。证明书与原证书具有同等效力。

第四章 校园秩序与课外活动

第三十九条 学校、学生应当共同维护校园正常秩序,保障学校环境安全、稳定,保障学生的正常学习和生活。

第四十条 学校应当建立和完善学生参与管理的组织形式,支持和保障学生依法、依章程参与学校管理。

第四十一条 学生应当自觉遵守公民道德规范,自觉遵守学校管理制度,创造和维护文明、整洁、优美、安全的学习和生活环境,树立安全风险防范和自我保护意识,保障自身合法权益。

第四十二条 学生不得有酗酒、打架斗殴、赌博、吸毒,传播、复制、贩卖非法书刊和音像制品等违法行为;不得参与非法传销和进行邪教、封建迷信活动;不得从事或者参与有损大学生形象、有悖社会公序良俗的活动。

学校发现学生在校内有违法行为或者严重精神疾病可能对他人造成伤害的,可以依法采取或者协助有关部门采取必要措施。

第四十三条 学校应当坚持教育与宗教相分离原则。任何组织和个人不得在学校进行宗教活动。

第四十四条 学校应当建立健全学生代表大会制度,为学生会、研究生会等开展活动提供必要条件,支持其在学生管理中发挥作用。

学生可以在校内成立、参加学生团体。学生成立团体,应当按学校有关规定提出书面申请,报学校批准并施行登记和年检制度。

学生团体应当在宪法、法律、法规和学校管理制度范围内活动,接受学校的领导和管理。学生团体邀请校外组织、人员到校举办讲座等活动,需经学校批准。

第四十五条 学校提倡并支持学生及学生团体开展有益于身心健康、成长成才的学术、科技、艺术、文娱、体育等活动。

学生进行课外活动不得影响学校正常的教育教学秩序和生活秩序。

学生参加勤工助学活动应当遵守法律、法规以及学校、用工单位的管理制度,履行勤工助学活动的有关协议。

第四十六条 学生举行大型集会、游行、示威等活动,应当按法律程序和有关规定获得批准。对未获批准的,学校应当依法劝阻或者制止。

第四十七条 学生应当遵守国家和学校关于网络使用的有关规定,不得登录非法网站和传播非法文字、音频、视频资料等,不得编造或者传播虚假、有害信息;不得攻击、侵入他人计算机和移动通讯网络系统。

第四十八条　学校应当建立健全学生住宿管理制度。学生应当遵守学校关于学生住宿管理的规定。鼓励和支持学生通过制定公约,实施自我管理。

第五章　奖励与处分

第四十九条　学校、省(区、市)和国家有关部门应当对在德、智、体、美等方面全面发展或者在思想品德、学业成绩、科技创造、体育竞赛、文艺活动、志愿服务及社会实践等方面表现突出的学生,给予表彰和奖励。

第五十条　对学生的表彰和奖励可以采取授予"三好学生"称号或者其他荣誉称号、颁发奖学金等多种形式,给予相应的精神鼓励或者物质奖励。

学校对学生予以表彰和奖励,以及确定推荐免试研究生、国家奖学金、公派出国留学人选等赋予学生利益的行为,应当建立公开、公平、公正的程序和规定,建立和完善相应的选拔、公示等制度。

第五十一条　对有违反法律法规、本规定以及学校纪律行为的学生,学校应当给予批评教育,并可视情节轻重,给予如下纪律处分:

(一)警告;

(二)严重警告;

(三)记过;

(四)留校察看;

(五)开除学籍。

第五十二条　学生有下列情形之一,学校可以给予开除学籍处分:

(一)违反宪法,反对四项基本原则、破坏安定团结、扰乱社会秩序的;

(二)触犯国家法律,构成刑事犯罪的;

(三)受到治安管理处罚,情节严重、性质恶劣的;

(四)代替他人或者让他人代替自己参加考试、组织作弊、使用通讯设备或其他器材作弊、向他人出售考试试题或答案牟取利益,以及其他严重作弊或扰乱考试秩序行为的;

(五)学位论文、公开发表的研究成果存在抄袭、篡改、伪造等学术不端行为,情节严重的,或者代写论文、买卖论文的;

(六)违反本规定和学校规定,严重影响学校教育教学秩序、生活秩序以及公共场所管理秩序的;

(七)侵害其他个人、组织合法权益,造成严重后果的;

(八)屡次违反学校规定受到纪律处分,经教育不改的。

第五十三条　学校对学生作出处分,应当出具处分决定书。处分决定书应当包括下列内容:

（一）学生的基本信息；

（二）作出处分的事实和证据；

（三）处分的种类、依据、期限；

（四）申诉的途径和期限；

（五）其他必要内容。

第五十四条 学校给予学生处分，应当坚持教育与惩戒相结合，与学生违法、违纪行为的性质和过错的严重程度相适应。学校对学生的处分，应当做到证据充分、依据明确、定性准确、程序正当、处分适当。

第五十五条 在对学生作出处分或者其他不利决定之前，学校应当告知学生作出决定的事实、理由及依据，并告知学生享有陈述和申辩的权利，听取学生的陈述和申辩。

处理、处分决定以及处分告知书等，应当直接送达学生本人，学生拒绝签收的，可以以留置方式送达；已离校的，可以采取邮寄方式送达；难于联系的，可以利用学校网站、新闻媒体等以公告方式送达。

第五十六条 对学生作出取消入学资格、取消学籍、退学、开除学籍或者其他涉及学生重大利益的处理或者处分决定的，应当提交校长办公会或者校长授权的专门会议研究决定，并应当事先进行合法性审查。

第五十七条 除开除学籍处分以外，给予学生处分一般应当设置 6 到 12 个月期限，到期按学校规定程序予以解除。解除处分后，学生获得表彰、奖励及其他权益，不再受原处分的影响。

第五十八条 对学生的奖励、处理、处分及解除处分材料，学校应当真实完整地归入学校文书档案和本人档案。

被开除学籍的学生，由学校发给学习证明。学生按学校规定期限离校，档案由学校退回其家庭所在地，户口应当按照国家相关规定迁回原户籍地或者家庭户籍所在地。

第六章 学生申诉

第五十九条 学校应当成立学生申诉处理委员会，负责受理学生对处理或者处分决定不服提起的申诉。

学生申诉处理委员会应当由学校相关负责人、职能部门负责人、教师代表、学生代表、负责法律事务的相关机构负责人等组成，可以聘请校外法律、教育等方面专家参加。

学校应当制定学生申诉的具体办法，健全学生申诉处理委员会的组成与工作规则，提供必要条件，保证其能够客观、公正地履行职责。

第六十条 学生对学校的处理或者处分决定有异议的，可以在接到学校处理或者处分决定书之日起 10 日内，向学校学生申诉处理委员会提出书面申诉。

第六十一条 学生申诉处理委员会对学生提出的申诉进行复查，并在接到书面申诉之日起 15 日内作出复查结论并告知申诉人。情况复杂不能在规定限期内作出结论的，经学校负责人批准，可延长 15 日。学生申诉处理委员会认为必要的，可以建议学校暂缓执行有关决定。

学生申诉处理委员会经复查，认为做出处理或者处分的事实、依据、程序等存在不当，可以作出建议撤销或变更的复查意见，要求相关职能部门予以研究，重新提交校长办公会或者专门会议作出决定。

第六十二条 学生对复查决定有异议的，在接到学校复查决定书之日起 15 日内，可以向学校所在地省级教育行政部门提出书面申诉。

省级教育行政部门应当在接到学生书面申诉之日起 30 个工作日内，对申诉人的问题给予处理并作出决定。

第六十三条 省级教育行政部门在处理因对学校处理或者处分决定不服提起的学生申诉时，应当听取学生和学校的意见，并可根据需要进行必要的调查。根据审查结论，区别不同情况，分别作出下列处理：

（一）事实清楚、依据明确、定性准确、程序正当、处分适当的，予以维持；

（二）认定事实不存在，或者学校超越职权、违反上位法规定作出决定的，责令学校予以撤销；

（三）认定事实清楚，但认定情节有误、定性不准确，或者适用依据有错误的，责令学校变更或者重新作出决定；

（四）认定事实不清、证据不足，或者违反本规定以及学校规定的程序和权限的，责令学校重新作出决定。

第六十四条 自处理、处分或者复查决定书送达之日起，学生在申诉期内未提出申诉的视为放弃申诉，学校或者省级教育行政部门不再受理其提出的申诉。

处理、处分或者复查决定书未告知学生申诉期限的，申诉期限自学生知道或者应当知道处理或者处分决定之日起计算，但最长不得超过 6 个月。

第六十五条 学生认为学校及其工作人员违反本规定，侵害其合法权益的；或者学校制定的规章制度与法律法规和本规定抵触的，可以向学校所在地省级教育行政部门投诉。

教育主管部门在实施监督或者处理申诉、投诉过程中，发现学校及其工作人员有违反法律、法规及本规定的行为或者未按照本规定履行相应义务的，或者学校自行制定的相关管理制度、规定，侵害学生合法权益的，应当责令改正；发现存在违法违纪的，应当及时进行调查处理或者移送有关部门，依据有关法律和相关规定，追究有关责任人的责任。

第七章　附　则

第六十六条 学校对接受高等学历继续教育的学生、港澳台侨学生、留学生的管理，参照本规定执行。

第六十七条 学校应当根据本规定制定或修改学校的学生管理规定或者纪律处分规定，报主管教育行政部门备案（中央部委属校同时抄报所在地省级教育行政部门），并及时向学生公布。

省级教育行政部门根据本规定,指导、检查和监督本地区高等学校的学生管理工作。

第六十八条 本规定自 2017 年 9 月 1 日起施行。原《普通高等学校学生管理规定》(教育部令第 21 号)同时废止。其他有关文件规定与本规定不一致的,以本规定为准。

附录2 高等学校学生行为准则

教育部教学【2005】5 号

教育部 2005 年 3 月 25 日发布

一、志存高远,坚定信念。努力学习马克思列宁主义、毛泽东思想、邓小平理论和"三个代表"重要思想,面向世界,了解国情,确立在中国共产党领导下走社会主义道路、实现中华民族伟大复兴的共同理想和坚定信念,努力成为有理想、有道德、有文化、有纪律的社会主义新人。

二、热爱祖国,服务人民。弘扬民族精神,维护国家利益和民族团结。不参与违反四项基本原则、影响国家统一和社会稳定的活动。培养同人民群众的深厚感情,正确处理国家、集体和个人三者利益关系,增强社会责任感,甘愿为祖国为人民奉献。

三、勤奋学习,自强不息。追求真理,崇尚科学;刻苦钻研,严谨求实;积极实践,勇于创新;珍惜时间,学业有成。

四、遵纪守法,弘扬正气。遵守宪法、法律法规,遵守校纪校规;正确行使权利,依法履行义务;敬廉崇洁,公道正派;敢于并善于同各种违法违纪行为作斗争。

五、诚实守信,严于律己。履约践诺,知行统一;遵从学术规范,恪守学术道德,不作弊,不剽窃;自尊自爱,自省自律;文明使用互联网;自觉抵制黄、赌、毒等不良诱惑。

六、明礼修身,团结友爱。弘扬传统美德,遵守社会公德,男女交往文明;关心集体、爱护公物,热心公益;尊敬师长,友爱同学,团结合作;仪表整洁,待人礼貌;豁达宽容,积极向上。

七、勤俭节约,艰苦奋斗。热爱劳动,珍惜他人和社会劳动成果;生活俭朴,杜绝浪费;不追求超越自身和家庭实际的物质享受。

八、强健体魄,热爱生活。积极参加文体活动,提高身体素质,保持心理健康;磨砺意志,不怕挫折,提高适应能力;增强安全意识,防止意外事故;关爱自然,爱护环境,珍惜资源。

附录 3 《学生伤害事故处理办法》

中华人民共和国教育部令第 12 号

2010 年 12 月 13 日修正发布

第一章 总 则

第一条 为积极预防、妥善处理在校学生伤害事故,保护学生、学校的合法权益,根据《中华人民共和国教育法》、《中华人民共和国未成年人保护法》和其他相关法律、行政法规及有关规定,制定本办法。

第二条 在学校实施的教育教学活动或者学校组织的校外活动中,以及在学校负有管理责任的校舍、场地、其他教育教学设施、生活设施内发生的,造成在校学生人身损害后果的事故的处理,适用本办法。

第三条 学生伤害事故应当遵循依法、客观公正、合理适当的原则,及时、妥善地处理。

第四条 学校的举办者应当提供符合安全标准的校舍、场地、其他教育教学设施和生活设施。

教育行政部门应当加强学校安全工作,指导学校落实预防学生伤害事故的措施,指导、协助学校妥善处理学生伤害事故,维护学校正常的教育教学秩序。

第五条 学校应当对在校学生进行必要的安全教育和自护自救教育;应当按照规定,建立健全安全制度,采取相应的管理措施,预防和消除教育教学环境中存在的安全隐患;当发生伤害事故时,应当及时采取措施救助受伤害学生。

学校对学生进行安全教育、管理和保护,应当针对学生年龄、认知能力和法律行为能力的不同,采用相应的内容和预防措施。

第六条 学生应当遵守学校的规章制度和纪律;在不同的受教育阶段,应当根据自身的年龄、认知能力和法律行为能力,避免和消除相应的危险。

第七条 未成年学生的父母或者其他监护人(以下称为监护人)应当依法履行监护职责,配合学校对学生进行安全教育、管理和保护工作。

学校对未成年学生不承担监护职责,但法律有规定的或者学校依法接受委托承担相应监护职责的情形除外。

第二章 事故与责任

第八条 发生学生伤害事故,造成学生人身损害的,学校应当按照《中华人民共和国侵权责任法》及相关法律、法规的规定，承担相应的事故责任。

第九条　因下列情形之一造成的学生伤害事故，学校应当依法承担相应的责任：

（一）学校的校舍、场地、其他公共设施，以及学校提供给学生使用的学具、教育教学和生活设施、设备不符合国家规定的标准，或者有明显不安全因素的；

（二）学校的安全保卫、消防、设施设备管理等安全管理制度有明显疏漏，或者管理混乱，存在重大安全隐患，而未及时采取措施的；

（三）学校向学生提供的药品、食品、饮用水等不符合国家或者行业的有关标准、要求的；

（四）学校组织学生参加教育教学活动或者校外活动，未对学生进行相应的安全教育，并未在可预见的范围内采取必要的安全措施的；

（五）学校知道教师或者其他工作人员患有不适宜担任教育教学工作的疾病，但未采取必要措施的；

（六）学校违反有关规定，组织或者安排未成年学生从事不宜未成年人参加的劳动、体育运动或者其他活动的；

（七）学生有特异体质或者特定疾病，不宜参加某种教育教学活动，学校知道或者应当知道，但未予以必要的注意的；

（八）学生在校期间突发疾病或者受到伤害，学校发现，但未根据实际情况及时采取相应措施，导致不良后果加重的；

（九）学校教师或者其他工作人员体罚或者变相体罚学生，或者在履行职责过程中违反工作要求、操作规程、职业道德或者其他有关规定的；

（十）学校教师或者其他工作人员在负有组织、管理未成年学生的职责期间，发现学生行为具有危险性，但未进行必要的管理、告诫或者制止的；

（十一）对未成年学生擅自离校等与学生人身安全直接相关的信息，学校发现或者知道，但未及时告知未成年学生的监护人，导致未成年学生因脱离监护人的保护而发生伤害的；

（十二）学校有未依法履行职责的其他情形的。

第十条　学生或者未成年学生监护人由于过错，有下列情形之一，造成学生伤害事故，应当依法承担相应的责任：

（一）学生违反法律法规的规定，违反社会公共行为准则、学校的规章制度或者纪律，实施按其年龄和认知能力应当知道具有危险或者可能危及他人的行为的；

（二）学生行为具有危险性，学校、教师已经告诫、纠正，但学生不听劝阻、拒不改正的；

（三）学生或者其监护人知道学生有特异体质，或者患有特定疾病，但未告知学校的；

（四）未成年学生的身体状况、行为、情绪等有异常情况，监护人知道或者已被学校告知，但未履行相应监护职责的；

（五）学生或者未成年学生监护人有其他过错的。

第十一条 学校安排学生参加活动，因提供场地、设备、交通工具、食品及其他消费与服务的经营者，或者学校以外的活动组织者的过错造成的学生伤害事故，有过错的当事人应当依法承担相应的责任。

第十二条 因下列情形之一造成的学生伤害事故，学校已履行了相应职责，行为并无不当的，无法律责任：

（一）地震、雷击、台风、洪水等不可抗的自然因素造成的；

（二）来自学校外部的突发性、偶发性侵害造成的；

（三）学生有特异体质、特定疾病或者异常心理状态，学校不知道或者难于知道的；

（四）学生自杀、自伤的；

（五）在对抗性或者具有风险性的体育竞赛活动中发生意外伤害的；

（六）其他意外因素造成的。

第十三条 下列情形下发生的造成学生人身损害后果的事故，学校行为并无不当的，不承担事故责任；事故责任应当按有关法律法规或者其他有关规定认定：

（一）在学生自行上学、放学、返校、离校途中发生的；

（二）在学生自行外出或者擅自离校期间发生的；

（三）在放学后、节假日或者假期等学校工作时间以外，学生自行滞留学校或者自行到校发生的；

（四）其他在学校管理职责范围外发生的。

第十四条 因学校教师或者其他工作人员与其职务无关的个人行为，或者因学生、教师及其他个人故意实施的违法犯罪行为，造成学生人身损害的，由致害人依法承担相应的责任。

第三章 事故处理程序

第十五条 发生学生伤害事故，学校应当及时救助受伤害学生，并应当及时告知未成年学生的监护人；有条件的，应当采取紧急救援等方式救助。

第十六条 发生学生伤害事故，情形严重的，学校应当及时向主管教育行政部门及有关部门报告；属于重大伤亡事故的，教育行政部门应当按照有关规定及时向同级人民政府和上一级教育行政部门报告。

第十七条 学校的主管教育行政部门应学校要求或者认为必要，可以指导、协助学校进行事故的处理工作，尽快恢复学校正常的教育教学秩序。

第十八条 发生学生伤害事故，学校与受伤害学生或者学生家长可以通过协商方式解决；双方自愿，可以书面请求主管教育行政部门进行调解。

成年学生或者未成年学生的监护人也可以依法直接提起诉讼。

第十九条 教育行政部门收到调解申请，认为必要的，可以指定专门人员进行调解，并应当在受理申请之日起 60 日内完成调解。

  第二十条 经教育行政部门调解，双方就事故处理达成一致意见的，应当在调解人员的见证下签订调解协议，结束调解；在调解期限内，双方不能达成一致意见，或者调解过程中一方提起诉讼，人民法院已经受理的，应当终止调解。

  调解结束或者终止，教育行政部门应当书面通知当事人。

  第二十一条 对经调解达成的协议，一方当事人不履行或者反悔的，双方可以依法提起诉讼。

  第二十二条 事故处理结束，学校应当将事故处理结果书面报告主管的教育行政部门；重大伤亡事故的处理结果，学校主管的教育行政部门应当向同级人民政府和上一级教育行政部门报告。

第四章 事故损害的赔偿

  第二十三条 对发生学生伤害事故负有责任的组织或者个人，应当按照法律法规的有关规定，承担相应的损害赔偿责任。

  第二十四条 学生伤害事故赔偿的范围与标准，按照有关行政法规、地方性法规或者最高人民法院司法解释中的有关规定确定。

  教育行政部门进行调解时，认为学校有责任的，可以依照有关法律法规及国家有关规定，提出相应的调解方案。

  第二十五条 对受伤害学生的伤残程度存在争议的，可以委托当地具有相应鉴定资格的医院或者有关机构，依据国家规定的人体伤残标准进行鉴定。

  第二十六条 学校对学生伤害事故负有责任的，根据责任大小，适当予以经济赔偿，但不承担解决户口、住房、就业等与救助受伤害学生、赔偿相应经济损失无直接关系的其他事项。

  学校无责任的，如果有条件，可以根据实际情况，本着自愿和可能的原则，对受伤害学生给予适当的帮助。

  第二十七条 因学校教师或者其他工作人员在履行职务中的故意或者重大过失造成的学生伤害事故，学校予以赔偿后，可以向有关责任人员追偿。

  第二十八条 未成年学生对学生伤害事故负有责任的，由其监护人依法承担相应的赔偿责任。

  学生的行为侵害学校教师及其他工作人员以及其他组织、个人的合法权益，造成损失的，成年学生或者未成年学生的监护人应当依法予以赔偿。

  第二十九条 根据双方达成的协议、经调解形成的协议或者人民法院的生效判决，应当由学校负担的赔偿金，学校应当负责筹措；学校无力完全筹措的，由学校的主管部门或者举办者协助筹措。

  第三十条 县级以上人民政府教育行政部门或者学校举办者有条件的，可以通过设立学生伤害赔偿准备金等多种形式，依法筹措伤害赔偿金。

第三十一条　学校有条件的，应当依据保险法的有关规定，参加学校责任保险。

教育行政部门可以根据实际情况，鼓励中小学参加学校责任保险。

提倡学生自愿参加意外伤害保险。在尊重学生意愿的前提下，学校可以为学生参加意外伤害保险创造便利条件，但不得从中收取任何费用。

第五章　事故责任者的处理

第三十二条　发生学生伤害事故，学校负有责任且情节严重的，教育行政部门应当根据有关规定，对学校的直接负责的主管人员和其他直接责任人员，分别给予相应的行政处分；有关责任人的行为触犯刑律的，应当移送司法机关依法追究刑事责任。

第三十三条　学校管理混乱，存在重大安全隐患的，主管的教育行政部门或者其他有关部门应当责令其限期整顿；对情节严重或者拒不改正的，应当依据法律法规的有关规定，给予相应的行政处罚。

第三十四条　教育行政部门未履行相应职责，对学生伤害事故的发生负有责任的，由有关部门对直接负责的主管人员和其他直接责任人员分别给予相应的行政处分；有关责任人的行为触犯刑律的，应当移送司法机关依法追究刑事责任。

第三十五条　违反学校纪律，对造成学生伤害事故负有责任的学生，学校可以给予相应的处分；触犯刑律的，由司法机关依法追究刑事责任。

第三十六条　受伤害学生的监护人、亲属或者其他有关人员，在事故处理过程中无理取闹，扰乱学校正常教育教学秩序，或者侵犯学校、学校教师或者其他工作人员的合法权益的，学校应当报告公安机关依法处理；造成损失的，可以依法要求赔偿。

第六章　附　则

第三十七条　本办法所称学校，是指国家或者社会力量举办的全日制的中小学（含特殊教育学校）、各类中等职业学校、高等学校。

本办法所称学生是指在上述学校中全日制就读的受教育者。

第三十八条　幼儿园发生的幼儿伤害事故，应当根据幼儿为完全无行为能力人的特点，参照本办法处理。

第三十九条　其他教育机构发生的学生伤害事故，参照本办法处理。

在学校注册的其他受教育者在学校管理范围内发生的伤害事故，参照本办法处理。

第四十条　本办法自 2002 年 9 月 1 日起实施，原国家教委、教育部颁布的与学生人身安全事故处理有关的规定，与本办法不符的，以本办法为准。

在本办法实施之前已处理完毕的学生伤害事故不再重新处理。

附录 4　高等学校校园秩序管理若干规定

中华人民共和国国家教育委员会令第 13 号

1990 年 9 月 18 日发布

第一条　为了优化育人环境，加强高等学校校园管理，维护教学、科研、生活秩序和安定团结的局面，建立有利于培养社会主义现代化建设专门人才的校园秩序，制定本规定。

第二条　本规定所称的高等学校（以下简称"学校"）是指全日制普通高等学校和成人高等学校。

本规定所称的师生员工是指学校的教师（包括外籍教师）、学生（包括外国在华留学生）、教育教学辅助人员、管理人员和工勤人员。

第三条　学校的师生员工以及其他到学校活动的人员都应当遵守本规定，维护宪法确立的根本制度和国家利益，维护学校的教学、科研秩序和生活秩序。

学校应当加强校园管理，采取措施，及时有效地预防和制止校园内的违反法律、法规、校规的活动。

第四条　学校应当尊重和维护师生员工的人身权利、政治权利、教育和受教育的权利以及法律规定的其他权利，不得限制、剥夺师生员工的权利。

第五条　进入学校的人员，必须持有本校的学生证、工作证、听课证或者学校颁发的其他进入学校的证章、证件。

未持有前款规定的证章、证件的国内人员进入学校，应当向门卫登记后进入学校。

第六条　国内新闻记者进入学校采访，必须持有记者证和采访介绍信，在通知学校有关机构后，方可进入学校采访。

外国新闻记者和港澳台新闻记者进入学校采访，必须持有学校所在省、自治区、直辖市人民政府外事机关或港澳台办的介绍信和记者证，并在进校采访前与学校外事机构联系，经许可后方可进入学校采访。

第七条　外国人、港澳台人员进入学校进行公务、业务活动，应当经过省、自治区、直辖市或者国务院有关部门同意并告知学校后，或按学术交流计划经学校主管领导研究同意后，方可进入学校。自行要求进入学校的外国人、港澳台人员，应当在学校外事机构或港澳台办批准后，方可进入学校。接受师生员工个人邀请进入学校探亲访友的外国人、港澳台人员，应当履行门卫登记手续后进入学校。

第八条　依照本规定第五条、第六条、第七条的规定进入学校的人员，应当遵守法律、法规、规章和学校的制度，不得从事与其身份不符的活动，不得危害校园治安。

对违反本规定第五条、第六条、第七条和本条前款规定的人员，师生员工有权向学校保卫机构报告，学校保卫机构可以要求其说明情况或者责令其离开学校。

第九条 学生一般不得在学生宿舍留宿校外人员，遇有特殊情况留宿校外人员，应当报请学校有关机构许可，并且进行留宿登记，留宿人离校应注销登记。不得在学生宿舍内留宿异性。

违反前款规定的，学校保卫机构可以责令留宿人离开学生宿舍。

第十条 告示、通知、启事、广告等，应当张贴在学校指定或者许可的地点。散发宣传品、印刷品应当经过学校有关机构同意。对于张贴、散发反对我国宪法确立的根本制度、损害国家利益或者侮辱诽谤他人的公开张贴物、宣传品和印刷品的当事者，由司法机关依法追究其法律责任。

第十一条 在校园设置临时或者永久建筑物以及安装音响、广播、电视设施，设置者、安装者应当报请学校有关机构审批，未经批准不得擅自设置、安装。

师生员工或者有关团体、组织使用学校的广播、电视设施，必须报请学校有关机构批准，禁止任何组织或者个人擅自使用学校广播、电视设施。

违反第一款、第二款、第三款规定的，学校有关机构可以劝其停止设置、安装或者停止活动，已经设置、安装的，学校有关机构可以拆除，或者责令设置者、安装者拆除。

第十二条 在校内举行集会、讲演等公共活动，组织者必须在七十二小时前向学校有关机构提出申请，申请中应当说明活动的目的、人数、时间、地点和负责人的姓名。学校有关机构应当最迟在举行时间的四小时前将许可或者不许可的决定通知组织者。逾期未通知的，视为许可。

集会、讲演等应符合我国的教育方针和相应的法规、规章，不得反对我国宪法确立的根本制度，不得干扰学校的教学、科研和生活秩序，不得损害国家财产和其他公民的权利。

第十三条 在校内组织讲座、报告等室内活动，组织者应当在七十二小时前向学校有关机构提出申请，申请中应当说明活动的内容、报告人和负责人的姓名。学校有关机构应当最迟在举行时间的四小时前将许可或者不许可的决定通知组织者。逾期未通知的，视为许可。

讲座、报告等不得反对我国宪法确立的根本制度，不得违反我国的教育方针，不得宣传封建迷信，不得进行宗教活动，不得干扰学校的教学、科研和生活秩序。

第十四条 师生员工应当严格按照学校的安排进行教学、科研、生活和其他活动，任何人都不得破坏学校的教学、科研和生活秩序，不得阻止他人根据学校的安排进行教学、科研、生活和其他活动。

禁止师生员工赌博、酗酒、打架斗殴以及其他干扰学校的教学、科研和生活秩序的行为。

第十五条 师生员工组织社会团体，应当按照《社会团体登记管理条例》的规定办理。成立校内非社会团体的组织，应当在成立前由其组织者报请学校有关机构批准，未经批准不得成立和开展活动。

校内非社会团体的组织和校内报刊必须遵守法律、法规、规章，贯彻我国的教育方针和遵守学校的制度，接受学校的管理，不得进行超出其宗旨的活动。

第十六条　违反本规定第十二条、第十三条、第十四条和第十五条的规定的，学校有关机构可以责令其组织者以及其他当事人立即停止活动。违反本规定第十二条第二款的规定，损害国家财产的，学校有关机构可以责令其赔偿损失。

第十七条　禁止无照人员在校园内经商。设在校园内的商业网点必须在指定地点经营。违反前款规定的，学校有关机构可以责令其停止经商活动或者离开校园。

第十八条　对违反本规定，经过劝告、制止仍不改正的师生员工，学校可视情节给予行政处分或者纪律处分；属于违反治安管理行为的，由公安机关依法处理；情节严重构成犯罪的，由司法机关处理。

师生员工对学校的处分不服的，可以向有关教育行政部门提出申诉，教育行政部门应当在接到申诉的三十日内作出处理决定。

对违反本规定，经劝告、制止仍不改正的校外人员，由公安、司法机关根据情节依法处理。

第十九条　各高等学校可以根据本规定制定具体管理制度。

第二十条　本规定自发布之日起施行。

附录5　相关法律法规

1. 《中华人民共和国宪法》
2. 《中华人民共和国刑法》
3. 《中华人民共和国消防法》
4. 《中华人民共和国治安管理处罚法》
5. 《中华人民共和国道路交通安全法》
6. 《中华人民共和国国家安全法》
7. 《中华人民共和国保守国家秘密法》
8. 《中华人民共和国计算机信息系统安全保护条例》
9. 《企业事业单位内部治安保卫条例》
10. 《禁止传销条例》
11. 《高等学校消防安全管理规定》

参 考 文 献

[1] 徐凯．大学生安全教育［M］．陕西：西安电子科技大学出版社，2014．

[2] 付洪涛，王伟才．大学生安全教育［M］．北京：人民教育出版社，2015．

[3] 王焕斌．大学生安全警示教育［M］．长沙：国防科技大学出版社，2014．

[4] 李宝军，闫学峰，马腾．大学生安全教育［M］．长春：吉林大学出版社，2016．

[5] 马先进，李崇银．大学生安全教育［M］．长沙：国防科技大学出版社，2014．

[6] 李凡路，栗斌，潘彤光．大学生安全教育［M］．北京：国防大学出版社，2015．

[7] 李昌武，付生，刘金同．大学生安全教育［M］．北京：科学出版社，2014．

[8] 王威，呼东燕．大学生安全教育［M］．北京：清华大学出版社，2017．

[9] 张静．当代大学生安全教育［M］．北京：高等教育出版社，2011．

[10] 李凡路．大学生安全教育［M］．北京：国防大学出版社，2017．

[11] 钟国安．以习近平总书记总体国家安全观为指引 谱写国家安全新篇章［J］．求是，2017（8）．

[12] 柳克方．建国以来中国共产党的宗教政策演进研究［D］．沈阳：辽宁师范大学，2014．

[13] 廖罗德，罗卫东．暴力恐怖活动的特点及应对策略［J］．江西警察学院学报，2014（3）．

[14] 刘彦斌高校反恐防恐教育研究［D］．大连：大连理工大学，2011．

[15] 突发公共卫生事件分析［J］．中国学校卫生，2010，31．

[16] 高平平，朱剑松等著．高校突发事件应急管理与案例评析［M］．西南交通大学出版社．

[17] 朱淑梅，王广勋，汪邦富，邢丁耒．高校金工实习安全事故原因分析及安全教育与管理建议［J］．高教学刊，2016，（15）：166-167．

[18] 郁鑫．新时期高校饮食卫生安全监督管理［J］．中外企业家，2017，（09）：226．

[19] 裴双成，赵雄伟．高校食堂饮食卫生安全问题初探［J］．学理论，2012，（33）：221-222．

[20] 唐世树．学生饮食卫生安全现状及对策［J］．江苏卫生保健，2000，（04）：225-226．